U0936846

珍藏本·增订本

纪念版

汉译世界学术名著丛书

不完全竞争经济学

〔英〕琼·罗宾逊 著

陈良璧 译

商務印書館
SINCE 1897
The Commercial Press

汉译世界学术名著丛书
（120 年纪念版·珍藏本）
增订本出版说明

2017 年 10 月，为纪念商务印书馆创立 120 周年，本馆推出“汉译世界学术名著丛书”（120 年纪念版·珍藏本），计七百种。近五六年来，仰赖学界同人倾力支持，订正旧译，增补新译，拓展新著，积累日多。为满足读者需要，本馆在七百种的基础上，继续推出“汉译世界学术名著丛书”（120 年纪念版·珍藏本·增订本）三百种。至此，“汉译世界学术名著丛书”累计出版已达千种。

今后，本馆将继续推进丛书的翻译出版工作，在积累单本名著的基础上陆续分辑刊行，汇印出版。为促进中外文明互鉴、推动我国学术发展，使“汉译世界学术名著丛书”这项对我国学术文化有基本建设意义的重大工程发挥更大作用，诚望海内外学术界、翻译界继续给予支持，帮助我们把这套丛书出得更好。

商务印书馆编辑部

2024 年 2 月

汉译世界学术名著丛书
（120年纪念版·珍藏本）
出 版 说 明

2017年2月11日，商务印书馆迎来120岁的生日。120年前，商务印书馆前贤怀揣文化救国的理想，抱持“昌明教育，开启民智”的使命，立足本土，放眼寰宇，以出版为津梁，沟通中西，为中国、为世界提供最富智慧的思想文化成果。无论世事白云苍狗，潮流左右激荡，甚至战火硝烟弥漫，始终践行学术报国之志，无改初心。

迻译世界各国学术名著，即其一端。早在20世纪初年便出版《原富》《天演论》等影响至今的代表性著作，1950年代后更致力于外国哲学和社会科学经典的译介，及至1980年代，辑为“汉译世界学术名著丛书”，汇涓为流，蔚为大观。丛书自1981年开始出版，历时三十余年，迄今已推出七百种，是我国现代出版史上规模最大、最为重要的学术翻译工程。

丛书所选之书，立场观点不囿于一派，学科领域不限于一门，皆为文明开启以来，各时代、各国家、各民族的思想与文化精粹，代表着人类已经到达过的精神境界。丛书系统译介世界学术经典，引领时代思想，为本土原创学术的发展提供丰富的文化滋养，为推动中国现代学术和现代化进程做出了突出的贡献。

为纪念商务印书馆成立120周年，我们整体推出“汉译世界学术名著丛书”120年纪念版的珍藏本，寄望既利于文化积累，又便于研读查考，同时向长期支持丛书出版的译者、编者和读者致以敬意。

两甲子后的今天，商务印书馆又站在了一个新的历史时间节点上。我们不仅要铭记先辈的身影和足迹，更须让我们的步伐充满新的时代精神。这是商务人代代相传的事业，更是与国家和民族的命运始终紧密相连的事业。我们责无旁贷，必须做好我们这代人的传承与创造，让我们的努力和成果不仅凝聚成民族文化的记忆，还能成为后来人可以接续的事业。唯此，才能不负前贤，无愧来者。

商务印书馆编辑部

2017年10月

中译本序言

《不完全竞争经济学》是英国现代资产阶级经济学家琼·罗宾逊的主要著作之一。琼·罗宾逊是凯恩斯的弟子，她写过许多宣扬凯恩斯主义的论文和著作，但她的这本书却是依据英国“新正统学派”庸俗经济学的观点写的。正如她自己所说，她的“理论”“建筑在马歇尔和庇古教授所奠定的基础之上”。

在二十世纪三十年代到四十年代初，琼·罗宾逊、张伯伦和托雷芬等人，先后发表了几部讨论“不完全竞争”或“垄断竞争”的专著，这些著作都是致力于掩盖垄断统治的本质的。

《不完全竞争经济学》首先在研究对象上进行这种辩护。它一开始就指出：很难为垄断下一个定义，完全竞争和完全垄断在现实生活中都很难找到，普遍存在着的是不完全竞争。这样，它就以“不完全竞争”这一概念把垄断企业和非垄断企业的区别给掩盖起来，把帝国主义的本质和根本特征——垄断统治——给掩盖起来。

其次，《不完全竞争经济学》企图在价值问题上为垄断资本辩护。垄断资本通过人为地规定垄断价格的办法来对国内外广大人民进行残暴的掠夺，来获取高额垄断利润，垄断价格往往被垄断集团提高到远超过价值几倍、几十倍以至几百倍的水平，但垄断价格的基础和来源，仍然是必须在价值论的基础上说明的。现代资产阶级庸俗经济学家为了掩盖垄断价格的基础和来源，对价值问题进行了各种诡辩和歪曲。琼·罗宾逊在这方面的手法是追随她的祖师马歇尔（凯恩斯的老师），把价值说成是均衡价格，即所谓“供给价格”和“需求价格”相均衡时候的价格。她标榜自己与马歇尔的不同是：马歇尔是讨论完全竞争下的均衡价格，而她则是讨论不完全竞争下的均衡价格。这样一来，她表面上虽说“本书的主题是价值分析”，事实上却是企图用把价值混同于价格的办法来“取消”价值问题，而“取消”价值问题，则是为了便于回避垄断价格的基础和垄断利润的来源这一系列问题。

《不完全竞争经济学》还企图在剥削问题上为垄断资本辩护。全书用了整整一篇（第九篇）谈论对劳动的剥削问题。她用来辩护的理论基础是庸俗经济学的生产四要素论和边际生产力论，按照这类谬论，劳动、资本、土地和企业家被称为生产的四个要素，这四个要素都有生产能力，因而都应该在产品中取得一定份额作为自己的报酬，各要素的报酬如果等于它自己的边际生产物的价值，那就是完全合理的，就不曾对其他要素有剥削。

照这种说法，“正常的”利润、利息和地租，就都不是来自对劳动者的剥削，而是由它们本身的服务所创造的。由这种谬论出发，琼·罗宾逊不把剥削解释为对工人所创造的剩余价值的占有，而是解释为“工资小于劳动对个别雇主的边际纯生产力”；不从资本家对生产资料的占有和劳动者被剥夺了生产资料来说明资本主义剥削的产生原因，而把“劳动供给或商品需求缺乏完全弹性”说成是“产生剥削的根本原因”。

在这样根本歪曲了剥削这一概念和剥削的产生原因之后，琼·罗宾逊进一步宣称：在完全竞争下，剥削是永远不会发生的；在商品市场不完全或劳动市场不完全的情况下，虽然可能产生剥削，但“消除”剥削却不一定对劳动者有利，或者只能是以“牺牲”资本或消费者的利益而使劳动者得到利益！

在另一章中，琼·罗宾逊还曾论证：四种生产要素在特定情况下都能获得“租金”或“剩余利润”（按琼·罗宾逊的解释，“租金”事实上是超过“正常”利润的特别高的垄断利润）。这就等于说：劳动者也有可能成为垄断者，也有可能对其他要素进行垄断式的剥削！

像其他资产阶级经济学家一样，琼·罗宾逊也惯于把自己装扮为客观冷静的“分析经济学家”，她要从“分析”得出的结论，其实质不过如此！

帝国主义是垂死的资本主义，在资本主义总危机的新阶段，更是进入了帝国主义崩溃、殖民主义体系消灭的时代，垄断组织的疯狂掠夺和横暴压迫，使资本主义的各种矛盾急剧加深和尖锐化，垄断资本的“理论家”，费尽心机企图为垄断资本和帝国主义的统治寻找出路，这一切自然都只能是心劳日拙。琼·罗宾逊也深感自己的辩护“理论”无力解救垄断统治的危机，在本书中她一再说出了这种苦闷，承认自己的这种“理论”是骨刀和木槌，“只能用来裁纸和在纸板上钉针”，说“实践家叫苦说，他要的是面包，而经济学家给他的却是一块石头”。但她还企图安慰这些“实践家”，告诉他们说：“经济学家”之所以不能满足他们的要求，是由于目前“分析工具”还太简单，将来随着分析工具的进步，是会逐渐满足他们的要求的。其实，这根本不是什么分析工具简单与否的问题，资产阶级政治经济学的危机是资本主义总危机的反映，任凭庸俗经济学家把他们的“分析工具”搞得怎样复杂玄虚，他们总是注定了要彻底破产的。

仲 和

1961 年 9 月

目　　录

第一篇　分析方法

第二篇　垄断均衡

第三篇　竞争均衡

第四篇　垄断产量与竞争产量的比较

第五篇　价格歧视

第六篇　买方独占

第七篇　一种生产要素的需求

第八篇　垄断与竞争下的劳动需求之比较

第九篇　剥削

第十篇　垄断世界

前　言

本书除了重述关于经济理论问题的当代思想以外，还包括一些我自认为是新的东西。然而，对于所有这些新思想，我并不能明确地说“这是我自己的独创之见”。特别要指出的是，我经常得到康恩先生的协助。整个技术方面的方法都是在他的帮助之下建立起来的；许多主要问题——特别是关于价格歧视和剥削的许多问题——由他解决的和由我自己解决的一样多。他还提供了很多我自己不可能找到的数学方面的证明。一般说来，我力图把我的理论建筑在马歇尔和庇古教授所奠定的基础之上。所有经济学家都受到这种好处，而且这种好处可能是大家公认的。我大抵只是在那些自认为我发现了他们失之过繁的地方，才提到他们的著作。

在较近著作中，我主要受益于1926年12月《经济季刊》上斯拉法先生的论文、罗宾逊先生的《竞争工业的结构》，以及1928年6月和1930年3月《经济季刊》上肖甫先生的两篇论文。斯拉法先生的论文应被认为是本书所由来的泉源，因为本书的主要目的就是企图引申他的这样一种富于想象的意见，即应该根据垄断分析来论述整个价值理论。罗宾逊先生关于企业适度规模的著作，是我论述竞争平衡问题的基础，而且在本书关于收益递增和递减问题的附录中占有重要地位。肖甫先生的两篇论文，乃是我论述租金和四条成本曲线问题的基础。但是，一个只看到这两篇论文的读者，一定会大大低估我受益于他之处，因为他过去多年来在剑桥大学的教学工作，已经直接和间接地影响了我对于许多经济分析问题的全部研究方法了。关于我从肖甫先生那里得来的比较明显的论点，我都在本书中随时说明，但是绝不能认为我受益于他之处只限于这些论点上。

在经济理论的发展过程中，现在已经到了必须解决某些确定问题的时刻，许多学者都在互不相关地研究这些问题。所以，在很多情况下，有些探索者在“极地”上相遇的时候，都感到惊奇，而且有些苦恼。关于这样一种情况，“边际收入曲线”的历史就是一个鲜明的例证。在本书中，这一种方法占有重要的地位，而本书就是由于企图把它应用到各种问题上而写作的，但是我本人并不是陆续地达到这一特殊“极地”的许多探索者之一。我首先从麦格达伦学院吉福德先生那里听到它，吉福德先生那时正准备参加剑桥大学的经济学优等考试。其后不久，克莱尔学院的斯隆先生给我看了一篇未发表的论文，其中谈到这一问题。后来，哈罗德先生在1930年6月《经济季刊》一篇论文里发表了这一问题，这篇论文和斯隆的文章一定是差不多同时写出的。哈罗德先生在以后一篇论文（见1931年12月《经济季刊》）里，用一种分析的形式叙述了已经由我用几何方法发现的边际曲线和平均曲线的关系。可以说我是通过我自己的途径达到这一“极地”的；但是，他用分析的方法对于平均价值和边际价值的基本关系所作的表述，自从它出现以后，对于我有极大的用处。同时，在边际收入“极地”上，很多探索者又加入到迅速增长的行列里。因特玛教授（他也预先谈到了哈罗德先生的关于平均价值对边际价值的关系的公式），在我还不知道的时候，很早以前就已经达到了这一“极地”（见1928年12月《政治经济学杂志》）。在其他许多人中，施奈德博士、施塔克贝尔格博士和梅塔教授，似乎都已经独立地发现了这一问题。甚至对于这一概念的命名，也都有小小的巧合。我不喜欢吉福德先生和哈罗德先生所使用的名称。罗宾逊先生替我给它起了一个名称，叫作“边际收入”。不久以后，维纳教授发表的一篇论文（1931年9月《国民经济杂志》）中，也用这一名字称呼这一概念。

“替代弹性”的概念给这种巧合提供了另一个例证。因为在我第一次使用这一概念不久之后，希克斯先生在《工资理论》一书中，关于这一问题作了有系统的论述。希克斯先生这本书出版的时候，我差不多已经完成了关于工资分析的写作；但是由于研究了他的一个结论，使我消除了我的论证中的一个错误。在这一部分研究领域里，罗伯逊先生关于“工资怨言”的富有启发性的论文（见《经济学论丛》），给我很大的帮助。

近来许多学者发展了很多论述垄断问题的方法。在某些点上，这些方法和我自己的方法是相同的。施奈德博士和斯塔克贝尔格博士发表了一两件我的工具箱中所有的项目。但是，据我看来，在他们的著作中，有些只用简单的几何方法就可以解决的地方，由于使用不必要的复杂的数学分析方法，反而弄糟了。然而，我很得益于久森博士的《垄断问题》一书。他只使用马歇尔的“面积”研究方法。但是在用“边际”字眼重述他的某些结论的过程中，我至少发现了一个很重要的命题。张伯伦教授的《垄断竞争理论》一书也提供了很多巧合之处，可是它出版太晚，我来不及对它们作详细的参证。

在这方面，可能还有一些探索者，我还不了解他们的进度。如果我与某些其他作者的研究结果有相同之处，而本书没有提到他们时，应该认为是由于我还不知道这些同伴，或者是由于他们的著作是在本书已经完成以后出版的。但是对于那些当我到达这一“极地”时已经先在那里的探索者，我已尽可能地提到了他们的名字。

感谢尔博先生阅读我的手稿，并且提出很多宝贵的建议。最后，除了他的建议性的意见以外，卡恩先生从本书开始写作时起，在每一阶段中都提出了批评意见，使我获益匪浅。为此，读者和我都应该感谢他，他清除了本书中无数的错误。

第七章中有些节段引自（做了一些修改）1932年12月《经济季刊》上的一篇论文，这是征得原编者的同意的。

琼·罗宾逊

1932年10月于剑桥大学

绪论

“在对经济分析有兴趣的人们中间，有工具制造者和工具使用者”①。本书是作为一箱工具而献给分析经济学家的。这是一篇讨论经济分析方法的论文，对我们关于现实世界的知识只能有间接的贡献。经济学家们只有把他们的工具使用到观察得来的事实上，才能建成他们所希望建造的现实世界的模型。整修工具箱只是主要出击的前奏，而对那些急于求成的人来说，这似乎是一件无谓的事，远逊于工具使用者的有益工作。工具制造者和工具使用者之间的鸿沟宽得令人伤心，没有一个经济学家是不同情政治家、企业家和统计家的不耐烦的，他们经常苦于分析经济学家们所给予他们的那种极其贫乏、枯涩甚至是错误的知识。如果一个政府急于知晓，在一个实际的场合里，它应否给予一个铁路公司以征收有差别的运费之权，而我们告诉它说：这要看各类货物的运输需求曲线的相对凹度而定，不管铁路在被允许征收有差别的运费时会不会比不被允许征收有差别的运费时多运几吨货物。这样的回答是不解决问题的。如果正在推行一个合理化计划，群众急欲

① 庇古:《经济分析的职能》，1929 年在悉尼讲演会上的演说，收集于《经济论文与演讲集》，第 3 页。

知晓，产量集中在少数厂里是否能提高价格。而我们告诉他们说，如果边际成本曲线平行于各厂产品的需求曲线，则价格将不变。这种答复对他们也不会有多大的帮助。实践家叫苦说，他要的是面包，而经济学家给他的却是一块石头，他的叫苦是十分自然的。但是，分析经济学家回答这种怨言，不应该抛弃他的工具，只是赤手空拳地投身于现实世界错综复杂的问题之中。正当的回答毋宁是着手把他的分析弄得精确一些，使它变成有用的东西。在简单的假设之上，只能做出简单的分析；分析愈复杂，分析所据以进行的假设也就愈复杂，这些假设也就愈接近于现实世界的复杂情况。必须要求实践家有耐性，同时经济学家也必须使他的工具完善，以冀迟早能够适应实践家的需要。

这样的理想还是十分遥远的，同时经济学家目前所能做的最多只是，尽量谨慎而准确地使用他已有的工具，而当他真的对某个一般问题提出答案时，一定要煞费苦心地尽量搞清楚他的答案中包含什么有关该问题性质的假设。如果这些假设和实际情况相近得足以使答复有用，那么，实践家就能接受它，但如果这些假设很抽象，经济学家就只会使实践家陷入混乱，并由于自以为所答即所问，而使自己声誉扫地。

但是，经济学家们往往未能用必要的准确性来表述他们的假设这一事实，绝不能归因于心口不一，而只能归因于一种错误的谦逊。在实践家面前，分析经济学家（虽然他的举止通常掩盖着这一事实）常常感觉到一种令人痛苦的羞涩。当他试图去解决某个新问题，并着手去写出解决该问题所需的假设时，他不禁想到实践家偶然看到那个假设表时，会发出怎样的讽刺性的批评。于是他被一种强烈的诱惑所支配，或者是把那些使问题接近于实际问题，但又使这个问题完全不能通过他所掌握的方法来解决的假设列入表中，或者是把问题局限于使它可以得到解决的范围之内，但把限制问题的范围的那些假设（如果他诚实得不把这些假设完全删去的话）藏在注脚里，他希望没有人会在那里看见它们。

这种行为，虽然出自可敬的谦逊，但是一种可耻的对实践家背信弃义的行为。更为妥善的办法也许是，经济学家应当用提出他的假设时所采取的全然坦率的态度来使实践家大吃一惊，而以此来取笑一番——用他自己的确信（他不能希望实践家也心存这种确信）来抚慰自己将受到的这个行为所引起的别人对自己的嫌恶之感。这一确信是：他是通过恰恰有一个找到答案的机会的唯一途径来处理他所面临的问题的。

拙著企图实践这一基本原则，但如果在什么地方有一个必要的假设未被列入表中，那就应看作是一种说明，说明我已经堕入放在经济学家的道路上的第三个陷阱——自己不十分明白自己的假设是什么的危险。

在较老的教科书里，照例是从完全竞争的观点来分析价值的。整个体系看来几乎是统一的，且具有某种美的魔力。但在某处单独的一章中不得不插入对垄断的分析。这就给予对竞争的分析一块永不能吞咽的、不易消化的硬东西。引用斯拉法先生的话[①]来说，就是："当然，当我们拥有关于垄断和竞争这两个极端事例的理论，作为从事研究各种不同工业部门中的现实情况所需要的一

① 《竞争条件下的收益法则》，载1926年12月《经济季刊》，第542页。

部分工具时，我们被提醒，这些理论一般都不十分适合任何一个范畴，而是散处在中间地带；某一工业的性质究竟是更加接近于垄断制或竞争制将依它的特殊情况而定”。但是，在教科书中从来没有关于应当如何对待这些中间事例的明确指示；作为现实世界的一幅图景，这种理论是不能令人信服的，而作为纯粹的分析结构，它又有几分令人不愉快的气氛。

此外，现实世界和价值的竞争分析之间的关系由于经常被误解而弄糟了。经济学家们因受了完全竞争在他们体系中的逻辑主导地位的错误指引，不知怎样竟误认为，完全竞争在现实世界中具有同样的重要性。当他们在现实世界中发现了像“企业内部经济”这样的现象，而这种现象又是和完全竞争的假设不相容的时候，在他们想到现实世界不能满足完全竞争的假设这一简单解释以前，他们总是设法寻求某些较复杂的解释。要不然，他们就企图把一些因素纳入理论体系之中，而这些因素从表面上看来似乎说明现实世界的现象，但它们却完全破坏了理论体系的逻辑一贯性。

正当这种混乱的时候，斯拉法先生宣称：“因此，有必要放弃自由竞争的道路，而转向相反的方向，即转向垄断。”①

斯拉法先生在著作中间的一章中刚刚使垄断分析免除了令人不快的笔调，它便毫不费力地立刻吞尽了竞争分析。由和以前完全相同的因素构成的整个分析体系，现在可以安排得秩序井然，在书中没有那种笨拙的割裂。举两个简单的例子就可表明这种过程的进行。

① 《竞争条件下的收益法则》，载1926年12月《经济季刊》，第542页。

首先考虑垄断的定义问题。在旧的体系下，人们是打算把现实事例排成一列，其中纯垄断是一个极端，而纯竞争是另一个极端，但是和纯竞争的定义相应的一个纯垄断的定义是极其难下的。乍看起来，似乎很容易说，如某一市场上某商品的需求是由许多生产者来供应的，就有竞争，如它是由唯一的生产者来供应的，就有垄断。但什么是商品呢？难道我们必须把为满足一个需要，而互相竞争的所有物品总合成为一个商品吗？如果是这样的话，因为每件物品都必然有某些竞争品，并且因为最后每件物品都代表一种货币的使用，而这种使用又是和其他别的使用相竞争的，所以，我们就不得不说，像完全垄断这种现象是全然不存在的。或者，难道我们只把完全同质的一群商品，界说为一个商品吗？如果是的话，那么，从顾客的观点看，即使是一种充分同质的商品的竞争生产者之间的区区差别，必然被认为是这样的标志，即我们所讨论的不是一种商品，而是几种商品。如果个别买主有任何理由来喜欢这个生产者，而不喜欢另一个生产者，在该买主看来，他们销售的物品是不能完全交替的，那么，我们就陷于不得不认为各个生产者的产品是分立的商品了。因此，任何给垄断者下一个逻辑定义的企图会把垄断或竞争逐出研究范围之外。找出竞争一端的极限事例是容易得很的。这种极限事例出现在对个别生产者的产品的需求完全有弹性的时候。但什么是另一端的极限事例呢？是个人产品的需求和商品总需求相同的那个事例吗？这样，我们又回到如何给一种商品下定义的那个原始问题上去了。我们知道，我们所谓“在一个完全市场上销售”指的是什么意思，但什么是一个纯粹不完全的市场呢？

一旦我们打消了闭门造车地给垄断下定义的企图之后，全部困难就立刻烟消云散。个别生产者拥有对他自己产品的垄断权，这是显而易见的，如果有很多这样的生产者销售商品于一个完全市场，那么，就存在着我们通常所称的完全竞争状态。只要我们把垄断一词照它的字面意义来理解，即一个单独的卖主，垄断分析就立刻吞没了竞争分析。

读者也许反对说，考茨公司取得了对服装的垄断，而贝德福德的蔬菜栽培者却没有取得对抱子甘蓝菜的垄断，显然是有一定道理的。但这种非难是很容易回答的。在这种旧式意义上，所谓“垄断”的全部含义是，个别生产者的产品在各方面恰巧被一系列代替品中的一个显著的差别所限制。这种差别自然给予我们一个商品的简便定义——服装，或抱子甘蓝菜，而这是和常识一致，不会引起麻烦的。如果个别生产者控制了这种商品的全部产量，则常人对于垄断者的理解便和把垄断者作为一个单独卖主的逻辑定义相符，而困难就不见了。

垄断分析如何吞尽竞争分析的第二个例子可以用分析方法本身来说明。当斯拉法先生宣称从把企业当作一个垄断者的观念出发来重写价值论的时机已到的时候，他提议说，“最大限度的垄断纯收入”这个熟悉的工具已在身边，工作可以立即开始。但那个工具充其量是一个粗笨的工具，是不适合于许多需要它的那些操作的。代替它的必须是从旧教科书讨论竞争的章节中借来的，适应新的目的的“边际”方法。

许多件分析工具没有内在的价值，只是为了方便而加以使用的，而使用边际曲线来分析垄断产量本身却是全部问题的重心。

使这件工具发挥作用所必需的一个假设是，个别企业对自己事务的安排总是使得它在其所处的特定情况下能够获得最大的利润。使价值分析成为可能的正是这一假设。如果个人的行动变化无常，那么，只有统计方法才能用来发现经济法则，而如果个人的行动可以预测，但出于许多复杂的动机，那么，经济学家一定得把他的工作让给心理学家了。使价值分析成为可能的假设是，任何人在他的经济生活中将永不采取使他的所失大于所得的那种行动，而总是采取使他的所得大于所失的那种行动。这个假设正是作边际曲线的方法的基础。全部分析结构是用这种单纯式样的砖砌成的。

本书的主题是价值分析。如果不使价值分析显得极其神秘和极其愚蠢的话，要解释什么是价值分析是不容易的。要点可以说明如下：你看见两个人，其中一个人给了另一个人一只香蕉，并从他那里取得一便士。你会问，为何一只香蕉值一便士，而不值任何其他数额呢？解决这个问题的最明显的办法是把它分成两个新的问题：一个人以一便士卖出一只香蕉是怎样发生的？另一个人用一便士买一只香蕉是怎样发生的？总之，很自然的是把这个问题分成二项：供给和需求。

第一项下的问题是：为什么一个卖主要以他实际上出售的价格，而不是以任何别的价格来出售他的商品呢？他的出售价格一方面是由他所能取得的价格，另一方面是由他的商品成本来决定的。这里我们又遇到需求和供给的对生问题了。但在这里需求情况从卖主的观点来看是客观的，并且是决定他将采取什么行动的那些一般情况的一个组成部分。其次很显然的，当许多卖主力求出售同种商品，各人都按合理的可以预料的动机，但都独自行动的时候，他们的决定可以形成某些错综复杂的交互作用，而这些作用是必须要加以慎重的分析的。当分析了这点之后，价值分析关于供给就没有什么更多可说的了。

现在转入主要问题的第二项，分析家要从个别买主的观点来分析价格。在这里供给情况被看成是客观的，被看成是决定买主采取什么行动的那些一般情况的一个组成部分。完成这点以后，关于需求就没有什么更多可说的了。也许价值分析过程的这种说明确实消除了神秘性，但它比以前显得更加愚蠢。读者抗议说，“我原以为，你至少要告诉我，从某种基本意义上说，为什么一只香蕉值一个便士。而你所做的一切却为我向来很熟知的一些自明的概念提供一个复杂的编排方法”。但是，这种编排方法是分析经济学家的装备的一个主要部分，他最后的目的是回答现实世界给他提出的那些实际问题；而正是希望帮助他来回答这些问题，我才准备了我的工具箱的。

本书分为二部分：垄断，即卖的原理；和买方独占，即买的原理。但这里供给和需求之间的对生问题和香蕉问题上的对生问题并不完全相同。一旦经济学家跨过这一问题的后半部分，而问为什么买主按照这个价格购买时，他就进入他很少有发言权的领域里去了。那是一个有很多重要问题的领域，不过这些问题是心理学上的，而不是经济学上的问题。但是，如果商品的需要（像香蕉）不是为了商品本身，而是为了帮助买者赚钱，则经济学家又回到他自己的领域里来了。因此，本书讨论购买的那一部分，主要是讨论购买生产工具和服务的原理，而不是讨论购买商品的原理。总之，它是把价值分析应用到特定生产要素的价格问题上。

以下是本书的提要：

第一篇分析方法：第一章，假设；第二章，几何。

这两章中的第一章包括某些必要的定义，并且以非现实的面貌，毫不掩饰地提出了一些假设，而这些假设确定我们进行讨论所必须具有的抽象程度。第二章说明分析工具的各要素。

第二篇垄断均衡：第三章，垄断均衡；第四章，需求的变动；第五章，成本的变动。

各章分析了这样一个简单问题：在生产者一定，需求及成本情况一定的条件下，个别生产者对其商品所需的价格由什么决定。

第三篇竞争均衡：第六章，供给曲线；第七章，竞争均衡；第八章，租金插论；第九章，完全竞争下的供给曲线。

在第六章中，某商品的供给曲线问题是借助于前篇所得的结果来考察的；在第七章中，有一个新的因素纳入了这个问题。这里首次考虑了垄断利润对销售任何一种商品的生产者的人数的反作用。第七章和第九章标题的选择是为了它们的简短，而不是为了它们的逻辑。这两章（和它们中间的插论）实际上所描述的是，假定工业产量的变动对个别卖主的成本没有影响，则这种变动对他的需求的影响如何；假定他的需求发生了一种极其简单的变动，则对他的成本有何影响。这样，工业产量的变动对所生产的商品的价格的影响这一问题，我们是从两个方面分别加以讨论的。把它们结合起来，就有可能用本书所保持的抽象程度来分析任何一定条件下的某商品的供给曲线。

第四篇垄断产量与竞争产量的比较：第十章，四成本曲线插论；第十一章，垄断产量与竞争产量的比较；第十二章，比较述评；第十三章，垄断价格的控制；第十四章，对比较的反对意见。

第四篇的主题是，在假定其他条件不变的情况下，分析某完全竞争工业中的许多独立生产者化为一个生产者的时候对该工业产量的影响。它被描述为竞争产量与垄断产量的比较。这个标题虽然和本书所根据的垄断概念在言辞上不相一致，但却是为习惯所默认的，所以避免使用它是迂腐的。

第十章是关于如何取得进行比较所必需的工具的一段插论。第十一章和第十二章比较了垄断产量和竞争产量。第十三章是从比较中推出的系论。第十四章表明比较不仅是极其不现实的，而且实际上也包含有逻辑上的不一致性。在已经证明无用的那些比较上消耗这样多的时间看来似乎是无谓的。但对这种反对意见的回答有二。首先，这些比较在每本经济学教科书里都有，而用边际分析方法比用普通所采用的分析方法更便于比较。采用这种方法，就可以避免教科书所作的比较中常常发生的某些错误。但如这是唯一的回答，那么仅仅一个课堂练习就占去如此多的篇幅，不管它是怎样受到传统的重视，仍然会被认为无聊的。第二个回答是，仅对完全竞争所作的这些比较，为分析当代最重要的实际问题——分析在不完全竞争条件下彼此竞销的各企业联合成一个管理单位之后的影响——创造了条件。

第五篇价格歧视：第十五章，价格歧视；第十六章，价格歧视的利弊。

本篇所讨论的是一个企业按照不同价格销售同一种商品的事例。在逻辑上它属于第二篇，而单独摆在这里。第十六章离开了严格的分析途径，而对价格歧视好不好的问题提出了某些意见。

第六篇买方独占：第十七章，买主插论；第十八章，买方独占；第十九章，买方独占和垄断与完全竞争的关系。

第六篇从一个买主的观点介绍了价格分析。第十七章含有某些定义，作为第一章定义的补充。第十九章是对那座现在已经用两块砖（即个别买主和个别卖主）建成的大厦的一个概略的考察。

第七篇一种生产要素的需求：第二十章，边际纯生产力插论；第二十一章，个别雇主的劳动需求；第二十二章，一种工业的劳动需求曲线。

本篇讨论一个生产要素的需求曲线，并为方便起见把该要素叫作劳动。第二十章含有分析工具方面某些必要的追加项目。第二十一章和第二十二章对一个要素的需求曲线的分析和第二篇、第三篇对一个商品的供给曲线的分析是对称的。这个分析并不是包罗万象的，只阐明了一方面是一个单独的企业，另一方面是完全竞争的工业的一些事例。

第八篇垄断与竞争下的劳动需求之比较：第二十三章，垄断与竞争下的劳动需求之比较；第二十四章，对比较的修正。

这些比较处处和以前的比较相称，遭到同样的非难，也有同样的辩护理由。本篇完成了对购买的分析。

第九篇剥削：第二十五章，垄断对劳动的剥削；第二十六章，买方独占对劳动的剥削。

在本篇中，生产要素的价格不是从雇主的观点，而是从生产要素所有者的观点来看的。这两章标题中的劳动一词不再代表任何生产要素了，它现在代表的是属于叫作劳动的要素总范畴中的一个要素。在本篇中，完全竞争不占有令人感兴趣的那一特殊事例的地位，而是用来作为比较的标准。在这里，脱离分析的途径而提出伦理性意见的一种吸引力，是大得难以拒绝的。

第十篇垄断世界：第二十七章，垄断世界。

在本篇中，我们不再从事于价值理论的探讨，而已经迈入福利经济学的领域里来了。

第二十七章是企图说明如何把价值的垄断分析和庇古教授关于福利经济学的著作结合起来的一种初步的试验性的尝试。这里不再要求我们对伦理缄默不言；就其枯涩性质来说，本篇虽不亚于分析价值和分配的那些章节，但它的主题却具有伦理的性质。

决心读完本书的读者很快会发现自己置身于崇山峻岭的荒凉地区。我曾提供了旅行指南，试图解救他的困难。在某几章的第一页下标有注脚说明该章的某几节初读时可以删去，对纯粹分析方法问题不感兴趣的读者可以永不阅读，并指出一些用旅行指南的话来说“只是为了不怕头晕的人”而设的段落。但是，没有数学修养的读者见到这种预告是无须害怕的。这些读者往往慑于理论经济学家所使用的数学工具。但我自己对于数学差不多完全是一个门外汉；虽然我求助于数学家来提供某些证明，可是这些证明总是为了使某些结论更加精确，而这些结论的要旨是通过单纯的方法发现的。我希望本书已经表明，用纯粹的经济学推理，再加上关于“弹性”概念和学校几何学中关于三角的一两个定理的知识，就可以把理论分析大大地向前推进。

第一篇

分析方法

第一章 假设

一

本书的目的在于表明，一种商品的产量与价格可以用一种以研究个人决定为基础的方法来进行分析。

基本假设是，每个人在他所处的环境中都根据他自己的经济利益来有理智地行动。研究神经错乱和认识不清的经济效果的方法，比这里所说的方法势必更加复杂。

当基本假设作出以后，各种经济趋势可以用一系列的问题加以分析。一个有理智的人在这种场合下将怎样行动？因而，可以做出先验的分析来把经济现象的研究推进到一定的局面，在这种局面下，现实世界中的经济趋势的结果能够用统计调查来校对。

方法是建立在把境遇中影响个人决定的因素分成两部分的基础上，而这两个部分被假定是彼此独立的。这两个部分是用两条曲线来表示的。

这样，当我们考虑个别生产者关于销售若干商品的决定时，用一条需求曲线表示完全不由他支配的需求情况（抽去广告和其他流通费用的影响）；而生产各种产量的生产成本是用一条成本曲线表示的。通过考虑由需求曲线所表示的需求情况和他自己的生产成本，卖主就能够决定将多少产量抛于市场。他被假定总是选择使他获得最大纯收入的那种产量。或者当我们考虑所使用的某种生产要素的数量时，境遇中的两个因素一方面是该生产要素的供给曲线，另一方面是商品的需求情况，其他生产要素的供给曲线，以及生产技术条件，所有这些都表现在该生产要素的需求曲线里。通过考虑这两组影响，生产者就可以决定每种生产要素使用多少。他被假定总是选择得使生产一定产量的成本最低。同样地，一个买主也是被假定通过两方面的考虑来选择他要购买的商品数量的，一方面是考虑购买这种商品对他的利益，另一方面是考虑商品各种不同数量的供给价格。

人类决定的研究涉及人类心理的研究，但是，经济学所需要的心理学背景是一种纯粹的行为主义心理学。当经济分析的方法进步得足以分析神经错乱和思路不清的结果时，也只有在它们产生统计上可以计量的效果的范围内，它才对它们加以研究。

本书所述的方法是用来研究均衡状态的方法。时间经过所造成的结果是不提的。短期均衡和长期均衡是为了说明工具的各种不同使用方法而纳入论证中的，但对从一种均衡过渡到另一种均衡的过程是不加研究的，我们主要讨论的是长期均衡。

本书的主题是价值分析。但是，价值理论（至少在英国经济学家中间）只是单独考虑的一种单一商品的产量分析的传统的误称。[1] 它需要的条件是，所述各商品中每种商品是总产量中一个小得可以不计的部分，所以，某商品产量的变动对整个工业部门产量的生产成本，从而对该商品的需求的任何反作用是可以置之不理的。

二

本章阐明一些基本定义，[2] 别的定义随着论证的进行再加以介绍。

商品是被任意地从别种东西中划分出来的一种消费品，但是为了实际的目的，它本身可以被看成是同质的。

一个企业是一个行号，和现实世界的企业很相似，但它只生产一种商品，且为一个独立经营者所管理。

一个企业的管理者是企业家。就长期问题来说，企业家被认为需要一定的报酬，足以诱使他继续营业，这种报酬不以他的产量为转移。

一种工业是生产一种商品的任何一群企业。这样一种工业和

① 这点已被马歇尔那有名的比喻所说明：“我们争论裁纸的是剪刀的上边还是下边，正如我们争论决定价值的是效用还是生产成本同样合埋”（《经济学原理》，第 348 页）。但如成本不变，则价格，如马歇尔自己所承认的那样，只由成本来决定。产量由剪刀的两边来决定，这仍是真的，而除在需求完全没有弹性或供给完全没有弹性的那些非常场合下（当产量完全由需求，或完全由供给决定的时候），这永远是真的。

② 这些定义是适应以后的分析而下的。为了别的目的也许需要不同的定义。

现实世界中的工业也许不是完全一致的。但在有些场合下，现实世界中的某一商品在各方面都和它的最接近的代用品有显著的区别，生产这种现实世界的商品的现实世界的企业将符合这样一种工业的定义，足以使我们从这种技术意义上说的关于工业的讨论具有某种意义。

需求曲线是在一定时期内一个市场上，可据以买得不同数量的某种商品的价格表。像每年在全世界买的原棉数量，或每月从英国买的汽车数量，或每日从波威克市场买的丝袜数量，这样一些概念都可以用一条需求曲线表示。

同样地，供给曲线是在一定时期内和各种不同价格相联系的某种商品的各种产量的表。

从商品卖主的观点来看，需求曲线是一个客观概念。从商品买主的观点来看，供给曲线是一个客观概念。

效用曲线从买主的观点来看是主观的。但效用这一概念要到以后作论证时才有必要加以介绍。在本书的前半部分，我们只考虑卖主的决定。主观的需求情况表现在客观的需求曲线之中，效用概念在研究计划中是不占地位的。在后半部分，当我们考虑买主的决定时，我们才给效用下定义。

曲线的弹性是一个几何概念。当变化很小时，它在曲线的任何一点上测量横坐标的比例变化除以纵坐标的比例变化。因此，任何价格或任何产量的需求弹性是相应于价格的很小变化而发生的购买量的比例变化除以价格的比例变化。同样地，供给弹性是供给曲线的弹性。依照惯例，把一条下降着的曲线的弹性当作正数，而把一条上升着的曲线的弹性当作负数，这是方便而合宜的。

弹性小于一的曲线被描述为没有弹性的，弹性大于一的曲线被描述为有弹性的。如弹性等于零，则曲线叫作完全没有弹性的，如弹性等于无限大，则曲线叫作完全有弹性的。[①]

如对各个生产者的产品需求是完全有弹性的，就有完全竞争的出现。这意味着，首先卖主是这样的多，以致任何一个卖主的产量是商品总产量中一个小得可以不计的部分；其次，买主在选择竞卖的卖主方面都是一样，因而市场是完全的。

生产要素的定义问题在很多方面曾引起许多争论，但困难是在给生产要素的总供给下一便利的定义上。因为本书只是讨论分别加以考察的单一商品，这些问题是无须我们操心的。

生产要素被认为是由生产单位的服务构成的，如一人日的劳动，一经理月，一企业家年，一英亩年等等。这些都是生产要素的自然单位，可任意加以选择以便尽量符合现实世界的情况。每一单位只用来一次生产一种商品。这些要素单位的概念所蕴含的抽象程度是很大的，因为在现实世界中一个企业往往生产很多种商品，所以一个生产单位，例如从事于某种准备过程的人，可以同时有助于几种商品的生产。此外，在现实世界中，一个企业家可以同时插足于许多工业，在没有离开他所已经从事的那个工业时，他可以开始在新的工业中进行生产。但在本书所描绘的世界里，一个企业家是一个不可分割的单位，他的职能是决定一个企业的产量和价格政策，而这个企业一回只能参与一种商品的生产。资本的自然单位，就长期问题来说，是在一定时间内所控制的一定的货币额。在短时

① 完全没有弹性的曲线平行于 y 轴，完全有弹性的曲线则平行于 x 轴。

期内（资本的物质体，机器或建筑的寿命），用和土地相同的术语来对待固定资本，并把自然单位视作一机器年或机器日，这是便利的。生产要素并不是生产单位本身，而是生产单位的服务。但为简单起见，在以后的章节中，删去生产单位的时间长度。土地的自然单位将简称为英亩；劳动的自然单位叫作人等等。

照例总是说生产要素有四：土地、劳动、资本和企业。对生产要素的这种传统的划分是便利的。四种生产要素中每种生产要素都指的是一类具有某种共同显著特征的生产单位。在第七篇、第八篇和第九篇的论证中，像“生产要素土地”这样的名词必须被理解为一定数量的生产单位，它们都具有土地的一般特征，其中最重要的是独特的空间位置。“生产要素劳动”所指的是具有劳动特征的许多单位，其中最重要的特征是，它是由个别个人所提供的，如此类推。“一要素”的更确切的概念将随着论证的需要而加以介绍。任何一个生产过程将需要四种要素中每种要素的若干单位。这就是说，任何一个加工、运输或销售的过程都一定需要场所、劳动、工具和监督管理。

上述定义带有很大的抽象性，但是比较现实的定义，虽然运用起来不方便，并不需要在分析方法上有任何的根本改变。

三

在论证进行时，下列解释可以作为有用的参考：

需求曲线——在其他条件不变的情况下，一定市场上的某特定商品的需求曲线是一个按照各种价格所购买的商品不同数量

（每日，每年，或在任何其他时间内）的表。马歇尔教给我们，要根据所有其他商品的价格不变这一假设来作需求表。这不仅断绝了作现实需求曲线的一切希望，而且它本身也是有几分不合逻辑的。某商品的实际价格的变动将改变它与之相竞争或作为其补充品的那一商品的需求曲线。除非这些商品的相关数量是在供给价格不变条件下生产的，需求的变动将使它们的价格有所变动。因此，马歇尔的方法只适用于二个场合。第一个场合是，该商品没有竞争品，并且不与任何其他商品一道使用。因为如果货币的一切用途不是协作的，这些货币用途作为最后的手段就是彼此竞争的，如果不是彼此竞争的，就是协作的，所以这样的商品是不可能有的。其次，它适用于一种商品，假定所有其他商品是在供给价格不变的条件下生产的，而这种局面又是我们所不能企求的。适当的办法是庇古教授所建议的办法，[①] 即假设所有其他商品的供给情况不变，而不是假设它们的价格不变。当然这仍有很多的困难，但这种方法的用途是广得多的。

个别需求曲线一词是指个别企业的产品的需求曲线，而不是指个别买主的需求曲线。由于广告的存在，个别需求曲线问题又产生了一些复杂的情况，但这些情况是被抽掉了的。可以假定的是，为某一企业增加销售量所必要的广告费，在企业家看来，可以和对销售量有相同影响的减价等量齐观。[②]

① 《经济论文与演讲集》，第64页。

② 由于销售费用的存在而使分析中出现的复杂情况，参看卡恩（R. F. Kahn）的文章（载《经济季刊》，1932年12月，第660页），和肖甫（Shove）:《市场的不完全》(《经济季刊》，1933年3月，第114页)。

在不完全竞争条件下所经营的某种工业里，一定的困难导源于这样的事实，即在组成该工业的各企业中每个企业的产品需求曲线在某种程度上将取决于其他企业的价格政策。因此，假如一个企业提高价格，其他企业的需求曲线将有所提高。这就会使它们也来提高价格，而这些企业的价格上涨将对第一个企业的商品需求产生反作用。但是，在作任何一个企业的需求曲线时，估计这种影响是可能的。可以把个别企业的需求曲线认为是表明该企业价格变动对销售量产生的全部影响，不论它使其他企业所索的价格变动与否。我们不想来详细地考虑这个问题。一旦企业的需求曲线已经作出，不论它据以作出的假设如何，分析方法就可以运用了。

把一条需求曲线称为一个卖主的平均收入曲线往往是便利的。

供给曲线——一种商品的供给曲线表明该商品各种数量的单位价格，而这个价格是使该商品的该数量将被生产所必须支付的。供给曲线这一概念是有许多困难的，其中有些要在以下几章中加以讨论。短期供给曲线可以具有确定的意义，但是长期供给曲线的概念却和实际情况有很大的背离。主要的困难导源于这一事实，即在实际场合下，生产成本从而商品的供给价格不仅仅取决于任何时候的生产量，而且也受工业的过去历史的影响。[①] 因此，表示产量及其供给价格之间唯一关系的曲线概念是极不真实的。但在我们的抽象分析中，我们利用这一不真实的概念。我们所运用的成本曲线并不是表示实际产量按照什么成本生产的历史曲线；而

① 参看马歇尔:《经济学原理》，第808页。

是表示在其他条件不变的情况下产量变动对成本的影响。产量规模的变动可以引起生产技术的改变，但是，由于同样适用于各种不同生产规模的发明或新生产方法的使用而产生的技术改变，不是成本曲线的一个因素，但改变整个成本曲线的位置。[①]

工业产量是由于增加要素的不可分割的单位，例如由于新企业的加入而增加的。因此，一条供给曲线，不管它是上升、下降或不变的，将含有很小的起伏，但如工业产量需要许多的要素单位，则这些起伏是可以不计的。

时间——经济分析中许多极其可怕的困难是和时间相联系着的。这些困难在论证过程的适当时机将加以一瞥，但就绝大部分来说，我们将不得不把它们置之一旁。在供给方面，我们将假定，生产是由处于静态均衡中的各企业进行的。在需求方面我们假定，当我们讨论各个别需求曲线时，可以用二度需求曲线来表示。这就是说，我们不管这样一个事实，即任何时候所索取的价格可以改变未来需求曲线的位置。或许有人反对说，这是一种不必要的限制，如价格有时间来充分影响需求时，就可能做一条连接各种价格和销售量的长期需求曲线。但是这不适合我们的需要。如果一个卖主知道，现在的高价格将导致未来需求曲线的降低，那么，他可以在现在利大将来利小和现在利小将来利大之间二者择一。我们所需要的不是一条二度的长期需求曲线，而是在各点上表示每一价格上可以期待的打过折扣以后的未来销售率的曲线。这个概念是极其含混的，因为它涉及生产者就其现行价格政策对未来

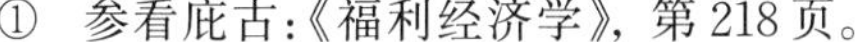

① 参看庇古:《福利经济学》，第218页。

销售量的影响的臆断，和他对未来前途的忽视程度，但是，在一个有才智的企业家决定采取怎样的价格政策时，他心目中所存在的显然是这样的想法。在以后的论证过程中，我们将不顾这些复杂情况，并假定应当使用二度需求曲线，而不问它是如何作出的。这些困难并不是由于某竞争工业的产品需求曲线，而是由于个别需求曲线产生的。

曲线的形状——在以下的章节中，当曲线是从上面向下凹的时候，也就是说，当它的凸面是向 x 轴的时候，依照惯例把它描述为凹形曲线；当它的凸面向上，它的凹面是向 x 轴的时候，把它描述为凸形曲线。①

本书的很大部分是用专门术语写成的，这就有可能把结果表述得精确而简练，但在各个阶段上把专门术语变成普通常识的用语是很重要的。如需求曲线被描述为凹形或凸形，则在凹形场合，它指的是，价格的某种绝对下降使销售量随着价格的下降而增加得越来越多；而在凸形场合，它指的是，随着价格的下降，销售量的反应变得越来越小。

一般说来，情况似乎很可能是：个别买主的最普通商品的需求曲线将呈凸形，因为他的需求很可能通常在正的价格下达到饱和点，所以需求曲线的最低部分是直立的。这样，只有市场包括贫富不同的人，因而价格的下降不仅诱使那些在较高价格下消费若干该种商品的人多买一些，而且也诱使新的买主出现的时候，

---

① 用微积分表示，如 $\frac{d^2y}{dx^2}$ 为正，则曲线是凹形，而如 $\frac{d^2y}{dx^2}$ 为负，则曲线是凸形。参阅第47图和第48图。

整个市场的某商品需求曲线才可能是凹形的。如果各个买主对商品的嗜好不一致，也会产生同样的结果。如果收入较少或对该商品的欲望较小的每一相续的买主群，大于前一个买主群，因而由于每次相续的价格下降，较多的新买主被吸引到这种商品上来，那么，需求曲线的凹度将有所增加。如果市场包括贫富相同和对于商品嗜好相同的买主，则需求曲线很可能是凸形的。在价格是这样的低，以致最穷和最不热衷的买主也购买某些该项商品的情形下，它也可能是凸形的。

在不完全市场上，如果不完全是由运输成本造成的，而且买主在有关区域的分布是均匀的，则个别生产者的需求曲线很可能是凹形的，因为其中任何一个生产者所索价格的每次相续下降将引起更多的顾客向该企业购买商品。反之，如果在各个别企业的周围买主居民稠密，并且在企业与企业相距的区域内居民稀疏，则个别企业的需求曲线有呈凹形的趋势，因为当价格首次降低到该企业不出售商品的水平以下时，它周围的买主将蜂拥而至；但每次相续的减价随着该企业产品到达的地方愈远，而将遇到的反应也愈小，直到它侵入竞争对手周围居民稠密的区域时为止。如市场的不完全是由于买主群对一些特定企业的偏好，则将有类似的情况出现。在各种场合下，需求曲线的形状可以用影响它的那些情况来说明。

同样地，成本曲线的形状将取决于生产条件。例如，假使大规模生产的经济随着产量的增加而递减，或成本的增加由于稀有生产要素的存在而递增，则完全竞争工业的供给曲线将是凹形的。这是一种我们通常所能期待的事态，但成本按递增率下降或按递减率上升的凸形供给曲线也不是不可能的。

如产量的一定的绝对变动伴随着价格或各种产量的成本的同样绝对下降，则曲线是一直线。没有理由来期待在任何实际场合可以找到这样的曲线，但直线形的曲线给予我们以一种分析的手段，在以后的论证中我们将尽量使用它。

企业家——在以下的篇幅中，企业家是人格化了而且指的是一个人。但在股份公司里个人是不负管理企业的最后责任的。责任名义上由股东来负，而实际的管理完全落在董事身上，公司可以由创办人成立。此外，“企业家的报酬”可以不为那些实际执行企业家职能的个人所取得。公司的决策将为最有势力的董事所决定，由此而来的盈亏落在股东身上。这些复杂情况在这里都撇开不谈，企业家被当作一个不可分割的管理和事业单位。

第二章 几何[①]

一

价值的垄断分析所需要的头一个工具是两条曲线，即边际曲线与平均曲线。平均值和边际值这两个概念可以应用在生产成本、效用、收入和生产诸要素的生产力等方面。[②]在本章我们为说明起见，将把所讨论的数量叫作成本和产量，但这种讨论对任何其他两个数量（其中一个数量的值由另一个数量的值决定）也同样适用。边际成本是总成本随着产量的增加而增加的比率；例如，n单位产量的边际成本是n的总成本减去$(n-1)$的总成本。平均成本

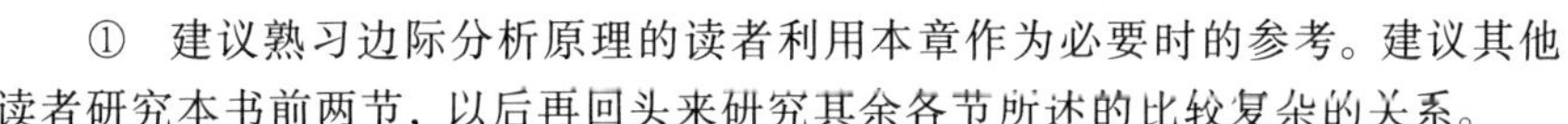

① 建议熟习边际分析原理的读者利用本章作为必要时的参考。建议其他读者研究本书前两节，以后再回头来研究其余各节所述的比较复杂的关系。

② 本章所述的分析工具有些是取自庇古教授的著作（见《福利经济学》附录）。边际曲线和平均曲线的关系的代数公式是取自哈罗德先生:《成本递减法则》，载《经济季刊》，1931年12月。我自己没有取法的其他经济学家曾在不同时期发表了分析工具的某些部分，例如H. V. 斯塔克尔伯格博士:《纯粹成本学基础》，载《国民经济学杂志》，1932年5月；阿莫罗索教授:《销售统计曲线》，载《经济学刊》，1930年；E. 施奈德:《垄断经济形式的纯粹理论》《垄断工业中的分工与成本问题》，均载《西摩勒耳年鉴》，第19卷；和T. O. 因特玛教授:《海外倾销对垄断价格的影响》，载《政治经济学刊》，1928年12月。

等于 n 单位产量的总成本除以 n。因此，如任何两个连续产量的平均成本为已知，就可能计算边际成本。例如：①

产量单位	平均成本	总成本	边际成本
10	20	200	—
11	21	231	31
12	22	264	33
13	23	299	35

或

产量单位	平均成本	总成本	边际成本
10	20	200	—
11	19	209	9
12	18	216	7
13	17	221	5

第一例表示成本上升，第二例表示成本下降。如果成本不变，则边际成本与平均成本相等。例如：

① 为简明起见，数字例证中所表示的量的变化$\left(\frac{1}{10},\ \frac{1}{11},\ \frac{1}{12},\ \text{等}\right)$很大，但这样大的变化是使计算不能精确的。更确切地说，如果增加量是无限小的，则边际成本仅等于总成本的增加额（由于产量的增加）除以产量的增加额。边际成本 $= \frac{d\text{（总成本）}}{d\text{（产量）}}$。

产量单位	平均成本	总成本	边际成本
10	20	200	—
11	20	220	20
12	20	240	20

如果边际成本大于平均成本，则平均成本势必上升。因如产量增加第12个单位（比方说）所用的成本比11个单位的平均成本多，则12个单位的平均成本将大于11个单位的平均成本。同样，如果边际成本小于平均成本，则平均成本势必下降。因如生产第12个单位所用的成本比11个单位的平均成本少，则12个单位的平均成本将小于11个单位的平均成本。要使平均成本停留在同样的水平，则第12个单位的边际成本必须与11个单位的平均成本相等。因此，如果边际成本大于平均成本，则平均成本随着产量的增加而增加；如果边际成本小于平均成本，则平均成本下降。如果边际成本等于平均成本，则平均成本不变。但是，当边际成本上升的时候，平均成本也可能下降，反之亦然。如果平均成本的下降率随着产量的增加而减少，到达一定点以后，边际成本很可能开始上升。例如：

产量单位	平均成本	总成本	边际成本
8	22	176	—
9	21	189	13
10	20	200	11

续表

产量单位	平均成本	总成本	边际成本
11	19	209	9
12	$18\frac{1}{2}$	222	13
13	$18\frac{1}{4}$	$237\frac{1}{4}$	$15\frac{1}{4}$
14	$18\frac{1}{8}$	$253\frac{3}{4}$	$16\frac{1}{2}$

二

上述诸关系可以用边际曲线和平均曲线图示如下。依照惯例，用 x 轴测量产量，y 轴测量单位成本（平均成本或边际成本）。如我们所知，如果边际曲线位于平均曲线之下，则平均曲线势必在下降；如果边际曲线位于平均曲线之上，则平均曲线势必在上升。如果平均曲线初则下降，继而上升，则边际曲线将交平均曲线于其最低点，因为当边际曲线位于平均曲线之下时，平均曲线只能下降，当边际曲线位于平均曲线之上时，平均曲线只能上升。同样地，如果平均曲线初则上升，继而下降，则边际曲线将交平均曲线于其最高点。（以下各图中，A 为平均曲线；M 为边际曲线）

因为无限小的产量的平均成本和边际成本相等，所以，两条曲线必须从 y 轴的同一点出发。

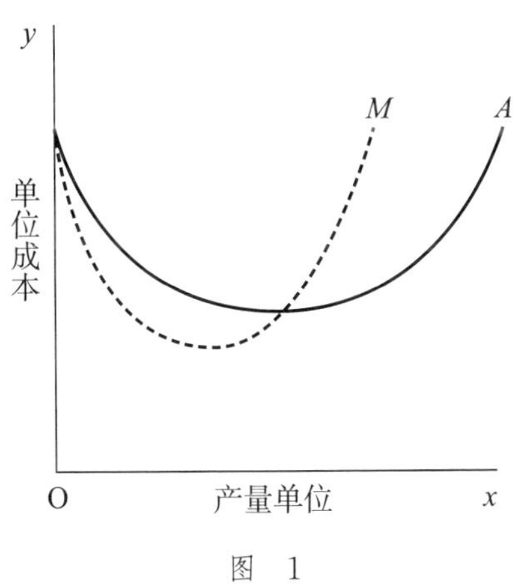

图　1

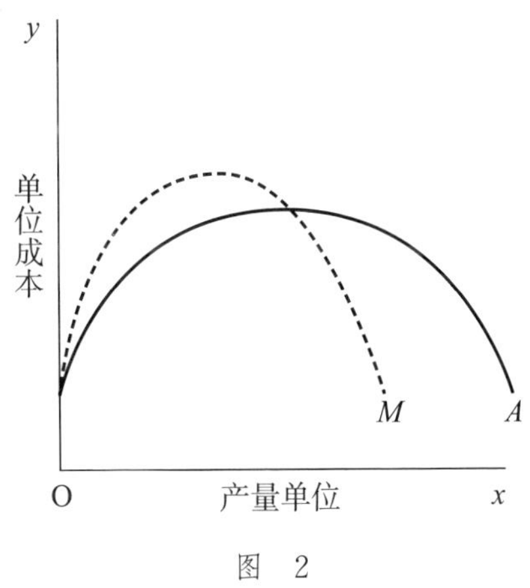

图　2

如我们所知，如果两个连续的产量的平均成本已知，或换句话说，如果平均曲线的斜度已知，就可能计算边际成本。但是，要从边际成本中求出平均成本，就必须知道，一直到所述的产量为止的边际成本的趋势。如果我们能计算1个单位的成本，加第2个单位的追加成本，再加第3个单位的追加成本等，直到第 n 个单位的追加成本，那么，我们就可以求出 n 个单位的总成本。任何产量的总成本就是由位置在一直到所述产量为止的各种产量的边际成本曲线下方的面积来表示的。因此，除之以 n，即可求出平均成本。

三

现在我们必须研究这两条曲线之间的几何关系。平均曲线和边际曲线的基本关系是，就任何一定的产量来说（如第3图中的OQ），边际曲线下的面积（AEQO）等于平均曲线对面的矩形（BDQO）。

由此可以推出以下的关系。如果二曲线都是直线，则通过平均曲线上的任意一点向 y 轴所作的垂线被边际曲线分成二等分。

通过平均曲线上的一点D作DB垂直于 y 轴，DQ垂直于 x 轴。

设边际曲线交DB于C，交DQ于E。

设边际曲线与平均曲线交 y 轴于A。

求证BC = CD，

面积BDQO = 面积AEQO（因二者皆等于产量OQ的总成本）。

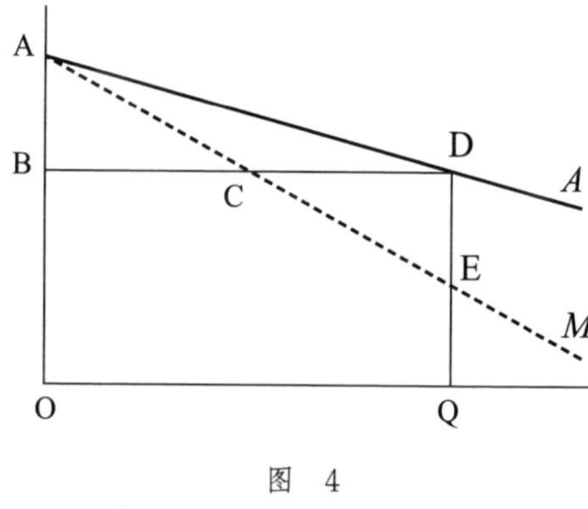

图　3

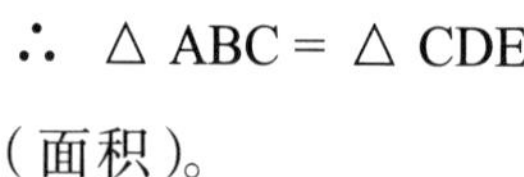

∴ △ABC = △CDE（面积）。

但 ∠B = ∠D = 一直角，

又因C的对角相等，

∴ △ABC与△CDE为全等三角形。

∴ BC = CD。

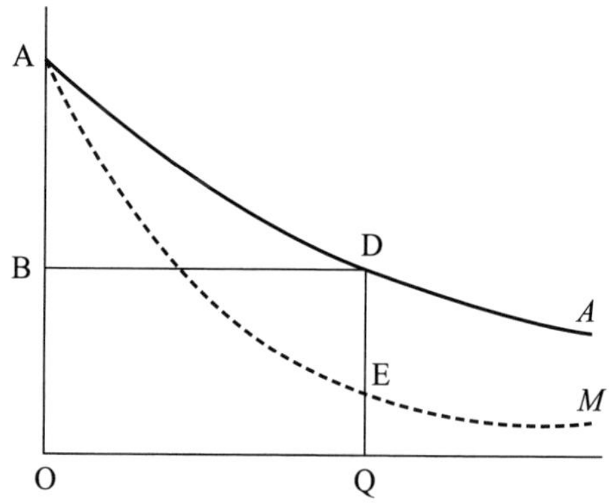

图　4

所以，BC等于BD的二分之一。根据同一证明，则知AB = DE。这就等于说，就直线来说，边际曲线的下降率（或上升率）是平均曲线下降率（或上升率）的二倍。

我们没有理由期待以后讨论的曲线都是直线。但是，直线形曲线的简单事例使我们有可能发现：所有边际曲线和平均曲线的借以几何建立的那些基本关系。从这些关系中，我们已经能够得出某些有用的推论。首先，在直线形曲线的领域内，由上述证明我们知道：如果两条或两条以上的直线形平均曲线相交于一点，则各相应边际曲线在距 y 轴的二分之一处相交，且在同一水平线上。

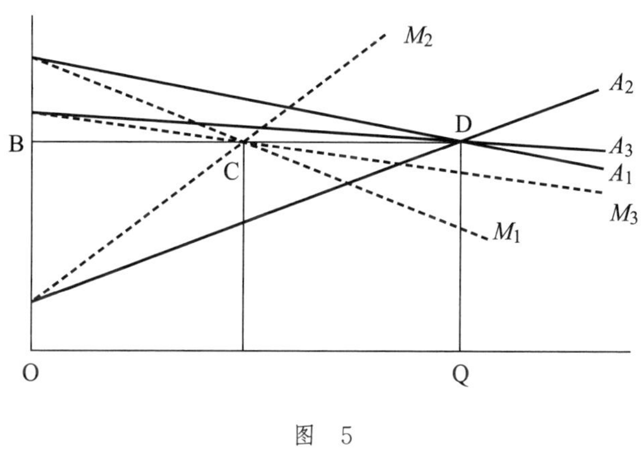

图　5

在第 5 图中，各边际曲线都相交于 C，同时 BC = CD。

当我们讨论垄断分析的时候，我们往往需要考虑两对或两对以上的平均曲线和边际曲线的情况。从而，几对直线形曲线之间的这种关系以后是有用的。

四

此外，以上所述的那些基本关系给我们提供了一个从平均曲线求边际曲线的十分简单的图解方法。当各曲线都是直线的时候，这种方法是一目了然的。我们知道，通过平均曲线上的任意一点向y轴所作的垂线被边际曲线分成二等份。所以，如平均曲线已知，则可立刻作出相应的边际曲线。如平均曲线不是一条直线，则事情就比较复杂。从平均曲线求边际曲线的方法取决于这样一个事实，即相应于平均曲线上任意一点的边际值和相应于该点切线的边际值相等。理当如此，因为在曲线和在切线的该点上的成本变动率都是一样，当我们计算在该点因产量略增而造成的总成本增加的时候，不论我们根据曲线或根据切线来计算这种增加，都是无关紧要的。

所以，从平均值求边际值的方法可以图示如下：

设 AD 为一切线，切平均曲线于 D。

作 DB 垂直于y轴，DQ 垂直于x轴。

产量 OQ 的边际成本不论就 AD 是其 D 点切线的曲线或就切线本身来说都是一样。

设 AE 二等分 BD 于 C，且交 DQ 于 E。

于是，把切线 AD 看成是平均曲线，则 AE 边际于 AD。所以，边际曲线通过 E 点。对于切线作一条边际曲线的这种方法对以后的论证将有所帮助。AE 可以叫作切于 D 点的那一切线的相应线。AB = DE，QE 为产量 OQ 的边际成本。

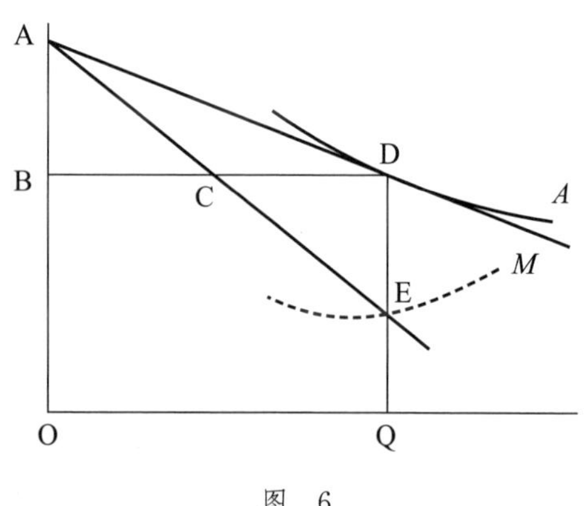

图　6

现在我们有了一个求相应于任何形状的平均曲

线的边际曲线的方法。为了作图，不一定要对切线作一条相应线（AE），因为我们知道，AB长度（如图6所示）等于DE长度。因此，通过在平均曲线上任意一点作一切线，我们就可以直接求出边际曲线上的那个相应点。要求相应于平均曲线上一点的边际曲线上的点，在平均曲线上的该点作一切线，并通过该点作一线垂直于y轴。边际曲线将位于平均曲线之下，而切线和垂直线在y轴上的截距（AB）是它们的距离。

用这种方法，我们就可以沿着不论什么形状的平均曲线，在所有各点作出相应的边际曲线。

从相应于平均曲线上任意一点的边际值对曲线和对该点的切线都相同这一事实可以推知，如果许多平均曲线在某一点彼此相切，则所有曲线的相应的边际值必然相等。这就是说，各边际曲线必然相交于各平均曲线相切的那个产量点。

在第7图中，三条平均曲线A_1、A_2、A_3在D点有一公切线（AD）。

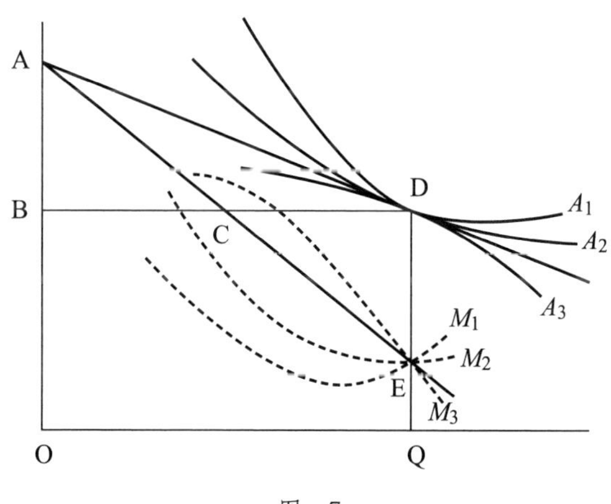

图　7

边际值 QE（它等于 QD－AB）对所有的曲线和该切线都是相同的，各边际曲线彼此相交于 E。

此外，可以看出，如果二平均曲线并不相切，而彼此相交于任意一点 D，则相应于弹性较小的那一曲线的边际曲线势必交 DQ 于一点之下，在该点它和相应于弹性较大的平均曲线的边际曲线相交，同时二边际曲线必然相交于 DQ 的左端。

五

某一特定的平均曲线和相应的边际曲线的关系将取决于平均曲线的弹性。[①] 如平均曲线是上升的，不管它的弹性如何，边际值必为正数。如平均曲线是下降的，但它的弹性大于一，从而产量的增加导致总成本的增加，则边际值必为正数；但如平均曲线的弹性等于一，从而总成本并不因产量的增加而改变，则边际成本等于零；如果平均曲线的弹性小于一，则相应的边际曲线将表现为负值。[②]

① 参见曲线弹性的定义，第一章。

② 上面我们举的是成本曲线的例子，如果我们所考察的平均曲线是表示任何企业单位的产量成本，则它的弹性小于一是不可能的，因为较多产量的总成本不能小于较少产量的总成本。但我们在这里是研究边际曲线和成本曲线的关系，而只是为方便起见才用成本曲线作例子的。当平均曲线没有弹性时，边际值是负数这一事实，在我们考察平均收入和边际收入的时候，是很重要的。

在理论上，弹性等于一的平均成本曲线不是不可能的。如果生产最小单位的产量所必要的支出将足供生产无限大的产量而不需要任何追加成本，我们就会有直角双曲线形式的平均成本曲线，而边际曲线与 y 轴和 x 轴相一致。对各种人数的收听者广播，也许可以作为这种平均成本曲线的实例。

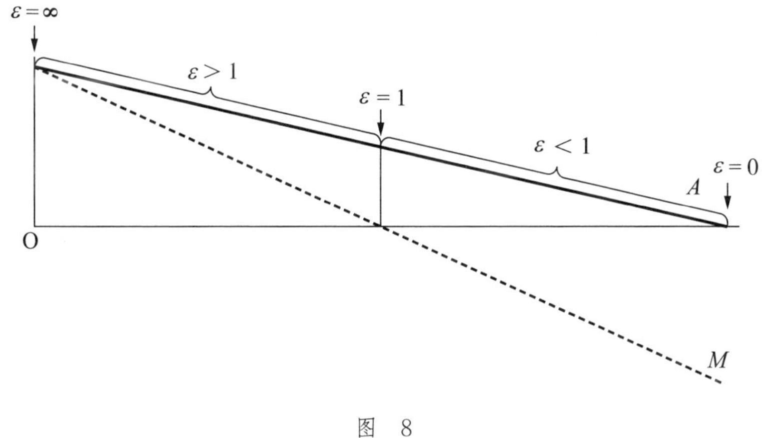

图　8

第8图说明直线事例。

不论任何平均曲线，在它和y轴相交的那一点上的弹性是无限大，并且在该点边际曲线与它相一致。在它和x轴相交的那一点上的弹性是零。直线中点的弹性等于一。在中点以上，平均曲线是有弹性的，边际值是正数；在中点以下，平均曲线是没有弹性的，边际值是负数。

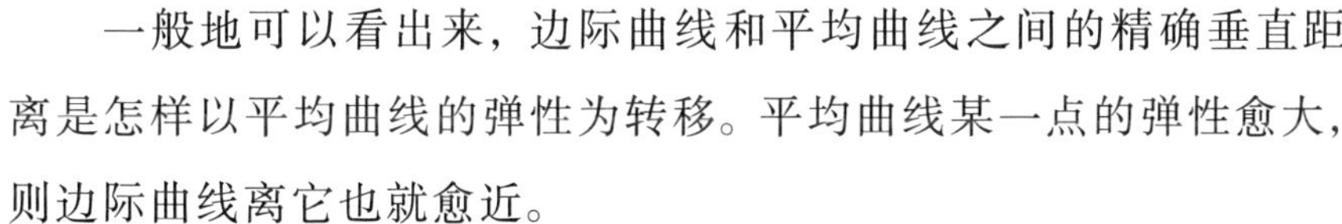

一般地可以看出来，边际曲线和平均曲线之间的精确垂直距离是怎样以平均曲线的弹性为转移。平均曲线某一点的弹性愈大，则边际曲线离它也就愈近。

例如，在上面的第6图中，在一定点D的弹性愈大，则切线AD的斜度就愈小，A和B的距离（AB）愈短，E离D也就愈近。如果平均曲线是完全有弹性的，则它和x轴平行，并与边际曲线相一致，同时成本将不变。从而，在各点多生产一个单位的额外成本等于该点和其他各点的产量之平均成本。

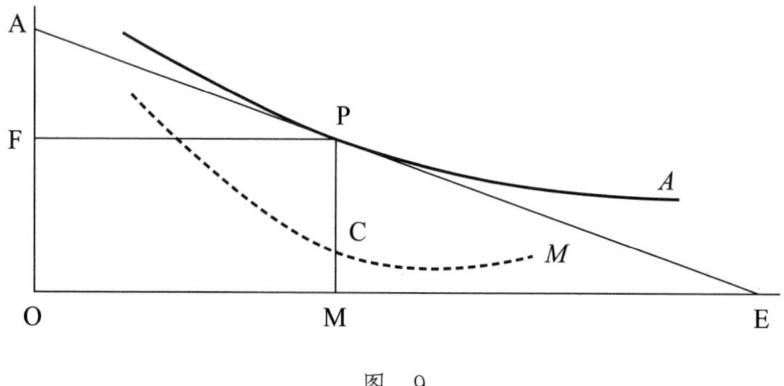

图　9

平均值、边际值和弹性的关系可以精确地表述如下：

设 PM 为任何产量 OM 的平均值，CM 为边际值。

作一切线，切平均曲线于 P，交 y 轴于 A，x 轴于 E。

则平均曲线在 P 点的弹性[①]等于 $\frac{PE}{AP}$。

因为，三角形 APF 与 PEM 为相似三角形，

$\therefore\ \frac{PE}{AP}=\frac{PM}{AF}$。

但 AF = PC，

$\therefore$ 在 P 点的弹性 $=\frac{PM}{PC}$

$$=\frac{平均值}{平均值-边际值}。$$

如以 ε 代表弹性，A 代表平均值，M 代表边际值，

则 $\varepsilon=\frac{A}{A-M}$，$A=M\frac{\varepsilon}{\varepsilon-1}$，$M=A\frac{\varepsilon-1}{\varepsilon}$

只要知道平均曲线的弹性，我们就可以根据上述公式求出边

① 马歇尔：《经济学原理》，第 102 页。

际值和平均值的比率。例如，假使平均曲线是一渐近于二轴的直角双曲线，从而各种产量的弹性等于一，那么，各种产量的边际值等于零，这就是说，边际曲线与二轴相一致。如果平均曲线的弹性等于无限大，则$\frac{\varepsilon-1}{\varepsilon}$等于一，边际值与平均值相等。

因此，如$\varepsilon=2$，则$M=\frac{1}{2}A$，

如$\varepsilon=\frac{1}{2}$，则$M=-A$等。

上升曲线的弹性是当作负数。[①]就上升曲线来说，边际值大于平均值。

例如，如果$\varepsilon=-\frac{1}{2}$，则$M=3A$，

如果$\varepsilon=-1$，则$M=2A$，

如果$\varepsilon=-2$，则$M=\frac{3}{2}A$等。

六

其次，我们必须指出某些特殊场合下的边际曲线和平均曲线的关系。其所以重要，一则是因为它们有助于对一般关系的理解，二则是因为它们是我们以后的分析所必要的。例如，假使平均成本直到某一点以前保持不变，继而开始逐渐上升，则边际曲线将和它逐渐偏离（如图10）。假使平均曲线开始迅速上升，则它将含有一个

① 这是不合逻辑的，但却是便利的。不论上升曲线的弹性被看成是正数，或负数，假定它是用来表示和下降曲线的弹性相反的符号，结果是没有区别的。

所谓结纽，[①]而边际曲线将发生中断（如图 11）。下降的平均曲线也同样可以发生结纽。例如，假使迄今不断下降的平均曲线的斜度骤然减小（如图 12），则边际曲线初则间断地上升，继而恢复常态。

假使平均曲线的斜度骤然增加（如图 13），则边际曲线将间断地下降。

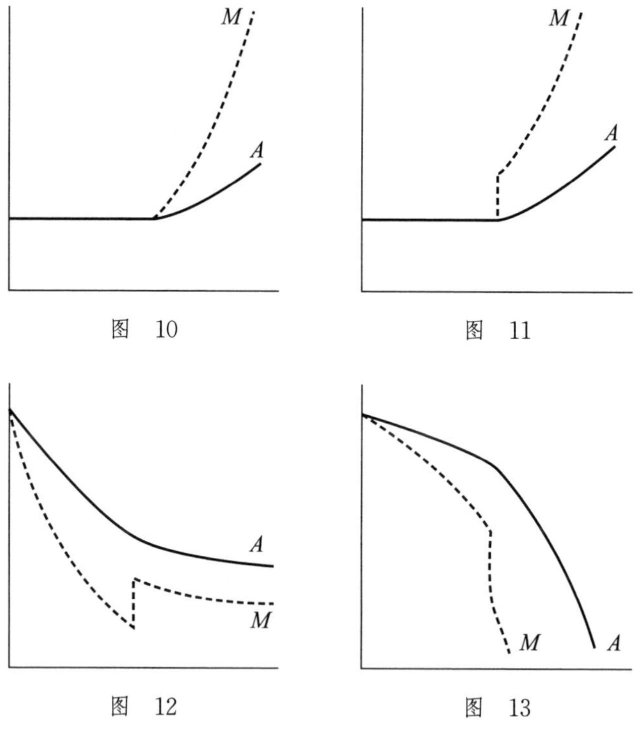

图　10　　图　11　　图　12　　图　13

平均曲线上结纽的出现可以视作下述场合的一个极端例证：在产量的小范围内曲线的斜度迅速改变，同时边际曲线在这个范围内不发生任何实际的间断，而十分陡峭地上升或下降。

① 曲线上存在一个结纽必然使它的斜度中断。

七

还有另一种我们没有考虑过的可能。边际成本可以不变，而平均成本下降。当成本由两个因素所构成，其中一宗成本和产量的变化成正比例，另一宗成本固定，完全不因产量的改变而改变的时候，这种现象就可以发生。这可以从我们所熟悉的那个印模和徽章的例子中很清楚地看出来。假定一个印模的成本是100镑，用它制一个徽章的成本是1镑，则边际成本与平均成本如下：

徽章	总成本	平均成本	边际成本
	镑	镑	镑
1	101	101	—
2	102	51	1
3	103	$34\frac{1}{3}$	1
4	104	26	1
……	……	……	……
100	200	2	1

在这种场合下，边际成本不变，平均成本随着产量的增加而下降。平均曲线是一直角双曲线，所包面积等于固定成本（上例中的100镑），边际成本曲线是平均曲线渐近于它的一条水平线。[①]

① 在产量等于零时，边际成本曲线必须被认为和 y 轴一致；在产量无限大时，和平均成本曲线相交。

这种曲线在短期成本的分析中是有用的，在这里，间接费用代表固定因素，主要成本代表变动因素。如有关产量的平均主要成本不变，就会出现下图所示的情况。

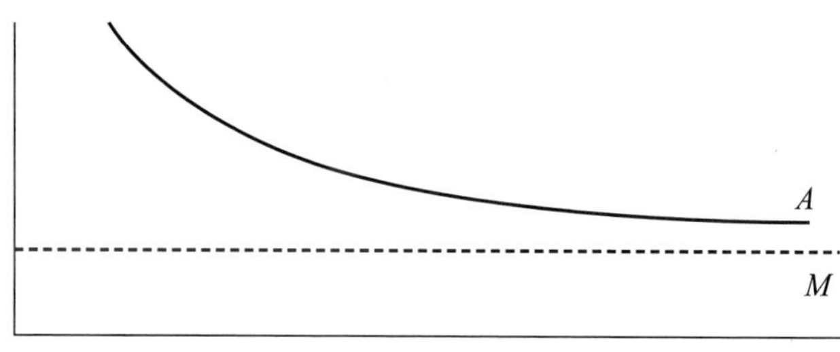

图　14

八

现在我们必须回到较简单的一类曲线的研究上来。在第三节里我们知道，如平均曲线是一直线，通过曲线上的任意一点作一线垂直于y轴，则该垂线被边际曲线分成二等份。如曲线不是直线，也可以发现相应的关系。

如果下降的曲线是凹形，则边际曲线交垂线于其中点的左端。

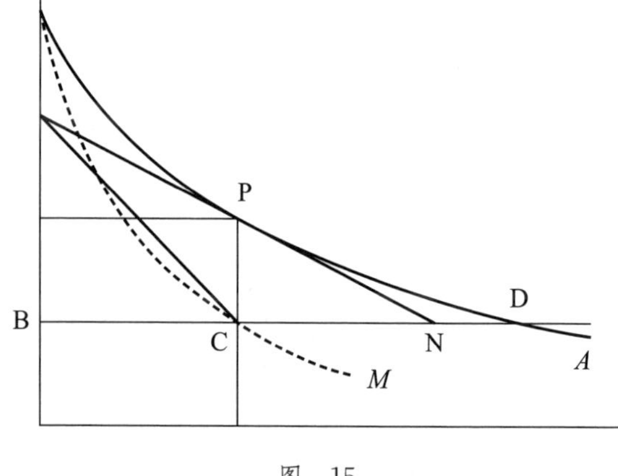

图　15

在平均曲线上的任意一点P作一切线。

则相应线[①]和边际曲线在P点以下的C上垂直相交。

作BC平行于x轴，交y轴于B，边际曲线于C，切线于N，平均曲线于D。

则BC = CN。[②]

因曲线是凹形，D必然位于BN之外。

∴ CD > CN。

但CN = BC，

∴ BC < $\frac{1}{2}$BD。

如果凹形平均曲线是上升的，则切线将位于曲线的右端，所以BC大于$\frac{1}{2}$BD。如果平均曲线是下降的，但是凸形，则BC大于$\frac{1}{2}$BD，而如果曲线是上升的，但是凸形，则BC小于$\frac{1}{2}$BD。BC与BD的比率取决于平均曲线的斜度和曲率。[③]

① 参见图6。

② 参见图4。

③ 在曲率很小的场合，比例的近似值可求出如下：

设平均曲线上D点的相应线交BD于L，则BL = LD。

如$y = f(x)$为平均曲线的方程式，

则相应线的斜度为$2f'(x)$。

边际曲线的方程式为$y = f(x) + xf'(x)$，

边际曲线的斜度为$2f'(x) + xf''(x)$。

如$f''(x)$很小，则边际曲线可视作C与E之间的一条直线，从而，

$$\frac{\mathrm{LD}}{\mathrm{CD}} = \frac{2f'(x)+xf''(x)}{2f'(x)} = 1 + \frac{xf''(x)}{2f'(x)}。$$

（转下页）

九

以下我们一定要讨论几个边际曲线和平均曲线的交点。以上的命题是有助于揭露这些交点间的关系的。当我们研究直线形曲线的时候，我们知道①，如果二平均曲线相交于一点，则二边际曲线必相交于y轴与二平均曲线交点的中点，且在同一水平线上。如诸曲线不是直线，则上面所列的关系一般说来不再是如此。各种特定场合的结果将取决于诸曲线的修正凹度；它决定BC与BD的比率。

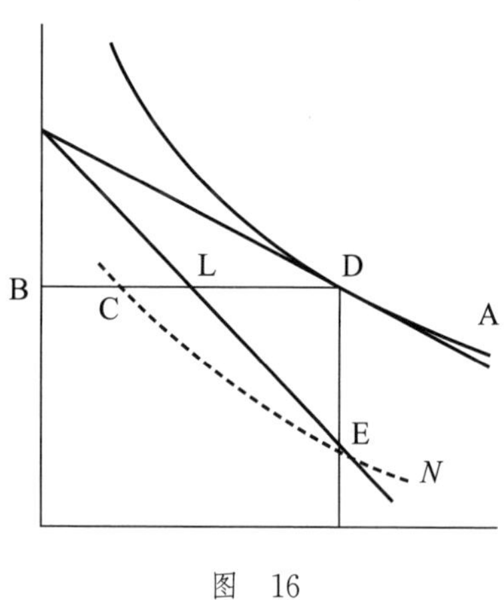

图　16

设二下降平均曲线A_1，A_2交于D。

作BD平行于x轴。

设二相应边际曲线M_1，M_2交BD于C_1，C_2

（接上页）　　但$\frac{BC}{CD}=\frac{2LD-CD}{CD}=2\frac{LD}{CD}-1$。

$$\therefore \frac{BC}{CD}=1+\frac{xf''(x)}{f'(x)}。$$

$\frac{xf''(x)}{f'(x)}$可视作平均曲线的修正凹度的尺度。

此证明是卡恩先生帮助我做的。

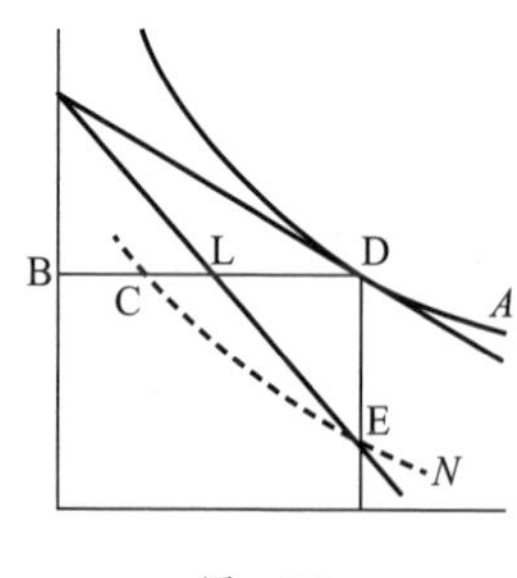

图　15A

① 参见图4。

且彼此相交于R。

因此，如果平均曲线是凹形，则BC_1与BC_2都小于$\frac{1}{2}$BD，而如果平均曲线是凸形，则BC_1与BC_2都大于$\frac{1}{2}$BD。

所以，很明显，当诸平均曲线是凹形的时候，M_1和M_2的交点R既可以位于BD之上，和y轴的水平距离小于$\frac{1}{2}$BD，又可以位于BD之下，和y轴的距离小于、等于或大于$\frac{1}{2}$BD。当诸平均曲线是凸形的时候，交点R既可以位于BD之下，和y轴的距离大于$\frac{1}{2}$BD，又可以位于BD之上，和y轴的距离小于、等于或大于$\frac{1}{2}$BD。同样可以证明，[①]如果一凸形平均曲线是下降的，而一凹形平均曲线是上升的，则二边际曲线交点必然在大于和y轴相距的二分之一的地方，但这水平线可以位于二平均曲线的交点的水平线之上或之下等。因此，一切可能形状的各对曲线间的关系是可以用第八节所述的命题求出的。

十

还有必要来考察曲线的移动。我们所要讨论的主要是平均曲线位置的改变。这些改变可以有不同的形式。平均曲线可以提高得使它在一定产量的斜度和以前一样，从而在该产量的二切线相

① 建议不熟悉这种方法的读者自己作图来表示这种和以下的关系。

平行。或者，它可能在任何一定价格上斜度保持相等。在该种价格的诸切线就彼此平行。或者曲线可以移动得使它在一定产量或一定价格上的弹性和以前一样，在这种场合，它的斜度将有所不同。[①] 如果在某一产量上诸弹性相等，则可以证明的是，该产量的诸切线将在 x 轴上相交。同样地，如果在某一价格上诸弹性相等，则在该价格上的诸切线将在 y 轴上相交。[②] 在以后的论证中，存在这种相互关系的诸平均曲线是有用的；为便利起见，有必要给它们加以命名。在一定价格上弹性相等的二平均曲线被描述为在该价格是等弹性的。

当然，平均曲线也可以按照别的任何方式移动，以致任何价格或任何产量的斜度或弹性都不相等，但上述诸关系，可以说描绘了某些可能变化的范围。

十一

本章所述的几何关系的用途在以后各章中是显而易见的。它们将被用在各种不同的问题上，并且在以后论证的许多方面也要参考它们。同时，随着我们分析的继续前进，还需要其他的关系，而这些关系，如有必要的话，将根据本章中的命题推演出来。

---

① 以下的练习对不熟悉斜度和弹性之间的关系的读者也许是有用的：考察两条平行的直线形下降曲线。该两曲线的斜度相等。通过始点的线将与两曲线在具有相等弹性的两点相交。x 轴的垂线和较高曲线的交点的弹性大于和较低曲线的交点的弹性。反之，y 轴的垂线和较低曲线的交点的弹性大于和较高曲线的交点的弹性。

② 反命题的证明，参阅第四章。

第二篇

垄断均衡

第三章　垄断均衡[①]

一

首先要解决的问题是个人卖主产量的决定，设他的生产成本及对其商品的需求情况已知。

这个问题可以从短时期或准长时期的观点来考虑。在短时期内，企业的生产设备固定不变，部分生产成本不管产量多寡也是一成不变的。不生产就无须支付的那种成本（例如劳动、原料和动力的成本）被称为主要成本。在准长时期内，生产设备被认为和产量的变化相适应，除企业家的最低报酬外，一切成本可以随着产量的变化而变化。在真正的长时期内，企业本身可以增加，也可以消失。

和这种研究有关的成本曲线，是个别企业的边际成本曲线。

边际成本曲线可以适用于处理短时期或准长时期的问题；从现已存在的一个企业的观点来看，长时期边际成本和准长时期边

① 建议对分析工具不感兴趣的读者略去第5节、第6节和第7节的最后部分。

际成本相等。长时期和准长时期的区别只是由于这一事实产生的，即在长时期内，生产某种商品的企业的数目可以改变，而在准长时期内，则不能改变。[①]

在一定的需求条件下，价格与产量将由边际成本来决定，而平均成本的作用将表明，按照既定价格与产量，企业家是否有利可图，从而表明，他是否仍继续生产。如果他仍继续营业，则平均成本水平不会影响他的产量。

平均成本决定生产赢利性的重要性，由于思想上的混乱往往导致一种看法，这种看法是，在一定场合下它对价格的决定也是重要的。例如，企业家常常叫苦，说某些外国竞争者在竞争中占优势，因为他们的间接费用较低。诚然，当价格低廉时，间接费用低的企业得以苟延残喘，而间接费用高的企业势必破产。但是，只要二者都继续生产，则价格不会受间接费用的影响。

善于思辨的观察家往往认为随时影响价格的不是平均总成本，而是主要成本。然而很明显，支配短期价格的不是平均成本，而是边际主要成本。因此，价格决定于边际成本这一定则，既适用于短时期（生产能量固定时），也适用于准长时期（生产能量可以改变时）。在短时期内，边际总成本只能是边际主要成本，因为只有主要成本是随产量的改变而改变的。从而，主要成本和间接费用的区别本身并没有多大的意义，[②]而平均成本和边际成本的区别才是重要的，不论所考察的时期是长是短。

---

① 参阅第七章。

② 平均主要成本对决定一个企业在一定需求情况下生产与否（在一定的设备下）是很重要的。

二

随着产量的增加，边际成本可以下降或上升，也可以不变。就一般而论，我们可以认为个别公司的边际成本随着产量的增加初则下降，继而上升或不变。不论生产技术适应产量的变化与否，这一命题可能是正确的。在准长时期内，当生产技术可以改变时，大规模生产可能是经济的。在增加产量不能够进一步取得大规模的经济效益的时候，那么，如无稀有的生产要素，且企业家能够增加产量而不致引起大规模经营的不经济，则边际成本将不变。或者，假如由于增加产量而来的经济与不经济丝毫不差地互相平衡，则一定范围内的产量的边际成本可以不变。在某一点以后，大规模生产的不经济可以胜过大规模生产的经济，而边际成本就会上升。[①]

在许多场合，当边际成本不变，甚至上升时，平均成本将下降。总成本中总有一种固定的因素，如企业家的报酬；在许多生产部门中，如铁路、煤气厂或无线电广播站，最低产量所必需的最小单位的设备具有很大的生产能量。在这些场合，平均成本势必随着产量的增加而下降，且下降的范围很广，这就使一些经济学家认为，在这种情况下，价格必然随着需求的增加而下落。[②]但这是一种错误的推论，因为平均成本下降这一事实并不一定使边际成本也下降，而在任何既定情况下，决定产量与价格的乃是边际成本。

---

① 企业成本曲线的这种讨论是建立在罗宾逊先生的著作《竞争工业的结构》之上的。

② 例如马歇尔:《经济学原理》，第485页。

在短时期内，当某一工业现有设备的生产能量大于目前产量的时候，因边际主要成本在生产能量所及的范围内往往不变，我们就经常碰到类似的情况。例如，某纱厂由于需求减退而开工不足。一种情况是全厂一星期只开工数日，使产量的增加，直到和全周开工而不加班加点时相等那一点为止，不致使边际成本上升。另一种情况是该厂每日开工，但部分织机和纱锭弃而不用。这样，如果机器的好坏程度相等，则边际成本随着产量的增加也不会上升，只要这种增加还没有达到这一点，在该点每架机器都在使用，只有依靠加班加点或减少每个工人所看管的机器，才能使产量获得进一步的增加。在上述任何一种场合，在相当大的产量范围内，边际成本将不变。①

短时期内边际成本的下降，也许不会像产量增加将导致较低价格这种老生常谈那样普遍，使我们可以预期。可是，在某些场合，由于使某机构没有按原设计的产量充分运转，生产的技术效率很可能遭到很大损害，因而在达到原设计的产量以前边际成本就会不断下降。例如，在钢铁工业中，如果设备按照原设计能量加以利用就可以得到技术上大大的经济，那就是这种情形。不过，就一般而论，可以假定的是，在短时期内，边际成本由于设备和机构的限制，在相当低的产量水平上会开始上升；无论如何，总会有某一产量水平，到达该水平时边际成本开始上升。

边际成本不管由于何种原因而不变、上升或下降，这对于我们

① 在第二个场合（第一个场合则不然）下，平均主要成本随着产量的增加而下降，但这不会影响我们的论证。

现在的目的是无关紧要的，虽然相应于任何既定边际成本曲线的平均成本曲线的性质，从而利润量在各个场合可能有所不同。我们的分析既能适用于准长时期的事例，也能适用于短时期的事例，只要对每个问题所作出的那些曲线是和我们所讨论的时期一致。

三

个别企业的产量需求曲线通常是在下降着。它的弹性将由许多因素来决定，其中主要的是：出售同一商品的其他企业有多少，以及从买主的观点来看其他企业的产品可能代替该企业产品的程度。如果没有其他企业生产极端类似的商品，或者虽有而寥寥无几，则买主之间财富的分配，竞争品的供给情况，连带需求品的供给情况，①以及影响任何一种商品需求的各种因素，势必影响个别生产者的需求曲线。但是，当生产任何一种完全同质商品的企业很多的时候，各企业彼此间的竞争对于它们中间任何一个的需求曲线都会具有决定性的影响。其中任何一个企业的需求弹性将大于对全体商品的需求弹性。因为各生产者虽拥有一定的顾客，他们由于这样或那样的理由喜欢购买他的商品，但是，他若提高价格，在迫使某些顾客完全不买该商品以前，就会驱使他们向他的竞争者购买商品。

当企业很多，以致其中任何一企业产量的改变对商品总产量的影响小得可以不计，而商品在下述的意义上又是完全同质，即买主对一企业和他的竞争者的喜好（或不喜好）都相同的时候，

① 马歇尔：《经济学原理》，第383页。

则竞争就是完全的，对个别企业的需求弹性是无限的。这就是说，任何一个生产者能够按当前的市场价格愿卖多少就卖多少。倘若他降低价格，虽然降得很少，他就将能够夺取整个市场。可是他如果提高价格，虽然提高得很少，他就完全不能出售自己的商品。

在任何实际商品的生产中，完全竞争大概永远不会盛行，但是，它给不完全竞争提供了一个极限事例，这一事例对于分析有很大帮助。十分接近完全竞争的状态大概是会发生的，例如，在一个有组织的粮食市场，像大市镇中的谷物交易所，就是如此。

四

人们认为生产者的目的是规定一种价格，使总收入（或营业收入）超过成本之额将达到最高点。如果他这样来调节产量，即由出售一个加添的单位产品而获得的总收入增加额恰巧等于由生产该单位商品而引起的成本增加额，那么，他就会达到这个目的。因为如果他少卖一个单位，则所损失的收入比所节约的成本多；如果他多生产一个单位，则他所负担的成本比他所得的收入多。

出售一个加添的单位的产品而得的总收入增加额叫作边际收入。[①]卖主总被认为是使边际收入等于边际成本的。我们也许可以认为他是用估计需求价格和各种产量的成本，或用试试的办法来使边际收入等于边际成本的。[②]为简单起见，这种个别生产者可以

① 此概念和庇古教授的“边际需求价格”（《福利经济学》，第137页注，与第806页）毫不相干。

② 参阅第三章。

称为垄断者。

垄断者的边际收入曲线是边际于他的产品的需求曲线，并且可以用第6图所指示的方法求得。

需求曲线代表他的平均收入。假使他能按每单位10先令的价格出售1,000单位，则10先令就是他1,000单位的平均收入，而他出售1,000单位的总收入为10,000先令。他的边际收入将为他出售1,000单位和1,001单位所得总收入之差。随着产量增加，售价减少，因此，平均收入随着产量的增加而下降。所以，边际收入将小于平均收入。例如：

单位	价格或平均收入	总收入	边际收入
10	20	200	—
11	19	209	9
12	18	216	7

产量的决定可用图说明如下：

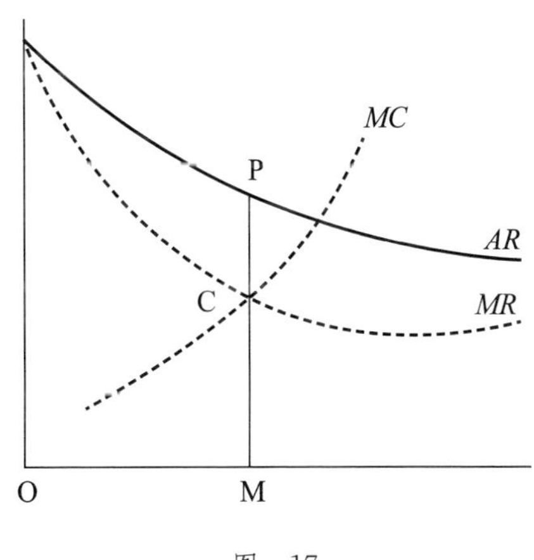

图　17

AR，代表平均收入或需求曲线，

MR，边际收入曲线，

MC，边际成本曲线，

OM为最有利的产量，MP为这一产量的价格。

如需求曲线没有弹性，则边际收入将为负数，[①]例如：

单位	价格	总收入	边际收入
20	10	200	—
21	9	189	–11
22	8	176	–13

在这种情况下，削减产量对垄断者有利，因为即使增加产量对他毫无所费，他的收入势必因每次增加售额而减少。如果需求曲线全部没有弹性，则对垄断者最有利的，莫过于生产无限小的数量而按无穷大的价格出售。不论价格怎样高，一直没有弹性的需求曲线显然是绝不可能的。总会有一点，从该点起，销售额随着价格的增加而迅速减少，并且如果某垄断者发现自己面临需求曲线上有一无弹性的间距，则他将提高价格，直到需求开始有弹性为止（如图18）。

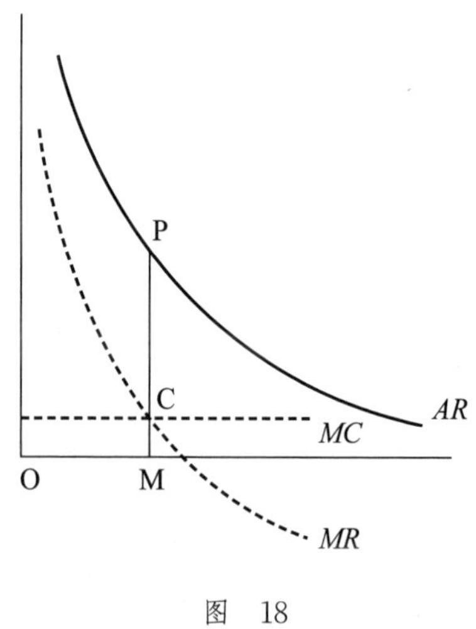

图　18

① 参阅第二章。

如需求曲线是完全有弹性的，则边际收入和价格相等，① 而产量将决定于边际成本和价格相等之处（如图 19）。②

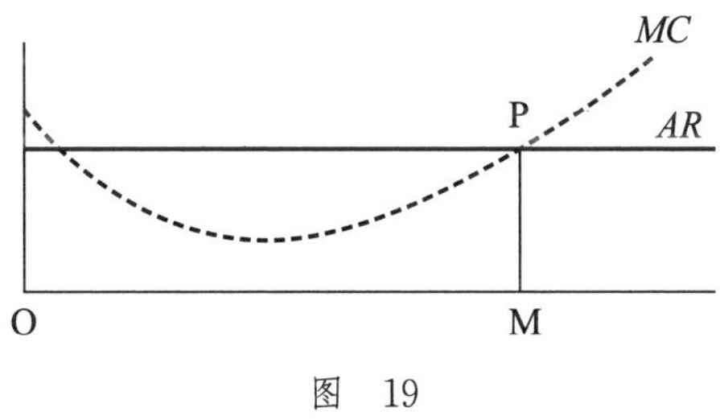

图　19

五

垄断产量的价格和它的边际成本将保持一定的关系。

如 ε 代表需求弹性，则我们知道，③ 价格等于边际收入乘 $\frac{\varepsilon}{\varepsilon-1}$。但对于垄断产量来说，边际收入等于边际成本。这样，垄断价格等于边际成本乘 $\frac{\varepsilon}{\varepsilon-1}$。不论成本曲线的形状如何，这点必是如此的，因为在垄断产量上，边际收入永远等于垄断

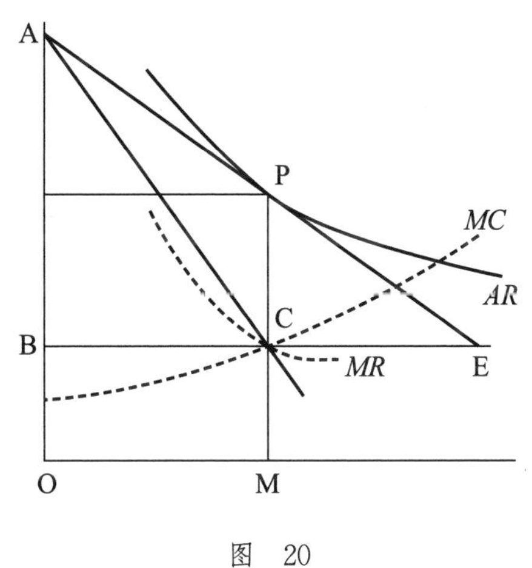

图　20

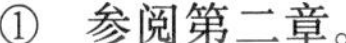

① 参阅第二章。

② 很显然，边际分析方法和马歇尔所用的寻求代表最大限度“垄断纯收入”面积的那种价格的方法，都产生完全相同的结果，因为当边际收入等于边际成本时，纯收入最大。这两种方法对竞争和垄断问题都同样适用。马歇尔由于只使用“边际”方法来处理竞争问题和只使用“面积”方法来处理垄断问题，而在他的分析体系中造成了竞争和垄断中间的人为割裂。

③ 参阅第二章。

者的边际成本。

这种关系可以用另一形式来表示：

设PM为垄断产量的价格，OM，MC为产量OM的边际成本和边际收入。设AP为切于需求曲线上P点之切线，则相应线AC边际于切线AP。[①]

作BC线垂直于y轴，交y轴于B。

设切线AP交BC于E，

则$BC=\frac{1}{2}BE$。[②]

AEB与PEC为相似三角形。

$\therefore\ CP=\frac{1}{2}AB$。

$\therefore\ MP=MC+\frac{1}{2}AB$，

或，

因MC＝OB，AB＝OA－OB，

$$MP=\frac{1}{2}(OA+MC)$$。

这样看来，垄断价格等于垄断产量的边际成本加该产量的边际成本与该产量需求曲线在y轴上所割线段的一半；或垄断价格等于切线在y轴上的截距与边际成本之和的二分之一。这种关系对以后的论点也将有助益。

① 参阅第二章。

② 同上。

六

尚待讨论的是，垄断利润或净收入的数量。垄断利润量等于边际收入曲线下的面积（总收入）与边际成本曲线下的面积（总成本）之差。垄断利润也能够由考察平均成本曲线来发现，不过，这将在论证的后一阶段加以介绍。垄断利润等于平均成本与平均收入之差乘以产量。例如：

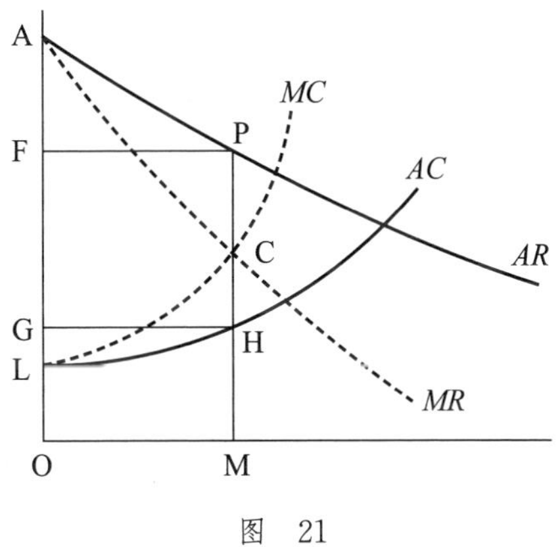

图　21

垄断利润等于面积 ACL，当 MH 为产量 OM 的平均成本时，则等于面积 FPHG。

七

有人反对，说这种分析方法是故弄玄虚，这是自然的。读者也许要问，当日常垄断者对于这些概念茫无所知，即使最现代化的企业对它们所要处理的需求曲线也只有最模糊的观念的时候，讨论那些由需求曲线形状决定的细致的分析问题，有什么用处呢？①

的确，没有一个垄断者恰好碰中那一点，在该点他的净收入最多，除非他有精确而开明的成本会计制度，和他很了解自己销售市场的具体情况。但是，在相当长的时期内，如果需求和供给的情况不变，垄断者只要比较边际收入和边际成本，就能够求出准确的垄断产量。我们无须设想，他能够作出全部需求曲线和供给曲线，而只认为，他可以知道，比现时销售量稍多出售一些是否增加或减少他的净收益。如边际收入超过边际成本，则他将有增加产量的趋势；如边际收入低于边际成本，则将有缩减产量的趋势；而在垄断产量那一点，他将处于均衡状态。

不过，几个均衡点可能同时出现。假如他碰中其中的一个均衡点，即使其他各点可以提供较大的净收入，也没有使他移动的趋势。

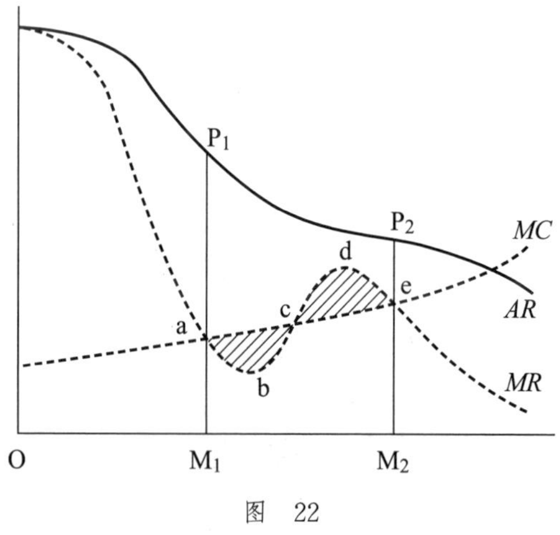

图　22

① 某些企业实际计算它们按照各种价格所能销售的数额，并断言他们的这种估计有很大的准确性，但这些场合也许是例外的。

当需求曲线改变它的斜度，某一线段弹性很大，继而弹性相对减少，最后又有弹性时，就会出现多重均衡的局面。例如，在由不同收入水平的几个消费者群组成的市场中，就会发生这种情形。其中将有几个临界点，在该临界点，价格下降迅速使全体新消费者群有力购买这种商品，因此，需求曲线很快地具有更大的弹性。相应于这一需求曲线的边际收入曲线可以下降，上升，再下降，[①]因而将有几个垄断均衡点出现。

此外，即使边际收入曲线一直下降，边际成本曲线的形状也可以是这样，以致有几个均衡点存在。

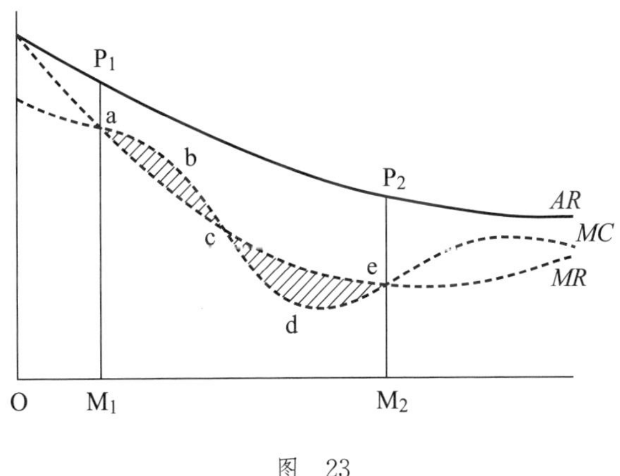

图　23

OM_1，OM_2 为可能的垄断产量；M_1P_1，M_2P_2 为相应的价格。

各点的垄断纯收入有所不同，但是，任一垄断者充分了解情况以致使他从中选择最大的一宗收入，这是不大可能的。如果垄断者达到某一均衡点，则没有一种力量诱使他趋于另一均衡点；

① 参阅第二章。

虽然该点给他提供的收入较大。

如果已经知道各垄断均衡点之间的边际成本曲线和边际收入曲线，那么就可能判断其中何点将提供最大的垄断收入。不管产量如何，垄断者的净收入等于总收入减去总成本。边际收入曲线下的面积表示任一产量的总收入，而边际成本曲线下的面积表示总成本，则边际收入曲线居于边际成本曲线之上的面积（如图22与图23中的c d e）减去边际成本曲线居于边际收入曲线之上的面积（如a b c），表示相应于产量OM_2与OM_1的净收入之差。稍微增加产量使其超过OM_1，将减少垄断者的收入；但是，当他经过这两条边际曲线第二次相交点c时，垄断者的收入开始重新增加，直到他到达第二个均衡点OM_2时为止。而产量OM_2的垄断利润大于或小于OM_1的垄断利润，要依面积c d e大于或小于面积a b c而定。

第四章　需求的变动[①]

一

其次，我们研究需求的变动对个别卖主所索取价格的影响。

如我们所知，垄断价格是边际生产成本和需求弹性的函数。因此，需求的变动对价格的影响将取决于边际成本和需求弹性的变动。[②]

让我们首先考虑边际成本不变的场合，在这种场合，不论需求增加可以使产量发生什么变动，边际成本将不变。因此，如果需求曲线提高得使它在原价格上的弹性不变，则垄断价格将不变；而将按照和以前相同的价格销售较多的产量。这点可以从以下的公式看出来：价格 = 边际收入 × $\frac{\varepsilon}{\varepsilon-1}$（此处 ε 代表需求弹性）。新均衡下的边际收入必然等于旧均衡下的边际收入，因为边际成本

① 本章某些几何论证很复杂，但其结果简单且合乎常识。对分析工具不感兴趣的读者可以略去几何部分，而只读第三章的结果提要。第3节和第4节的后一部分只是对喜好纯分析方法问题的读者才有意义。

② 全部分析是在企业的需求曲线和成本曲线互不依存这一假设之上进行的。

相同；而且由于在旧价格上的需求弹性也不变，所以价格将不变。自然可以得出这一结论：在边际成本不变的条件下，如果在需求曲线提高时，它在原价格上的弹性减小，则价格将上升；而如果它的弹性增加，则价格将下降。

在某一价格上弹性相同的两条曲线叫作在该价格上是等弹性的。可以看出，如果在一定范围内按照任何价格所购买的数量彼此保持不变的比例，则这两条需求曲线在该范围内是等弹性的。因为弹性是由价格的某种比例变化所引起的量的比例变化来测定的。如果按照各个价格所购买的数量的比例不变，则在各个价格上的弹性必然相等。从 100 到 105 的比例变化相同于从 200 到 210 的比例变化。如果某种商品的销路由于和旧顾客完全一样的新顾客的增加而扩大，则需求曲线的提高将是这样。所以，需求增加使在旧价格上的弹性不变，这并不是一件不可能的事。

如果我们所考虑的需求增加属于这种性质，而边际成本又不是不变的，则垄断价格显然将有所改变。如果边际成本是下降的，则需求增加将使价格下降；如果边际成本是上升的，则需求增加将使价格上涨。

这样看来，我们的研究已有某些进展。所得的结果可以总结如下：

> 如果需求曲线提高得使第二需求曲线和第一需求曲线是等弹性的，则价格上涨、下落或不变要看边际成本是在上升、下降或不变而定。
>
> 如果边际成本不变，而且新需求的弹性又比旧需求小（在

旧价格上的弹性)，则价格将上升；如果它的弹性比旧需求大，则价格将下落。

此外，很显然，如果边际成本是下降的，只要第二需求的弹性小于第一需求的弹性，且小的程度足以抵销边际成本的下降，则价格将不变。如果第二需求的弹性大于这一弹性，则价格将下降；如果它小于这一弹性，则价格将上升。如果成本是上升的，除非第二需求曲线的弹性大于第一需求曲线的弹性，且大得程度足以抵销边际成本的增加，则价格亦将上升。

二

因此很显然，在许多场合，价格的变动是由两种方向相反的力量造成的，例如，当边际成本下降但需求弹性减小时就是这样。因

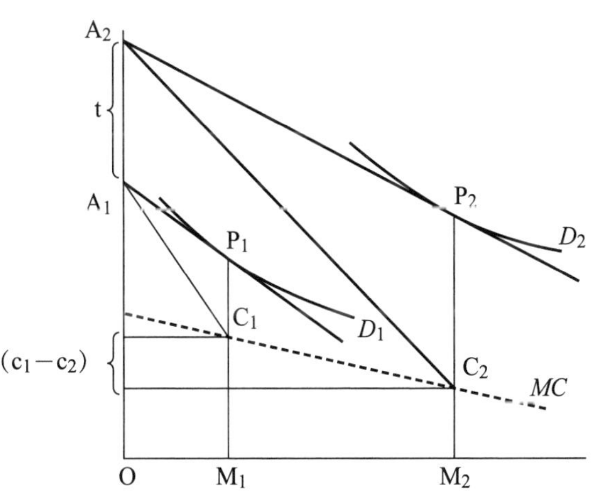

图　24

此，不可能直接断言价格是上升还是下降。所以，有必要对这个问题作进一步的考虑。

这两种价格的关系可以表明如下：

设 D_1，D_2 为任意二需求曲线，且 D_2 为高位需求曲线（目前的整个讨论中都依此例）。

设 MC 为任一边际成本曲线。

设 P_1M_1 为相应于 D_1 的垄断价格，P_2M_2 为相应于 D_2 的垄断价格，M_1C_1 与 M_2C_2 为产量 OM_1 与 OM_2 的边际成本。

设切线切 D_1 于 P_1，交 y 轴于 A_1；切 D_2 于 P_2，交 y 轴于 A_2。

因此，我们知道，$P_1M_1 = \frac{1}{2}(OA_1 + M_1C_1)$，

$$P_2M_2 = \frac{1}{2}(OA_2 + M_2C_2),$$

$$\therefore\ P_2M_2 - P_1M_1 = \frac{1}{2}(OA_2 - OA_1 + M_2C_2 - M_1C_1)$$

$$= \frac{1}{2}(A_1A_2 + M_2C_2 - M_1C_1)。$$

以 c_1，c_2 代替 M_1C_1，M_2C_2，

以 t 代替 A_1A_2。

这样，由于需求从 D_1 增加到 D_2 而引起的垄断价格的增加将等于 $\frac{1}{2}\{t-(c_1-c_2)\}$，亦即二切线在 y 轴上的截距之差的二分之一再减去两种产量的边际成本之差的二分之一。

现在我们已确定的事实是，需求增加将使价格上涨或下落要看 t 大于或小于 (c_1-c_2) 而定。

在各种场合下测验需求增加使价格上涨或下落的一般方法可

以说明如下：

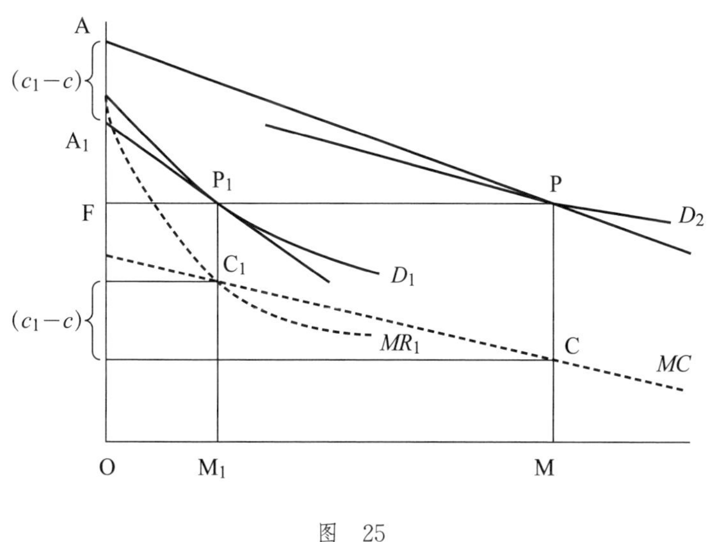

图　25

通过代表相应于D_1的垄断价格P_1作一线平行于x轴，交D_2于P，并交y轴于F。测量相应于D_1的产量的边际成本（M_1C_1或c_1）和以MP为其价格的那一产量的边际成本（MC或c）之差。如果边际成本不变，其差将为零，如果边际成本是上升的，其差将为负数，如果边际成本是下降的（如第25图），其差将为正数。

作切线切曲线D_1于P_1，并设该切线交y轴于A_1。在y轴上取一点A，使A_1A等于二边际成本之差（c_1-c）。如果成本不变，则A_1与A相一致，如果成本是上升的，则A位于A_1之下，如果成本是下降的，则A位于A_1之上。

现在我们所能确立的命题有三：

如果 AP 为新需求曲线（D_2）在 P 点的切线，则 MP 为相应于 D_2 的垄断价格，且价格不因需求的增加而改变。

如果 AP 从下面交 D_2 于 P，则价格必将上涨；如果从上面交 D_2 于 P（如第 25 图），则价格必将下落。

这三个命题可以证明如下：

$P_1C_1 = A_1F$，

但 $PC = P_1C_1 + (c_1 - c)$，

$\therefore PC = A_1F + (c_1 - c)$

$= AF$。

∴相应于 AP 的边际曲线通过 C 点。

∴相应于任何以 AP 为其 P 点切线的曲线的边际曲线通过 C 点。

由此立即可以推知，如果 AP 为 D_2 在 P 点的切线，则 OM 为相应于 D_2 的产量，MP 为价格，且价格并不因需求的增加而改变。如果 AP 从下面与 D_2 相交，则 D_2 在 P 点的弹性小于 AP 的弹性，从而相应于 D_2 的边际收入曲线交 MP 于 C 之下。因此，相应于 D_2 的产量小于 OM，价格必然上涨。而如果 AP 从上面与 D_2 相交，则 D_2 在 P 点的弹性大于 AP 的弹性，价格势必下落。

三

这样看来，假设边际成本的变动已知，价格变动的方向取决于新需求曲线在旧价格上的弹性。而新价格的精确额只能由考虑新需求曲线的形状来决定。

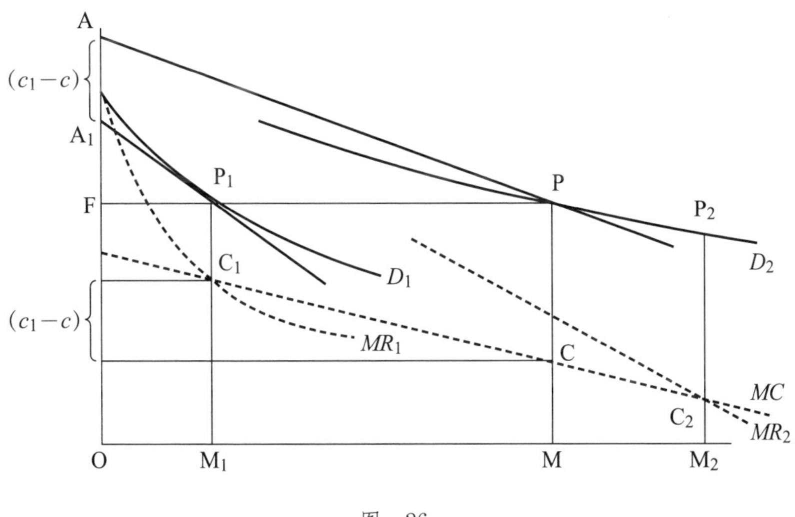

图 26

AP从上面与D_2相交，因此，P_2将位于P之下。P_2的精确位置取决于D_2的形状。

可能证明的是，当价格因需求增加而上涨的时候，如果新需求曲线是凹形，而不是在旧价格上有相同斜度的一条直线，则价格一般上涨得较多；如果需求曲线是凸形，则价格一般地上涨得较少。在需求的变动和急剧下降的边际成本方面，此项定则的例外涉及很特殊的情况。① 在需求增加导致较低价格的那些场合下，除不顾边际成本怎样迅速上升而价格已经下降的那种不大可能的场合外，就凹形曲线来说，价格下降得较多，就凸形曲线来说，则下降得较少。因此，就一般而论，新需求曲线凹度的影响是加深价格的上升或下降。

① 建议读者自己作图来表示这些关系。

四

在上面我们所分析的是，需求的增加对价格而不是对产量的影响。在旧价格下，需求的绝对变动是由第26图中P_1P这一距离来测定的；如价格不变，这就代表产量的增加。在价格下降的所有那些场合，很显然，产量的增加必然大于P_1P；而在价格上升的那些场合，产量的增加必然小于P_1P。在价格行将下降的那些场合，新需求曲线（在旧价格上的斜度已知）的凹度愈大，则产量增加得也就愈多，这是显而易见的。而在价格行将上升的那些场合，影响是比较复杂的。让我们考虑一条在P点有任何已知斜度的需求曲线。则需求曲线的凹度愈大，相应的边际收入曲线和P_1P（延长到y轴）的交点愈是靠左。因此，如果边际成本曲线和边际收入曲线相交于直线P_1P之下，那么肯定的是，和有相同斜度的直线比较起来，就凹形曲线来说，产量增加得较少，就凸形曲线来说，则增加得较多，一般说来，曲线的凹度愈大，产量增加得就愈少。但如边际成本曲线的下降是如此地迅速（相对于需求曲线而言），以致它和边际收入曲线相交于P_1P之上，那么很可能，凹形曲线的产量比直线大，凸形曲线的产量比直线小。但是，不顾边际成本的急剧下降而价格上升，这样的场合是不大可能的。因此，一般说来，我们可以断言，凹度的影响是加深实际产量和按旧价格的需求增加之间的差额。

在有些场合下，需求增加实际上会使产量缩减。这是显而易见的。如果高位需求曲线比低位需求曲线倾斜，则二边际收入曲

线可以相交。[①]从而，如果边际成本曲线与二边际收入曲线交于它们的交点之下，则相应于高位需求曲线的产量比相应于低位需求曲线的产量少。

五

尚待加以阐明的是，当需求增加以后，价格将上升、下降或不变的各种事例。很显然，不论边际成本怎样变动（由于产量的变动），需求弹性都可以有某种变动，这种变动适足以保证价格不变。在各种场合下，如果我们能够把那保持价格不变的新需求曲线的临界弹性分离出来，就能立即断言，在什么条件下价格会上升或下降。如果新需求曲线在旧价格上的弹性小于这个临界值，则价格将上升；如果大于这个临界值，则价格将下降。所以，我们将应用我们在第二节中所学会的那个方法给各种边际成本曲线找出使价格不变的那种需求变动的性质来。

用这个方法首先可能证明上面所述的命题：当边际成本不变时，如果价格不变，则新需求曲线和旧需求曲线是等弹性的。如果边际成本不变，则（c_1-c）等于零，A 与 A_1 相一致（参阅第 25 图）。因此，我们所需要证明的是，如 AP_1 为 D_1 在 P_1 点的切线，AP 为 D_2 在 P 点的切线（P_1P 平行于 x 轴），则 D_2 在 P 点的弹性等于 D_1

① 如果需求曲线是凸形或是直线，如果第二条需求曲线的斜度（在任何价格上）大于第一条需求曲线的斜度，则边际收入曲线只能这样相交；但如高位需求曲线是凹形，即使新曲线的斜度（在旧价格上）小于旧曲线，边际收入曲线也可以彼此相交。

在 P_1 点的弹性。

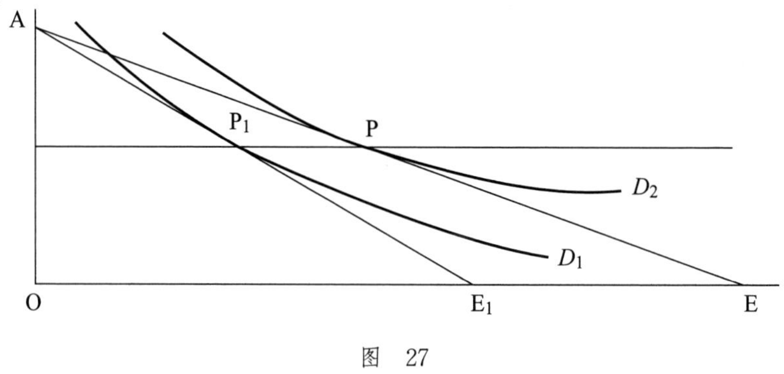

图　27

设 AP_1 交 x 轴于 E_1，AP 交 x 轴于 E。

因此，$\frac{E_1P_1}{P_1A}$为 D_1 在 P_1 的弹性，$\frac{EP}{PA}$为 D_2 在 P 的弹性。

但$\frac{E_1P_1}{P_1A}=\frac{EP}{PA}$，

所以，D_1 与 D_2 的弹性（在 P_1 与 P）相等。

因此，在边际成本不变的条件下，如价格不变，则需求弹性（在旧价格上）必须不变。如需求弹性增加，则价格下降；如需求弹性减小，则价格上升。

当边际成本上升时，如价格不变，则需求弹性一定得增加。增加的程度将取决于成本上升率和需求增加额。超过某一点以后，弹性的增加足以维持原价的情况，就不可能；因如新需求曲线和边际成本曲线相交于边际成本等于旧价格的那一点，除非在该价格上的需求变成为完全弹性的，则价格势必上升；如果新需求曲线交边际成本曲线于旧价格之上，则不论需求弹性如何，价格必然上升。

当边际成本下降时，如价格不变，则需求弹性必须减小。弹性减小额将取决于边际成本曲线的下降率和需求的增加额。

可以证明的是，如果边际成本曲线的下降率小于旧需求曲线的斜度，那么，要维持原价，需求弹性就必须减小，同时新需求曲线的斜度（由在旧价格上的切线测量）必须小于旧需求曲线的斜度。边际成本曲线的下降率是由弦的斜度测定的，而这弦是连接那相应于旧产量的点和在新的需求情况下按照旧价格所购产量的点的。这足可以说明，如果需求曲线在旧价格上的斜度不变，则价格必然上升。

设 D_2 在 P 的切线交 y 轴于 T，设 TP 平行于 A_1P_1（即 D_1 在 P_1 的切线）。

因此，在 C_1C 的斜度小于二平行切线 A_1P_1 与 TP 的斜度的那一场合，(c_1-c) 将小于 TA_1，所以，A 必然位于 T 之下。

由此推知，AP 必然从下面与 D_2 相交，价格必然上升。

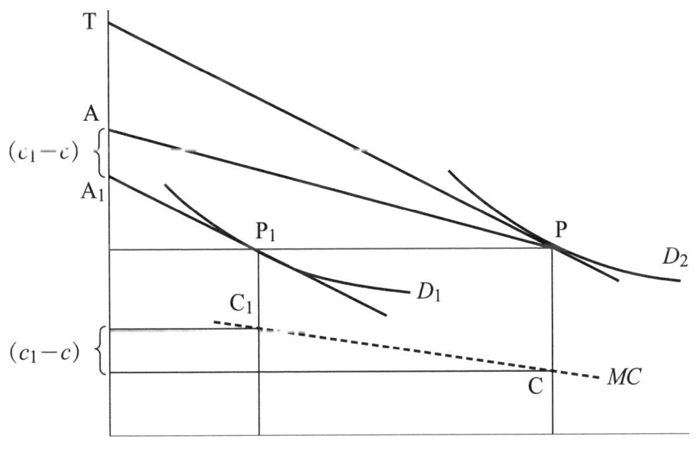

图　28

同样可以证明，如果边际成本的下降率大于旧需求曲线的斜度，那么，要使价格不变，新需求的弹性就必须减小得使新需求曲线的斜度（在旧价格上）大于旧需求曲线的斜度。

最后，如果边际成本的下降率等于旧需求曲线的斜度（因此，边际成本曲线的弦平行于旧需求曲线的切线），那么，假使需求曲线的斜度不变，则价格亦将不变。①

在各种场合下，如果需求弹性减得不足以维持原价，则价格将下降，如果减得超过维持原价而绰绰有余，则价格将上升。

在上面我们纯粹从形式上对需求的变动作了探讨。如果我们能够断言，哪种需求变动是现实场合容易产生的，②那么，我们的研究结果才是有意义的。

对个别企业产品的需求可以通过不同的途径而增加。首先，买主的人数可以增加。如果市场上增加了新买主，而各个新买主各自的需求曲线又是完全没有弹性的，那么，如果旧买主继续和以前完全一样地行事，则在每种价格下有一个不变的购买

---

① 当需求曲线的斜度不变的时候，价格上升或下降要看边际成本曲线的斜度小于或大于需求曲线的斜度而定这一结论，曾为久森博士应用在颇不同的研究方面（就曲线系直线的场合）；但他把这个结论表述为：价格上升或下降要看平均成本的下降率小于或大于需求曲线下降率的一半而定。见《垄断问题》，第19页。

② 各种商品需求曲线的性质和需求变动对它们形状的影响是一个令人向往而多半未加开辟的研究领域。这里所述的很肤浅，而且也是试验性质的。

量将加于需求之上，需求曲线在任何价格的斜度亦将不变。[①] 例如，不论商品的价格如何下降，新买主们可以被假定为每人只买一单位的商品。但这显然是不大可能的事。如果新买主们各自的需求曲线有任何弹性，则需求曲线的斜度势必减小。而如果新买主们各自的需求曲线和旧买主们的需求曲线完全相同，则（如我们所知）需求曲线的斜度将减小得使它在每种价格的弹性和以前一样。总之，仅仅增加新买主是不可能增加需求曲线的斜度的。

第二，需求的增加可以通过现有买主群的财富的增加来实现。财富的增加很容易使个别买主对某特定商品的需求较少弹性。因此，由于财富增加而产生的需求增加很可能减少需求曲线的弹性，并且可以减得使曲线的斜度增加。现有买主们对商品口味的增加和财富的增加具有同样的影响。

第三，对任何一个企业产品的需求可以因竞争对手的消灭而增加。这里有两种相反的影响。其他供给来源的消失有使该企业现有顾客的需求弹性减少的趋势，但以前喜欢那些现已消失的企业的产品的买主们可以对现存各企业一视同仁，而这又有使现存各企业顾客的需求弹性增加的趋势。究竟第一种影响还是第二种影响占优势，那多半取决于现仍存在的竞争者人数。如果在这方面只剩下一个企业，几乎可以肯定该企业产品的需求弹性将减小；如果还有很多的企业存在，其中任何一个企业的需求弹性就很可

① 当久森博士考虑某垄断者的一部分市场为其竞争对手（他们的产量不以垄断者的价格为转移）所夺的那一场合时，他所使用的需求曲线是下降的，且没有任何斜度的改变。(《垄断问题》，第15—23页)

能增加。总之，竞争对手的消灭使需求弹性减少得足以增加需求曲线的斜度，一般说来，这似乎是少有的。

第四，需求的增加有时是因为某种竞争品变得更加昂贵。这将减少需求的弹性，而且在某些场合可以增加需求曲线的斜度。

这些以及其他因素的结合可以对需求产生任何影响；断言需求曲线不可能有任何变动，这未免有欠斟酌。不过，一般说来，似乎十分可能的是，需求增加将伴随着需求曲线弹性的减小，但减得不足以阻挠曲线斜度的减小罢了。

如果我们可以把那种既减少需求曲线的弹性又减小它的斜度（在旧价格上）的需求增加当作通例，那么，我们就可以说，在需求增加对价格的可能影响中，在实践中很可能出现哪一些影响。

首先，当边际成本上升或不变的时候，因为我们假定需求弹性将减小，所以价格必然因需求增加而上升。在短期场合，边际成本总的说来是不可能下降的；因此，我们可以说，在短时期内需求的增加很可能导致价格的增加。

其次，当边际成本下降，边际成本曲线的斜度大于需求曲线在最初位置的斜度时，则（因为我们假定需求曲线的斜度减小）价格必然下落。认为边际成本的下降率大于需求曲线的斜度，乍看起来，这似乎有些不现实。但如果某一企业正在和别的企业展开竞销，则该企业产品的需求弹性就可以很大，而且没有理由来假定，边际成本曲线的斜度大于需求曲线的斜度这个条件的实现，需要的是边际成本不可思议的急剧下降率。

最后，如果边际成本是下降的，但边际成本曲线的斜度小于需求曲线的斜度，则不可能肯定，价格将上升，还是下降。如果弹性不变，则价格下降，而如果需求曲线的斜度不变，则价格上升。但因我们假定曲线的弹性和斜度都减小，所以，价格可以上升，也可以下降。

因此，就长期场合来说，当个别企业边际成本很可能下降的时候，不可能概括地说，需求的增加必然提高或降低价格；各种特定的场合必须用这里所说的方法来分析它的真相。

七

我们可以用需求变动影响的研究，分析对当前具有某种现实意义的两个问题。

首先，它有助于解释有时使经济学家感到困惑的那种现象。当商业萧条，对各企业货物需求已经缩减的时候，有时发现各企业提高价格的现象。[①] 乍看起来，这不能不使人惊奇，而企业家对他们这种行为的解释只能使它更加令人莫名其妙。他们的解释通常是，随着产量的下降，每单位产品必须负担比以前更多的一般成本。但不论产量多寡，一般成本是固定的，企业家们按照他们所描绘的那种办法规定价格，未免愚蠢至极。对他们有利的莫过规定这样一种价格，在这种价格下利润最大（或损失最小），而不管它比他们在生产的产品的平均总成本是大是小；试图根据平均总成本定价，只会使他们遭受本来可以避免的那种损失，或给予

① 例如，许多美国汽车制造业者在1929年的恐慌的初期曾提高他们的价格。

他们以少于应得的利润。[①]但我们对需求变动加于价格的影响的研究，使我们有可能对他们的行为作一合理的解释。

我们知道，在需求增加会降低价格的所有情况里，需求减少会提高价格。在需求下降时，有两个因素将导致价格的上升。如果边际成本是下降的，则缩减产量（由于需求的减少）将增加边际成本，从而价格有上升的趋势；如果需求随着它的下降而弹性减少，则价格也有上升的趋势。我们发现，一般说来，对某特定商品的需求增加很可能减少弹性，但是也可能出现相反的结果。由于商业的周期变动而引起的需求的减少，很可能伴随着耐久品需求弹性的减小；因为耐久品的更新可以推迟到景气的时候；但是即使价格惨跌，在萧条期间，只有那些最迫切的商品需求才是有效需求。因此，价格的上涨可以是需求减少的相应感应，而不是生产者的一种纯粹的愚蠢行为。

其次，我们对需求变动的研究有助于我们阐明某些论点，这些论点是在某些合理化计划下主张消除剩余生产能力而提出的（如英国造船工业所推行的计划）。为使问题简单化，让我们假定，生产技术不变，但工业是通过消灭多余的设备而免去它的部分剩余生产能力的。主张合理化计划而提出的论点是，需求将集中在没有解体的设备上；因为现存各企业将接近于充分开工，它们有条件来索取较低的价格。

让我们从现存企业中一个企业的观点来看这个问题吧。从前

① 很可能发生的是，最有利的价格也是总平均成本得以补偿的那种价格。在完全长期均衡的条件下，就是如此；但从个别企业的观点来看，这只是由于外部环境的偶然结果造成的。

和某些已经关闭的企业打交道的顾客现在要向它订货，该企业产品的需求曲线势必提高。合理化者认为它因此将降低价格，这种论点乍看起来似乎是极不合理的，而且当人们用间接费用现在由较多的产量负担那种习见的说法来支持它的时候，我们就怀疑它必然是错误的。

但是，上面的分析使我们有可能为合理化者辩护，比他们自己的理由要高明得多。我们曾知道，一般说来，在短时期内，需求增加将提高价格，但这未必总是如此。首先，如果可以证明，所述各企业的边际主要成本是下降的（随着产量的增加），[①] 那么，有理由认为，当需求集中在较少的企业时，则产品价格将下落。在某特定场合，决定边际成本是否下降，需要有关所述工业的技术的详细知识。边际成本下降与否是无法事先判断的。

其次，即使边际成本不变，如果可以证明，当某些企业关闭以后，特定企业产品的需求弹性增加，那么价格行将下落这一论断才能成立。如竞争是完全的，那是不可能的。如竞争是不完全的，则弹性的变动将取决于市场的不完全的性质。如果这种不完全只是由于运输成本的不同，则歇业的影响将依哪些企业歇业而有所不同。如果剩下来的企业都相距很近，因而该工业在地理上变得更加集中，则市场的不完全将由于企业的消失而减少。如果被淘汰的企业位于各处，因而该工业在地理上变得更加分散，那么就会产生相反的结果；市场将变得更不完全，同时有理由认为，价格因需求的集中而行将上升。如果市场的不完全是由于商誉，

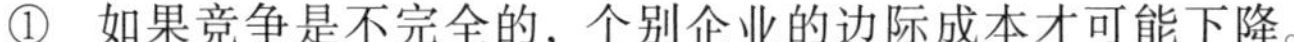

① 如果竞争是不完全的，个别企业的边际成本才可能下降。

则有一定的理由认为（如我们所知），企业的消失将使市场变得更加完全。那些歇业企业的忠实的顾客们一旦和这些企业不打交道以后，他们可以被认为对现存各企业的选择是极其吹毛求疵的，因此，现存各个企业在它们的市场上将增加一批顾客，而这些顾客对各企业特定产品的需求弹性大于那些老顾客的需求弹性。如果是这样，则除非边际成本上升得充分迅速，价格将因需求的集中而下降。

只有这样考虑有关的一切因素，才可能阐明，合理化计划是否可能提高或降低所述特定商品的价格。

第五章　成本的变动[①]

一

分析成本变动对一个生产者的价格的影响，比分析需求变动的影响是较为简单而又复杂的工作。其所以比较简单，是因为边际成本的增加总会缩减产量；因此，如需求曲线已知，则提高价格，而如我们所知，需求的增加既可以提高价格又可以降低价格。其所以比较复杂，是因为成本变动比需求变动可以采取更多的形式。技术改变所造成的成本变动很可能改变成本曲线的全形和行径，而生产要素中某种要素价格的变动所引起的成本变动可以导致技术的改变。为使问题简单化起见，我们将假定（依照传统），成本是在最简单的可能方式下增加的，例如，对每单位产品征收定额的税。这样，平均成本曲线和边际成本曲线因税额而将一致提高，曲线的形状也不致有所改变。

① 本章除对分析方法有兴趣的读者以外，是不很重要的。

二

让我们首先考虑曲线是一直线的那种场合。

设边际收入曲线交旧成本曲线 MC_1 于 C_1，交新边际成本曲线（因税额而提高）MC_2 于 C_2。因我们知道，旧价格 M_1P_1 等于$\frac{1}{2}M_1C_1$（旧边际成本）加$\frac{1}{2}OA$（直线形需求曲线在 y 轴上的截距），新价格 M_2P_2 等于$\frac{1}{2}M_2C_2$（新边际成本）加$\frac{1}{2}OA$，所以，价格的增加（由于税额）等于边际成本增加的二分之一。

当所有产量的边际成本不变时，边际成本的增加等于税额，所以价格的提高等于税额的一半。

如边际成本上升，而上升的又小于税额的一半，在成本曲线完全没有弹性的极端场合，则价格不变。

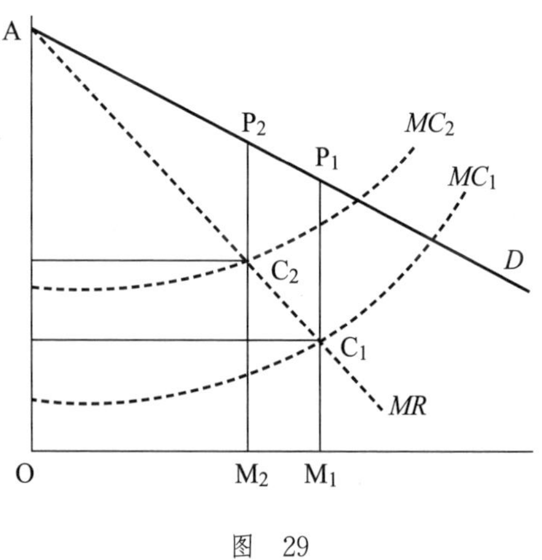

图　29

如边际成本下降，则价格的提高多于税额的一半，边际成本随着产量的增加而下降的速率愈快，价格提高的程度也就愈大（在任何需求曲线已知的条件下）。

如果边际成本曲线的下降率大得足以使它的斜度（由连接旧边际成本曲线上相应于旧产量和新产量的点的弦测定）和需求曲线的斜度相等，则价格将提高得恰等于全部税额。这一命题可以证明如下：

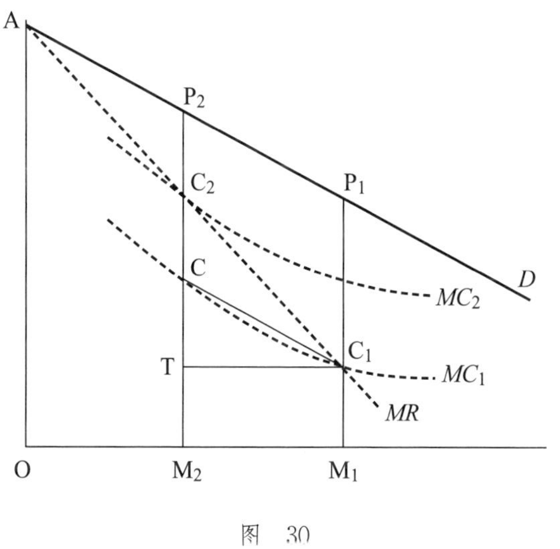

图　30

设 M_2C 为新产量的旧边际成本。

则 C_2C 等于税额。

作 C_1T 平行于 x 轴，交 M_2C 于 T。

设 CC_1 平行于需求曲线。

因边际收入曲线的斜度为需求曲线斜度的二倍。

所以（因为 MC_1 的斜度是被假定等于需求曲线的斜度的）CC_1 的斜度是边际收入曲线斜度的一半。从而，C_2T 等于 C_2C 的二倍，亦即 M_2C_2（新边际成本）比 M_1C_1（旧边际成本）大两个 C_2C（C_2C 为税额）。但是我们在上面知道，价格的增加为边际成本增加的一半。所以，价格的提高等于税额。

如果边际成本曲线的斜度大于需求曲线的斜度，则价格的提高多于全部税额。

边际成本曲线的斜度不可能大于边际收入曲线的斜度，因如它大于边际收入曲线的斜度，就不会有均衡了。如果边际成本曲线的

斜度十分接近于这个限界值，则很少的税就会造成价格暴涨。①

三

现在我们必须分析需求曲线凹度的影响。

设 AP_1 为需求曲线在 P_1（旧价格）的切线。需求曲线的凹度愈大②，则边际收入曲线就愈位于相应线 AC_1 的左端。

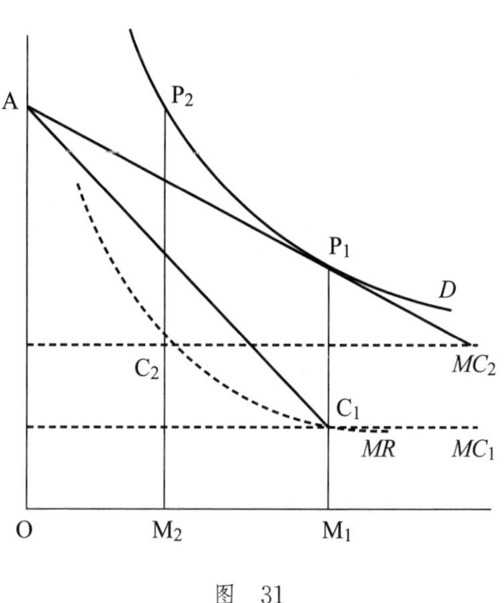

图　31

这样看来，就边际成本曲线任何一定的上升来说，需求曲线的凹度愈大，③则产量缩减得也就愈多。此外，就任何一定的产量来说，需求曲线的凹度愈大，

① 这是马歇尔所提到的事例（见《经济学原理》，第 482 页），他把它表述为，当垄断纯收入总额几乎不以产量为转移时，平均成本的很小增加就会造成产量的巨大缩减。

② 亦即需求曲线的“修正凹度”愈大。

③ 它所根据的假设是，新边际成本曲线和边际收入曲线相交于 P_1 的水平线下，因此，更交于 *MR* 和相应线 AC_1 的交点之下。如果税额充分大于 P_1C_1（边际收入与旧产量价格之差），或如果边际成本下降得足够快，则凹度的影响可以和缓因税额而引起的产量缩减。

它的价格，一般说来，也就愈高。[①]因此，由于两个原因，需求曲线的凹度愈大，税的影响就愈大；需求曲线的凸度愈大，则税的影响也就愈小。

四

我们知道，如需求曲线是一直线，且各种产量的边际成本又不变，则价格的增加等于税额的一半。现在的问题是，如需求曲线是凹形，且边际成本不变，则价格的提高将多于税额的一半。还可能举出一种场合，在这种场合，当边际成本不变时，价格的提高等于全部税额。当需求曲线的凹度是如此大，以致边际收入曲线的斜度和需求曲线的斜度相等时（斜度是由连接相应于旧产量和新产量的两点的弦测定的），就会发生这种情况。这是很容易证明的。

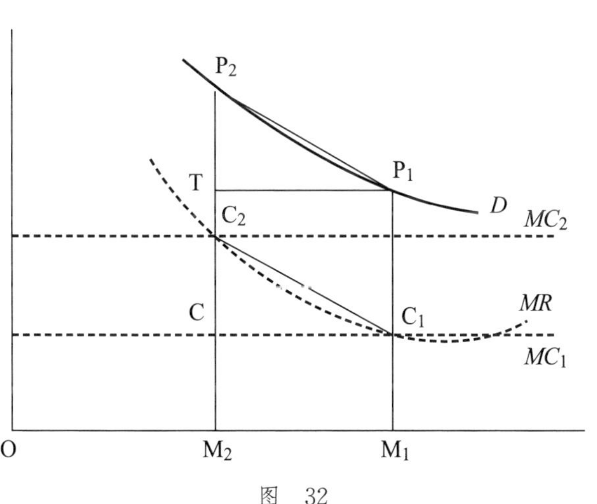

图　32

① 因此，即使在那些凹形曲线的产量比直线的产量下降得少的情况下，价格也不会上升得较少。

设需求曲线的弦 P_2P_1 平行于边际收入曲线的弦 C_2C_1。

设通过 P_1 与 C_1 垂直于 P_2M_2 的二垂线交 P_2M_2 于 T 与 C。

则 P_2P_1T 与 C_2C_1C 为全等三角形。

∴ P_2T（价格的增加额）等于 C_2C（即等于税额的边际成本的增加额）。

五

我们已经知道，需求曲线的凸度愈大，则税额对提高价格的影响将愈小。在极端场合下，价格可以不变。如果需求曲线斜度的改变是这样的快，以致它含有一个结纽，则边际收入曲线将有间断；如果旧边际成本曲线和新边际成本曲线正在需求曲线的结纽下与边际收入曲线相交，则价格将不变。例如：

当一个垄断者处于潜在的竞争下，就会有这种形状的需求曲线。尽管一个垄断者比那些成本比他大的竞争者占某些优势，但他可以知道，如果他把价格提高得超过某一限界水平，他的竞争者就会发觉生产有利，而开始侵入他的市场。因此，超过该限界价格，他的需求曲线的弹性就骤然增加；即使他的成本由于税额而增加，假使他的竞争对手不负担此项税款，那么，他不会认为把价格提高到限界水平以上是值

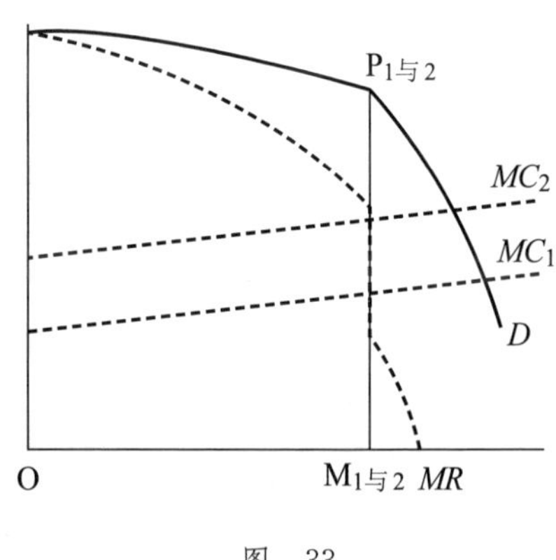

图　33

得的。

六

如我们所知，每单位产品所负税额的影响，一般说来，是提高价格，而提高的程度小于全部税额。只有当边际成本曲线比需求曲线下降得快，或需求曲线有足够的凹度时，价格的上涨才等于或大于税额。如果边际成本随着产量的增加而上升，或如果需求曲线是凸形，则税对价格的影响有减弱的趋势；在供给完全没有弹性，或需求曲线的凸度为无限大，因而曲线上有一结纽的极端情况下，价格全然不会提高。

但是，这些结论只能适用于很狭隘的范围。如果我们所述的这个企业正在和别的企业展开竞销，如果所有参加竞争的企业都负担此税，从而各企业都将提高他们的价格，则各企业的需求曲线都将提高。因此，根据需求曲线不受征税的影响这一假设所作的上述结论是不适用的。

我们所述的税可以用来代表工资上涨所造成的边际成本的上升。如果工资的上涨只涉及一个企业，那我们的结论适用。但如工资普遍上涨，则任何一个企业的需求曲线很可能由于它的竞争对手提高其索取的价格而提高。因此，本章所作的结论只适用于分别加以考察的一个企业；假定需求曲线不变，研究成本上升对价格的影响，比假定成本曲线不变，研究需求增加的影响，具有较小的一般意义。

第三篇

竞争均衡

第六章　供给曲线

一

现在我们已经完成我们对单独一个企业的产量和价格的分析。下一步我们就必须讨论由许多企业生产的某种商品的供给曲线了。商品的供给曲线是表示和各种不同价格相联结的该商品的各种数量的一个表。供给曲线告诉我们，如果要生产某某产量，这就是价格。如果需求情况是这样的，以致按照这个价格需要这种商品量，则该商品量就是要生产的量。我们可以设想，我们通过需求的连续增加而沿着供给曲线移动。随着需求量的增加，供给价格可以上升、不变或下降，但各个数量有一定的价格，而这个价格是为引出该产量所必须支付的。如果由出售该产量所得的价格较小，则所生产的量将较少；如果由出售该产量所得的价格较高，则所生产的量将较多。在各个场合，要引出较多的产量，就必须支付较大的货币总额。较多的产量将耗费较多的货币总额来生产；为了取得这一个较大的产量，就必须支付较大的货币总额。即使平均成本随着产量的增加而可以下降，也一定是这样的。

如果竞争是完全的，则准长时期的供给曲线（固定企业数的供给曲线）不会产生困难。在完全竞争下，价格等于边际成本，按照任何一定价格生产的产量是各企业产量的总和，而对这些企业来说，边际成本等于该既定价格。[①]供给曲线的概念向来总是和完全竞争的概念相提并论，然而，如果我们要研究不完全竞争情况，则关于供给曲线的正统概念就必须重新加以考虑。

首先，事实很明显，如果市场是不完全的，则不同的生产者可以按照不同的价格来出售同种商品。[②]这是在作供给曲线方面所面临的头一个困难。如果我们假定，各企业的成本曲线完全相同，各企业的需求曲线完全相同，当总需求增加时各企业需求曲线的移动也一模一样，那么这种困难就会免除。因此，尽管市场不完全，对总需求曲线上的每一位置来说，整个市场是受一个价格支配。

但是，一个更基本的困难仍然存在。当竞争是不完全的时候，对各个生产者的产品需求曲线不是完全有弹性的，而各个生产者所出售的产量将是他的边际成本等于他的边际收入的那一产量。边际收入将不等于价格；决定个别生产者的产量的是边际收入，而不是价格；无论不同的价格有多少，都和同一的边际收入是相适应的。[③]

边际收入和价格的关系将取决于各个需求曲线的形状；一定

① 个别企业的成本可随着工业规模的变动而变动。在企业数改变的场合，其变动情况在第9章中讨论。

② 此外，如我们很快就会知道的，当市场不完全时，谈“同种商品”是有很多困难的。

③ 因市场不完全或因企业数很少，竞争可以是不完全的。销售于完全市场的少数企业的事例引起某些困难，这里不加以讨论。

的商品总需求的增加对产量的影响，将以它如何影响各个需求曲线为转移。我们可以假定，商品总需求的任何增加平均地分配于各企业之间，因而各个需求曲线都以相同的方式移动。但是它们的移动有许多可能的方式，在我们能够断言总需求的增加对产量有什么影响以前，从所有那些可能的方式中假定各个需求曲线移动的特定方式，是很必要的。例如，我们可以假定，各曲线的提高是垂直的，因有一个常数加于价格之上，而这价格是对一定各个需求曲线上的各个商品量所要支付的。或者假定，各曲线向右移动，因而有一个不变的数量加在一定各个需求曲线上按照每种价格购买的商品量上。或者假定，各曲线在它们提高的时候弹性不变，因而一定各个需求曲线上按照每种价格购买的数量依不变的比例增加，等等。像这种假设是可以作出很多的，并且根据其中任何一个假设就可能作一条可以表示供给对一定商品总需求出价的反应的供给曲线。各种产量都和一定的价格相联系，但根据其中每个假设就会得出不同的结果。因此，虽然根据这些假设中任何一个假设可能作一条供给曲线，但根据各个不同的假设就会有一条不同的供给曲线。除非我们知道，总出价的增加按照所有可能方式中的那一种方式来影响各个需求曲线，我们就不能够断言，引出一定的供给增加所必要的是怎样的总出价的增加。

即使在假定各曲线按照一定的方式移动，因此，在形式上可能作一条供给曲线的时候，仍然有必要承认，供给的增加是由各个生产者的边际收入曲线的提高来决定的。只有我们（譬如说）用武断的假设把需求曲线系在边际收入曲线上，产量的增加才似乎是和总需求曲线的提高相联系的。其实，产量的增加并不是直接和总需求曲线的提高相联系，而是和各个边际收入曲线的提高相联系的。

可能保持一条供给曲线（在此曲线上一定产量和一定的价格相联系）外观的各其他假设也同样是站不住脚的。我们没有理由来选择这一种而弃绝另一种，实际上，一定的商品总需求的增加是未必同其中任何一种假设相联系的。

此外，我们的头一个假设：一定的需求增加平均地分配于各企业之间，这也是站不住脚的。当总需求增加的时候，有些企业也许发觉它们的需求曲线提高得多些，有些企业则提高得少些；有些企业也许发觉，它们的需求曲线提高，但弹性增加了，而有些企业的需求曲线提高，但弹性却减小了；或者需求的增加可以完全集中在几个生产者身上。即使偶然有这样的现象：整个市场上到处都收取相同的价格，除非我们确实知道需求如何分配于各企业之间，我们就不可能预断何种产量和该价格相联系。加之，如各企业的成本曲线都不相同，则又引起一种产生差异的根源。一定的需求增加将使产量的增加不同，这要看它是主要集中在边际成本相对低的，还是集中在边际成本较高的那些企业上而定。

总之，一定总需求的增加对总产量的影响将随它对各生产者的需求曲线影响的不同而不同。总需求的增加表现在各个需求曲线的提高上，但是它可以通过很多的方式来改变这些曲线的形状，并且它对某些需求曲线的影响可以大于它对其他需求曲线的影响。对产量的影响随着场合的不同而将有所不同。总需求方面一定的增加对产量将有较大或较小的影响，这要看它对各个边际收入曲线的影响而定。甚至如果总需求的增加使得各个需求曲线在提高后的弹性减小，以致产量的缩减将是总需求增加的结果，这也是很可能的。

如果有一种连接边际收入和价格的唯一关系，则单一价格和工业的单一产量相联系的这种单纯概念才可以保留。但基本的关系是边际收入和产量的关系，而不是价格和产量的关系。

二

完全竞争这一传统的假设就其对价格分析的简化来说是一个极其便利的假设。但是，没有理由来期待它在现实世界中的实现。首先，它取决于下述事实，即生产者的人数是如此之多，以致其中任何一个人的产量的改变对商品总产量的影响可以小到不计。其次，它取决于一个完全市场的存在。第一个条件往往可以大致实现，但在现实世界中完全市场似乎是很少有的。

如果个别生产者的需求曲线是完全有弹性的，那么，他若把价格稍微降低一点，就能够吸引无数的主顾，若把价格稍微提高一点，就完全不能出售自己的商品。这样看来，完全市场这一概念是建立在下述假设的基础上面：即构成市场的顾客们对不同卖主所收取的不同价格，都有相同的反应。但在现实市场上，顾客除考虑生产竞争者向他索取的货价外，还要考虑许多其他的因素。一旦卖主所要的价格不同，一种惰性或无知使他不能马上从一个卖主转向另一个卖主，除开这点不说，他也有很多正当的理由喜欢某一个卖主，而不喜欢另一个卖主。这些理由对不同个人的影响将有所不同。

首先，顾客必须考虑运输成本。在零售市场上，它表现在顾客上街买东西的时候不愿远行上；在批发市场上，它表现在运费的实际差别上，这种差别使顾客宁愿从某一个生产者，而不愿从另一个生产者取得货物。不同企业所在地的相对距离对不同顾客来说是不同的。[①] 其次，某种有名牌号所提供的质量保证对不同顾客将产生不同的影响。第三，不同生产者所提供的便利——服务的周到，推销员的礼貌，赊欠期的长短，以及对顾客独特需要的留意——的差别对顾客的影响程度不同。在有些场合下（从分析的观点来看是最使人困惑的），顾客将为实际的价格所左右，因为他有时把很高的价格当作是佳品的标志，从而拒绝较便宜的代用品，因为正是它的价廉使他怀疑该商品的质量不佳。最后，顾客也受广告的影响，这种广告用些巧妙的花招来影响他的心理，从而使他喜欢某一个生产者的，而不是另一个生产者的货物，因为这些货物是通过一种令人更加愉快或更加诱人的方式使他注意到的。

因此，除卖主所要价格的不同这一简单理由外，还有很多理由来说明为什么某顾客照顾这个生产者，而不照顾另一个生产者，而且因为生产上的竞争对手把利用左右顾客选择的事作为自己的任务，竞争（就这一名词的普通意义来说）的存在就确保了市场的不完全。生产上的竞争对手在质量、便利和广告方面，如同在

① 马歇尔（《经济学原理》，第325页）把市场定义为一个区域，在这个区域内，同种商品扣除运输费用的差异以后有相同的价格，但这个定义不适合我们的需要，因为由于某一个买主和另一个买主间的运输成本的差别而引起的市场不完全，在使个别需求曲线的弹性不完全方面，和惰性及“商誉”适有同样的影响。参阅斯拉法先生的论文，《经济季刊》，1926年3月，第543页。

价格方面一样，是互相竞争的；而竞争的强烈迫使他们用各种可能的方式来吸引顾客，它本身就破坏市场并确保这一事实：那些由于某一企业给予他们的便利而在不同程度上对于这个企业抱有好感的顾客，并不会都由于某竞争对手按照稍微低廉一点的价格售予他们相同的商品而立即舍弃这一企业。①

三

在作供给曲线方面，还有另外一些由于时间的推移而来的困难。不论什么时候，某工业中的各企业可以不都处于均衡状态（从长期或准长期的观点来看），有的是发展的，而有的是衰落的，但是整个工业可以是均衡的。因此作某工业的供给曲线而不假定各企业都具有均衡规模，这是可能的。这种企图带来很多我们所没有考虑到的可怕困难，而这些困难和由于市场不完全而来的困

① 除单纯的减价外，采取给顾客提供便利、提高商品质量和广告的形式以及其他形式的竞争的存在，从理论分析的观点来看，是棘手的，理由有二。首先，它大大增加了我们给一种商品下个确切定义的困难。即使所有那些比较明显的困难都得到解决，我们能够完全决定什么是我们所说的一辆汽车，或一罐可可，可是从某特定买主的观点来看，琼斯所售的可可未必相同于布朗所售的可可这个事实仍然存在。如果它们不同，就不可能把布朗的可可需求曲线和琼斯的可可需求曲线相加，来求可可的需求曲线。其次，更加使人困惑的困难，是因为除单纯减价外的所有竞争形式都涉及生产成本的改变。个别企业的产品需求曲线部分地取决于该企业在吸引顾客方面所用去的开销。如果这种开销可以当作和制造成本完全分离的销售成本，则这种困难不大，但实际上它往往采取改变商品质量的形式而和一般生产费用相混同。在现实世界中，各企业的需求曲线和成本曲线不是不互相依存的这一事实，给经济分析带来一个很大的难题，这里不拟加以解决。

难比较起来，曾引起经济学家们更大的注意。曾经提出各种方法来克服这些困难，其中最为人所共知的要算马歇尔的那个典型企业。[①]因为这些方法并不是旨在处理和不完全竞争下的供给曲线有关的基本困难，我们必须把它们当作是讨论想象世界的一种尝试，在这个想象的世界里，市场是完全的，但各企业达到均衡规模是需要时间的。这似乎不是一种令人满意的分析问题的方法。它不能说明在完全市场上，各企业的扩展或收缩究竟有多快。阻止企业的发展的那些影响和造成市场不完全的那些影响是犬牙交错的，甚至于可能的是，在完全市场上对企业的发展根本没有什么障碍。一种较有成效的解决问题的方法似乎是，首先解决最抽象的问题，其中既没有时间因素又没有市场不完全的因素；其次讨论某些场合，在这些场合下，市场是不完全的，但各企业被认为总是处于个别均衡状态；然后再插入时间因素，并研究这样一些场合，在这些场合下，各企业有向个别均衡状态发展（或收缩）的趋势；最后，再把与无知、惰性以及“人的因素”相联系的种种因素，一般地纳入我们的研究计划之中。

① 庇古教授曾假定了一个想象的处于均衡状态的企业，而这个企业可以和工业中任何现实的企业不同（见《福利经济学》，第788页），但这似乎是不能解决问题的，因如现实的企业都不处于均衡状态，则它们的成本和那个想象的企业的成本毫无关系。肖甫先生曾提出三度成本曲线体系；参阅:《关于收入递增和典型企业的讨论》,《经济季刊》，1930年3月，第111页。

第七章　竞争均衡

一

上面我们只考虑了一定的企业数。尚待加以考虑的是，垄断利润对生产一定商品的企业数的反应。企业数的变动将改变任何一个企业的需求曲线，并且可以改变它的成本。某工业部门中的利润水平向来被看成是足以左右是否有新企业加入。**正常利润**是那样的利润水平，在该水平没有新企业加入或旧企业退出该业的趋势。现有各企业所获得的不正常的高额利润被看成是能够引诱新企业开始生产那种商品；而导致新投资中止的那种额外低的利润被认为是可以导致该工业部门中企业数的逐渐减少。[①]

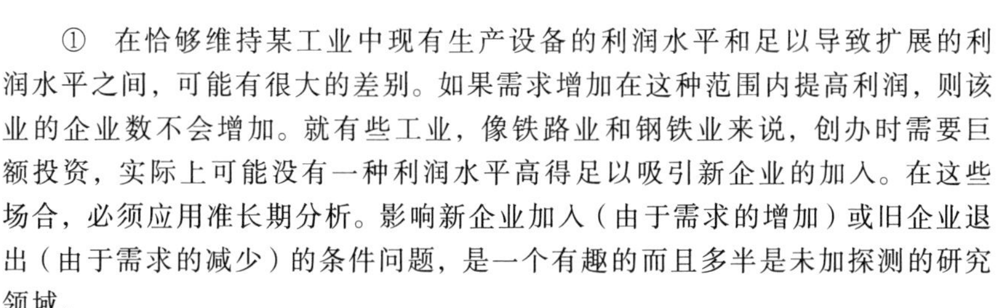

① 在恰够维持某工业中现有生产设备的利润水平和足以导致扩展的利润水平之间，可能有很大的差别。如果需求增加在这种范围内提高利润，则该业的企业数不会增加。就有些工业，像铁路业和钢铁业来说，创办时需要巨额投资，实际上可能没有一种利润水平高得足以吸引新企业的加入。在这些场合，必须应用准长期分析。影响新企业加入（由于需求的增加）或旧企业退出（由于需求的减少）的条件问题，是一个有趣的而且多半是未加探测的研究领域。

就工业的扩展来说，以上的叙述未免有些牵强附会。商品需求的增加吸引新企业家的加入该业是直接地因开辟了某些有利投资的新的可能性，而不是间接地因他们看见现有各企业的高额利润而垂涎欲滴。这种额外利润是新企业觉得加入该业有利这一局面的象征，而不是它的原因。但是，把额外利润当作一个原因的要素这种虚拟的手法，对简化形式的论证来说，是大有帮助的，并且如果认识到它的虚拟性，则不妨加以利用。

这里，我们只考虑因高额利润而来的某工业的扩展；并且可以假定，由于相似的过程，如利润小于正常利润，则工业衰退。正常利润水平必须就某特定工业而加以规定。加入一个行业的难易将在利润水平上得到反映，正如想成为一个医生或文官的难易将在他们的收入水平上得到反映一样。容易加入的各种行业（例如，小规模的零售业）的正常利润水平，低于开始时需要巨额投资或特别效率或特殊才干的那些工业的正常利润，如同成功的清道夫的收入低于名医的收入一样。[①]

在没有可能加入的行业中（例如在某地区只发固定数额许可证的酒馆），利润是没有上限的，虽然一定有一个利润水平的下限，在该利润水平它恰够维持该业现有的企业数。[②]这种场合可以用上章所述的方法来分析。

当某工业的企业数没有变动的趋势时，我们称它处于完全均

① 还有一些复杂情况在分析中没有考虑，这些情况的产生，是由于商品总需求的增加很可能改变决定加入行业难易程度的那些条件。

② 生产专利品或使用专利权的企业也属于此类。

衡状态。这时该业中各企业获得的利润是正常利润。[①]

为了确定利润是正常的或不正常的，有必要把企业的平均成本曲线用作我们的分析工具。平均成本必须包括企业家正常利润的平均单位产量。因此，很少产量的平均成本曲线也势必下降（即使没有大规模生产的经济）。代表正常利润的固定额随着企业的规模的扩大而将分摊在许多单位的产量上。此外，由于活动规模的扩大，很可能出现技术上的经济。

假定各企业的需求曲线不以它的成本为转移。然而这是一种不现实的假定，因为在实际场合下广告和销售费用对该企业的需求曲线将发生影响。[②]

如价格等于平均成本，则利润是正常利润。这时企业的总收入恰恰等于包括正常利润在内的总成本。但是，当边际收入等于边际成本的时候，企业才处于个别均衡状态。因此，完全均衡需要有两个条件：边际收入等于边际成本，与平均收入（或价格）等于平均成本。

只有当企业的个别需求曲线是其平均成本曲线的切线时，才能满足完全均衡所需要的这两个条件。因为如果需求曲线处处位于平均成本曲线之下，则在正常利润下都不会出产任何产品。如果需求曲线在某处位于平均成本曲线之上，则有一部分产量将获得额外利润；在这些产量中该企业将选择最有利的那种产量，而利润将大于正常利润。只有当需求曲线是平均成本曲线的切线时，

① 关于因各企业效率不同而引起的复杂情况，参阅第九章。

② 还必须假定，企业的成本曲线不以需求情况为转移。这个假定也是不现实的。

利润才将是正常利润。这样看来，每当个别企业的需求曲线位于其平均成本曲线之上时，额外利润将吸引新企业加入该业，而企业之间的竞争将使个别需求曲线又降低，直到它再一次和平均成本曲线相切为止。

就需求曲线和平均成本曲线相切的那一产量来说，边际收入曲线和边际成本曲线也必然相交。

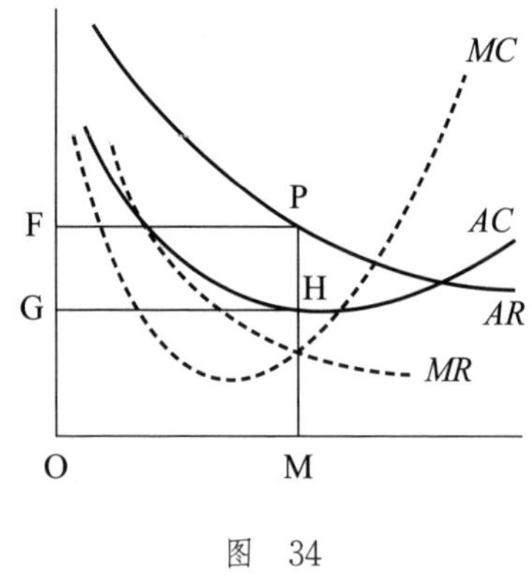

图　34

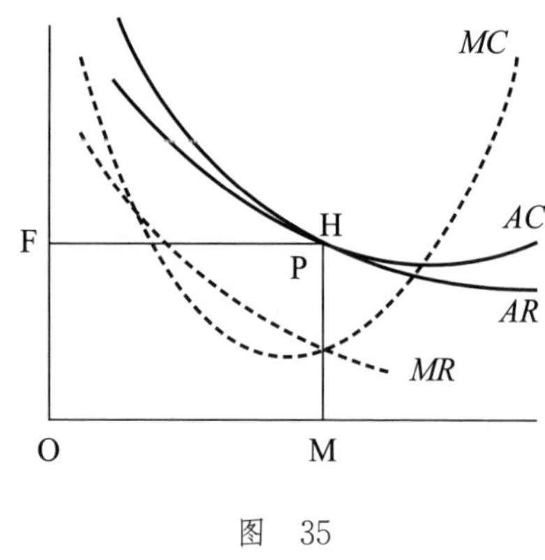

图　35

在各图中，*AC* 与 *MC* 为企业的平均成本曲线与边际成本曲线。*AR* 为需求曲线或平均收入曲线。*MR* 为边际收入曲线。OM 是企业处于个别均衡状态时的产量，MH 为产量 OM 的平均成本，MP 为价格。在第 34 图中，企业正在获取额外利润。这时，虽然该企业处于均衡状态，工业却不然。面积 FPHG 表示额外利润。在第 35 图中，利润是正常利润。H 与 P 相一致（平均成本等于价格），面积 FPHG 消失了。因此，当个别需求曲线是平均成本曲线的切线时，实现均衡的两个条件得到了满足。

二

如竞争是完全的，则边际收入等于价格。因此边际成本必然等于价格。但就完全均衡来说，价格必须等于平均成本。所以，在完全竞争下，只有当边际成本等于平均成本的时候，才能得到完全均衡。而在平均成本曲线上的最低点，边际成本和平均成本相等。① 由此可知，在完全竞争下，平均成本曲线上必定有一最低点，这就是说，必定有某一产量，超过该产量企业的平均成本开始上升。

根据纯几何的论证来推断有关某企业成本的性质的事实，看起来似乎是可笑的。但一经思考，这种谜就会消失的。罗宾逊先生②曾经指出，有些场合是，某企业的平均成本在到达一定产量以后确实上升。如果平均成本随着企业的扩大而不断下降，并且永不能达到一个最低点，则边际成本将永位于平均成本之下。但是，边际成本可以上升（在一定产量范围内），也可以下降。如果边际成本是上升的，该企业就可能达到均衡，其时价格等于边际成本。但价格将小于平均成本，利润将小于正常利润，工业将不处于均衡状态。而如果边际成本是下降的，则该企业将继续扩大。一个企业的扩展（或因和其他企业合并而扩大）将减少企业数，直到竞争不复是完全竞争为止。因此，在完全竞争下，均衡时边际成

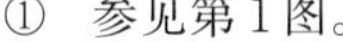

① 参见第1图。

② 《竞争工业的结构》，第3章。

本和平均成本必然相等，而平均成本势必最低，其所以如此，只是因为这个条件如得不到满足，则竞争就不是完全的了。

完全竞争下的均衡可用第36图和37图说明如下：

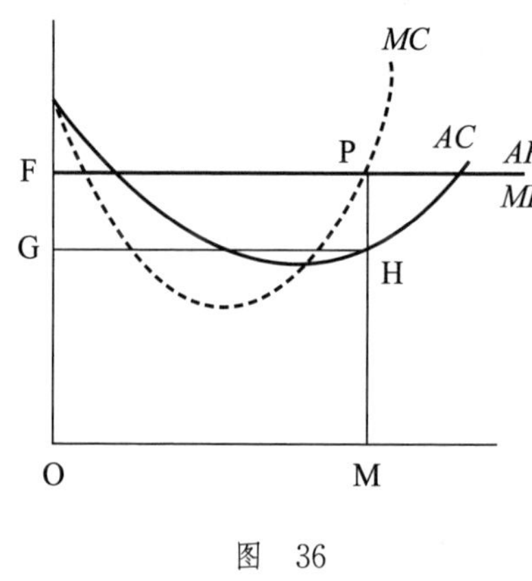

图　36

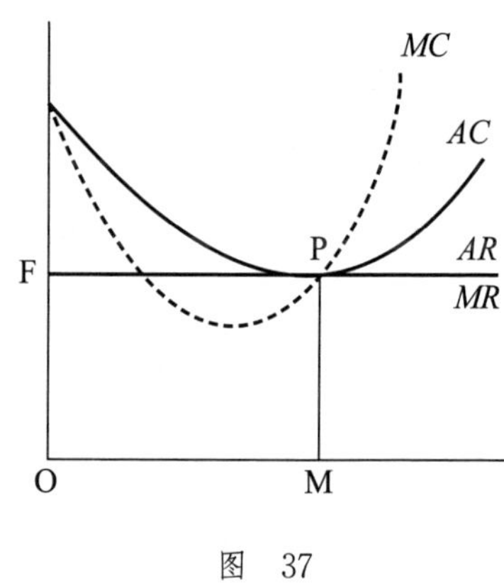

图　37

MP为产量OM的价格，MH为该产量的平均成本。在第37图中，工业处于完全均衡状态，而在第36图中，工业却不处于完全均衡状态，企业获得额外利润FPHG。

三

在完全竞争的工业中，完全均衡的各企业所提供的产量将是它的平均成本最低的那一产量。这时各企业将具有最适度的规模。有时人们假定企业的最适度的规模对企业家是最有利的，因此，企业家都希望使他的企业具有最适度的规模。[①]但这种见解是错误

① 例如，施奈德:《分配与成本问题》,《西摩勒耳年鉴》，第19卷，第55页；希克斯:《工资论》，第237页。

的。生产多于最适度的产量对企业家并不是不利的。的确，正是在利润格外高的时候（因为新企业加入工业没有达到使利润保持在正常水平的程度），各企业超过最适度的规模。企业家将无意回到把利润缩减到正常利润的那种局面；在最适度的规模，他的平均成本最低这一事实不会影响他的行动。当然，按最有效率的方式来生产任何产量，是符合每个企业家的利益的。在分析中我们始终假定，企业家所生产的任何一定的产量将是他的成本最低的那一产量。但是，从各种可能的产量中选择成本最低的那种产量，并不符合他的利益；而选择边际成本和他的边际收入相等的那一产量（在现有需求情况下），才对他是有利的。

如果竞争是不完全的，则个别企业的产品需求曲线是下降的（如图35），而均衡的两个条件只能在那些平均成本下降的产量上得到满足。所以，当利润是正常利润时，各企业将具有小于最适度的规模。如具备产生均衡的条件，则扩大生产对企业不利，而且企业家没有理由来企求生产最适度的产量，因为超过均衡产量的任何增产势必使边际成本大于边际收入。只有在完全竞争占优势的场合下，各企业才将具有最适度的规模，我们没有理由来期待这些企业在现实世界中将具有最适度的规模，因为现实世界中的竞争是不完全的。

四

现在我们可以试作一条处于完全均衡状态（其时价格等于各企业的平均成本）的工业的供给曲线了。

为了隔离企业数目变动对一个企业的产量及其成本的影响，就必须作一些使问题简化的假设。

为了消除同时间相关的问题，首先，我们可以假定，各企业的效率和成本并不因时间的推移而改变，而只是随着产量规模的变动而变动。其次假定，各企业总是处于个别均衡状态，这指的是，各企业总是能生产边际收入等于边际成本的那种产量。

为了隔离各别需求曲线的变动对供给价格的影响，就必须假定当工业扩大时各企业的成本曲线不变。

最后，为了克服上章所述的困难并使问题简化起见，我们可以假定，所有企业的成本和它们各自产品的需求情况都一律相同。①

现在，在从工业的均衡局面出发的同时，我们假定商品的总需求增加。从而，各企业的需求曲线将被提高；并且因为我们假定各企业的需求情况一律相同，所以，各企业的需求曲线都按相同的方式提高。各企业的产量将有所增加。商品的价格可以上升、下降或不变。但不论在哪一场合下，各企业将获得超过包括在平均成本（参阅第 34 图）中的正常利润的剩余利润。这时新企业将被吸引到工业中来，在我们所假设的条件下，这些新企业将和旧企业的成本相同。商品的总产量将得到进一步的增加，而新企业的竞争势必降低旧企业的需求曲线。当各企业的需求曲线再一次切于平均成本曲线时，就会出现一个长期均衡的新局面。

① 当然，这并不是说，从各个买主的观点来看，各企业都一律相同。若然，则市场是完全的。而是指，对任何一个企业与其他各企业有不同偏好的买主被假定是配合得这样均一，以致各企业的需求曲线都一律相同。

在这种新的均衡下，商品价格比以前大还是比以前小呢？答案显然要看各需求曲线降到均衡位置时的移动方式而定。如果个别需求曲线不改变它的斜度并恰巧回至原来的位置，则各企业的产量在新的和旧的均衡下都一样，企业数的增加将与总产量的增加成比例。① 因为企业的产量不变，它的平均成本和商品的价格亦将不变。如果新均衡下个别需求曲线的弹性较小，在达到均衡时它和平均成本曲线的切点将位于旧均衡点的左端。在新均衡下，各企业的产量将比旧均衡下的少。因此，企业数的增加比例超过产量的增加比例。因为个别企业的产量已经减少，它的平均成本将上升，而商品的价格亦将上升。

反之，如果新均衡下各别需求曲线的弹性较大，则商品的价格势必下降。

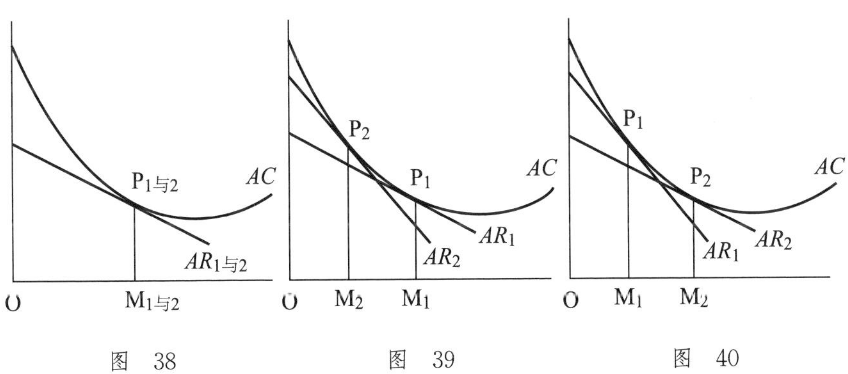

图　38　　　图　39　　　图　40

在各图中，AC 为企业的平均成本曲线。

① 在完全竞争的特殊场合下会有这种现象，但在不完全竞争下也会有这种现象。

AR_1 与 AR_2 为旧需求曲线与新需求曲线。

OM_1 为旧均衡下企业的产量，M_1P_1 为其价格。

OM_2 为新均衡下企业的产量，M_2P_2 为其价格。

在第 38 图中，M_2P_2 等于 M_1P_1。在第 39 图中，M_2P_2 大于 M_1P_1，而在第 40 图中，M_2P_2 则小于 M_1P_1。

根据以上的分析我们能够得出的答案是：在所假设的条件下，商品总需求的增加可以使价格上涨、下落或不变。①

五

但是非纯理论上的考虑也是必须计及的。我们应当追问，究竟哪种需求的变动使价格下落，哪种使它上涨或不变。对于这个问题加以充分的讨论会使我们涉及的面过广，这里我们只就每种举一个例子。

首先考虑价格不变的场合。如因市场上增加了一群新顾客而造成需求的增加，就会有这种情况的出现。这批新顾客的需求以前暂时从旧企业得到满足，但是随着新企业的设立，他们可以被认为是弃旧从新的；从而，旧企业的需求曲线退回原位，新的需求由新企业满足。例如，假定市场的不完全是由于运输成本的差

① 庇古教授曾以分析的形式证明并概括了这些结果，见《经济季刊》，1933 年 3 月，第 108—112 页；肖甫先生（《经济季刊》，第 115—117 页）对我的分析有所批判，他似乎不同意我的这个命题：当竞争是不完全的时候，完全均衡下的企业一定是在平均成本下降的条件下生产的。但这种显然的冲突是由于肖甫先生和我对于成本解释的分歧而产生的。

别，假定需求的增加完全是由于城郊新市区的开辟而引起的。新市区的居民最初是从城中心的各企业买东西，但是，一旦在他们自己的地区设立了企业，他们就会照顾新企业。因此，各企业需求曲线的弹性和以前一样。

其次，考虑价格因需求增加而上涨的场合。不管最初需求增加的性质如何，如果新企业在加入该业时拉去旧企业所有那些变化无常的顾客，而所留下的只是对它们有更大好感的人，就会产生价格上涨的情况。这样，各别需求曲线弹性就会减小。例如，可以有一批顾客，他们属于各企业的市场，但其所得到的供应从来没有按照他们所喜好的方式（例如，旧企业的位置不便，或者，如果我们把商品完全齐一的假设放宽，则旧企业所生产的品种不能令那些具有特殊口味的买主满意）。因此，他们对旧企业都一视同仁。但是，总需求的增加已经使一批完全能满足他们各种不同需要的企业产生出来。现在旧市场上那一批无所谓的顾客不见了。各个新企业都拥有一群特别喜爱自己货物的顾客。从而各企业需求曲线的弹性比以前减小。

最后，考虑价格下落的场合。如果需求的增加平均地分配于整个市场，例如由于人口密度增加的一致，如果新企业，比方说，设立在旧企业中间（就地理上或就在不同程度上投合不同顾客的那种特殊质量来说），就会出现价格下落的情况。从买主的观点来看，某一个企业和另一个企业的差别缩小，各企业的顾客变得更没有偏见，而需求弹性增加。

有某些理由来假定，最后那种需求变动是最常见的。因此，很可能，总需求的增加将使价格下落而不是使它上涨。但值得提出的是，这种需求的连续增加最后势必消除市场的不完全，并确立一种最适度的规模作为企业的均衡规模；但是，在认为市场的不完全不以各企业的行动为转移的同时，我们对现实世界的普遍情况却作了最简单化的描绘。而在现实世界中，当某企业发觉市场正在向那令人不愉快的完全方面转变时，它可以利用广告和其他手法把一些顾客牢牢地吸引在自己周围。如果许多企业都这样行事，则市场又被破坏，企业的均衡规模会缩小。

第八章　租金插论

一

在我们能够对供给曲线作下一步的分析并考虑某工业产量的变动对该业所属各企业的成本的反作用以前，我们必须考察一种性质不明显的特殊成本。

租金这一概念的实质，就是某生产要素的特定部分所获得的超过为诱引该要素提供服务所必要的最低报酬的剩余部分的概念。租金这一概念不论在口头上和在历史上都是和“自然的赐予”这一概念密切地联系着的。在这些自然的赐予（它的基本特征就在于它不是由人类的劳作而来）中，主要的就是场所，因此，它们通常被简称为“土地”——土地包括除场所外的所有其他的“赐予”。所以，租金这一名词（它在日常用语中是指租用土地所付的报酬）就被经济学家用来称呼自然的赐与所得的剩余报酬。经济学家眼中的土地的全部报酬就是经济学家所指的租金，因为它是从自然的赐予这一定义得出的，这个定义是，自然的赐与随时皆在，它们的存在是无须用报酬来实现的。

但是，租金的概念往往和土地的概念过于密切地交织在一起了。属于其他三大范畴的生产要素（如劳动、企业家职务和资本）的特定单位也可以获取租金。一个人生在世界上，就必须获取他所能获取的东西。把他生理上的效率保持在适当水平的实际收入是引诱他用一定强度来继续工作所必要的最低报酬。一个企业家所必要的最低报酬是使他不致陷入雇佣劳动队伍的那种报酬水平。许多人的实际收入显然大于这种必要的最低报酬。至于人生需要的是怎样一种报酬水平，这是另一个问题，这里我们且不去管它。[①]此外，很显然，资本也往往获得超过必要的最低报酬的剩余报酬。如果许多人所取的利息比实际利息少，他们仍准备储蓄并出借一定数额的货币，有些人甚至愿按负利息率储蓄和借贷。因此，在四大生产要素范畴的每个范畴中，可以发现要素的某些特定部分能获取租金。

如果我们从另一个角度来看问题，同样会说明这一点。很显然，如果所述生产要素的各种数量的供给都是完全有弹性的，则该要素中没有任何部分会得到租金。这里可以作出一个虚拟的例子，表述某要素的供给是完全有弹性的：假定人们如能得到百分之五的利率，他们就准备尽量储蓄和放款，假定少于百分之五的利率，完全不能引诱他们放款。从而，利率永不能离开百分之五。如果利率涨至百分之五以上，则储蓄像潮水一般涌入市场，供人借用，因此利率又必然下降。如果利率降至百分之五以下，则新的放款不会来，而原有资金亦将被逐渐用尽，直到它能再一次取

① 叙述过于简单。关于详细讨论，请参阅罗伯逊:《经济的刺激》，载《经济学论丛》。

得百分之五的利率为止。这样，货币资本的供给就会是完全有弹性的，在资本这一要素中每个特定部分所得的不超过它的最低必要报酬。这个例子的极其不真实的性质使我们知道，在现实世界中即使资本的供给也不是完全有弹性的。更加明显的是，属于其他三个范畴的生产要素的供给不可能是完全有弹性的。所以，很显然，任何生产要素往往可能得到租金。

但是，所有这些都不是我们目前所要研究的。本书并不讨论总产品问题，而限于分别考虑的某特定商品产量的研究。在生产某特定商品的工业看来，对某要素的最低必要报酬并不是使该要素存在的报酬，而是使它在该特定工业服务而不在另一个工业服务的报酬。①

因此，在某工业看来，任何单位的某要素的成本是由该单位在其他工业中所能取得的报酬来决定的。一个工人，一个企业家或一英亩土地，如在某种用途中所能取得的报酬多于其他用途（除开我们以后要讨论的各种移动上的障碍），就会从其他用途转入这种用途。因此，当我们研究某要素对任何一个工业的供给时，我们所研究的不是那一要素的总供给，而研究的是，诱使该要素的单位从其他用途转入所述工业所必要的报酬水平。在某工业中保留一定单位的某要素所必要的价格可以叫作它的**转移报酬**或**转移价格**，因为对它支付的报酬减至此价格以下，就会使它向别处转移；如果在使用它的工业中，某要素的特定单位所得的报酬刚

① 参阅韩德森:《供给与需求》，第94页；肖甫:《可变成本与边际纯产品》，见《经济季刊》，1928年6月，第259页。

够使它不致转向其他用途，则该要素的特定单位可说是处于转移边际，或叫作边际单位。[①]一个单位如取得小于它实际上取得的报酬，而仍留在那种工业中，那个单位就叫作边际内的单位。

即使某生产要素的总供给完全没有弹性，它对任何一种工业的供给也很可能是完全有弹性的。

第二个虚拟例子就会说明这一点。设想有一个世界，其中所有土地在各方面都相同，但和对于它的经济需求比较的话，它的数量是有限的。因此，对使用在各方面的所有土地每亩支付的地租率将大致相同，土地的供给将绝对没有弹性。不论给它支付的价格怎样增大，也不能使土地的供给增加。现在假定某商品的需求增加。该商品生产者所付的地租如稍多于土地的其他使用者，他要多少，就有多少。

在此例中，从分别加以考虑的每种用途的观点来看，地租的一般水平代表土地的转移价格。土地这一要素对分别加以考虑的各种用途的供给是完全有弹性的，从各种工业的观点来看，它是得不到租金的。

二

虽然生产要素的总供给和这个事例无关，但是很显然，可以有某些单位的生产要素，在使用它们的工业里它们的所得大于刚够诱使它们在该业服务的报酬。当这种现象产生时，从工业的观

① 参阅韩德森:《供给与需求》。

点来看，把该要素单位的实际所得和它的转移报酬的差额叫作租金，是和租金的一般概念相符的。[①]第三个虚拟例子就会说明这一点。

设想有一条适于建造海滨旅馆的地带，它的唯一其他用途是养羊。假定用于旅馆每英亩能得20镑，而用于养羊只得2镑。从而，一英亩土地的转移价格是2镑，它的地租是18镑。其次假定对旅馆房间的需求并不十分迫切，而未来的旅馆主使用一英亩土地所付的价格将只是10镑。没有地主（除非受了审美观点的影响）愿意把自己的土地租给养羊者。用于旅馆的土地面积和以前一样，一英亩土地的转移价格和以前一样，也是2镑，但地租现在却只有8镑了。再其次，假定养羊业中的某种改革把牧场的所得提高到12镑。这时地主宁肯把上地租给养羊者；而从养羊业的观点来看，转移价格将是10镑，地租是2镑。

这样，每块上地将有　种不同可能用途的系统，而在一个没有摩擦的世界里，每块地会用在最有利的用途上。随着需求和生产方法的改变，这种系统就会有所改变，而场所的用途亦将改变。认为某生产要素的一种用途本质上就比别的用途有利，这是错误的。斯特兰德用于建造旅馆比用于养羊有利，但威尔特郡高地用于养羊却比用于建造旅馆有利。此外，很显然，在用某要素的诸单位生产的那种商品的需求减少时，这些要素单位的使用将首先没利，然而，它们未必次于其他单位。某特定工业中的边际单位

① 此概念是肖甫先生根据韩德森的著作加以发展的。参阅肖甫：《可变成本与边际纯产品》。

可以是那些在别处有有利使用机会的单位，并且很可能是最好的单位，正如在该业中是最坏的单位一样。说不定斯特兰德如果长了牧草，它会比威尔特高地繁殖更肥的羊的。

当需求减少的时候，首先被弃而不用的单位是那种效率价格最高的单位，而效率价格高的原因，可能是由于该单位很好，但是很贵；或者是由于该单位从该业的观点来看很差，但在别处能得到好价。这种区别可以用企业家的例子来说明。在那些不需要特殊才干的工业里，有最大一般才能的企业家将是边际企业家，因为正是他们，才能找到最有利的其他职业。而在大才能有机会获得高额报酬的其他工业里，优秀企业家只是在最后才会转向其他工业，因为在其他工业中，他们的才能所给予他们的好处比一般人大不了多少；这时边际企业家将是那些最不胜任的企业家，因为正是他们，由于收入减少而被迫首先转向别处。

“边际”土地，从古典意义上说，是除现有的实际用途外再没有其他用途的土地，它的转移价格是零；但对属于劳动和企业范畴的那些要素单位来说，将有一个最低报酬水平，在该水平以下提供生产要素的人是不能生存的。这就是说，无论在什么用途上，

转移报酬都不会是零。[①]

下面是肖甫先生的益智图。[②]各生产要素的各个单位将被置于它的所得最大之处；如它在那一用途上的所得减少，则它将退居于其次最有利的用途，而如果在它的实际所得和其次最有利用途中的所得中间有显著的差别，则它将得到租金。如果每个生产单位和它的相邻单位，不论就在使用它们的工业中所发挥的效率或就在其他用途上的效率来说都一样，就不会有租金。

三

但益智图本身就是目的，它并不是一种有用的工具。如果我们继续把问题看成是益智图，我们将会知道，解决摆在我们面前的那些问题是极其困难的。为了把问题缩小到可以处理的程度，利用某特定工业的某生产要素的供给曲线这一概念是方便的。但必须承认，我们所选择的描述一种实际局势的术语，对于这种实

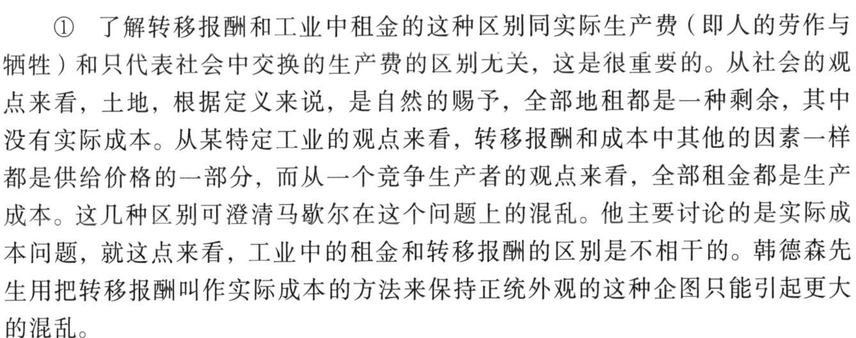

① 了解转移报酬和工业中租金的这种区别同实际生产费（即人的劳作与牺牲）和只代表社会中交换的生产费的区别无关，这是很重要的。从社会的观点来看，土地，根据定义来说，是自然的赐予，全部地租都是一种剩余，其中没有实际成本。从某特定工业的观点来看，转移报酬和成本中其他的因素一样都是供给价格的一部分，而从一个竞争生产者的观点来看，全部租金都是生产成本。这几种区别可澄清马歇尔在这个问题上的混乱。他主要讨论的是实际成本问题，就这点来看，工业中的租金和转移报酬的区别是不相干的。韩德森先生用把转移报酬叫作实际成本的方法来保持正统外观的这种企图只能引起更大的混乱。

② “总之，在我看来，现实世界所提出的经济问题似乎是把很多异质的个人和活动加以选择和适当安排的问题，……是一个益智图而不是流体力学上的问题”。（《经济季刊》，1930 年 3 月，第 99 页）

际局势是没有关系的。如果某生产要素的供给曲线这一人为的工具证明是这样的不可靠，以致我们不能够用它来解决我们的问题，我们总能回头来依靠这种益智图，并把时间消磨在它的拼凑上面。

作某生产要素的供给曲线有二个步骤。首先，我们必须把实际不同的生产单位集中在任何相宜的组内，而把每组叫作一个生产要素。生产单位自然地分成四类，即土地、劳动、资本和企业。[①]把属于不同范畴的二个单位列入一组是不智的。一英亩土地，五十九个人和二百镑资本是不会成为一个很相宜的生产要素的。各生产要素所包括的单位必须处于四个范畴中的一个范畴。任何一种特定单位可能时必须与和它最相似的其他单位列入同一要素之内。[②]任何两个彼此可以完全代替的单位必须包括在同一要素里面。在许多场合划分生产要素的界限是没有困难的。例如，我们可以遇到一大群非熟练工人，他们的能力差距不大；可是，一方面在他们中间质量最好的工人和本组外能力最差的工人之间，另方面在他们中间质量最差的工人和本组外能力最强的工人之间，有很显著的差别；这种自然的区别就使生产要素的划分成为最简单的事了。但是，也有许多令人怀疑的场合，我们不必太注意小节，把不同的人或不同的土地列入不同的要素之内。如果我们把

① 这四类传统上称为生产要素，但把生产单位只分为四类对总产量的分析来说是适合的，而对一个工业的问题来说，就需要作更细密的划分。

② 在有些场合，一个人，例如一个小企业主，在自己的企业里既是劳动者又是企业家，他可以属于几个生产要素范畴。这种人的服务必须划分成不同的生产要素。

那使我们有理由列入一组的各单位的相似程度看得十分狭隘，我们就会有这样多的分散而细小的生产要素，以致任何一个生产过程都需要庞大数量的生产要素，而我们大多数的问题就成为不可收拾的了。

我们的组必须大得足以使任何生产过程所使用的要素的数量缩减到合理的程度。但我们不得不遵守这一定则：一个生产要素所包括的生产单位只能来自一个范畴。因为每个生产过程必须有四范畴中（土地、劳动、资本和企业）每一范畴的若干单位，无论如何，生产要素的数量总是人得使人不便的。[①] 所以，我们必须尽量慷慨地使单位的组扩大。当一系列彼此可以代替的生产单位没有很显著的区别的时候，只要有一条没有它就十分愚蠢的、明显的分界线，最好是使每一要素很大，并在其中包括这样多的单位数目，使它能被使用在许多不同的工业里边。

在作某生产要素的供给曲线方面，第二个步骤是选择用以测定该要素的单位。确定单位的问题在附录中有相当详细的讨论。附录所建议的临时解决办法的要旨如下：如果某生产要素——如果它属于劳动范畴，就是许多人，如果属于土地范畴，就是若干英亩土地——的两部分可以互相代替而不致引起物质生产力的变动，则它们就被认为含有等量的**效率单位**。效率单位必须就我们为之作要素供给曲线的那个工业来决定。在不同工业的供给曲线上，相同的实际生产单位可表现为不等量的效率单位。如果我们

① 第七篇的分析是建立在商品生产过程中只有两个或只有三个生产要素的假设上面，即使在这样少的要素下，分析也够复杂的了。

碰巧能组成一个生产要素，而从我们为之作供给曲线的那个工业的观点来看，该要素又含有效率上彼此十分相似的单位，则该要素的自然单位（例如一个人，或一英亩土地）将与效率单位相一致。

如果工业所属各企业构成生产要素的完全竞争市场，[①]则一个生产要素中各个效率单位的价格必然相等。如果一个单位的该要素，相对于它的效率来说，比别的单位便宜，则使用它比使用更贵的单位有利，它的价格将被雇主们的竞争抬高到和其他单位同样的水平。这样看来，不论工业的规模如何，每个单位的效率报酬将等于该工业在那一规模上的边际单位的效率报酬。企业家的报酬采取利润形式，而不是由雇主发给的，但我们在下章中将会看到，此原则对企业家和对任何其他生产要素的单位都同样适用。某要素一定单位的实际所得和它的转移价格的差额，从该工业的观点来看就是它的租金。

如果根据上述原则所作的某生产要素的供给曲线对一个工业是完全有弹性的，我们将知道，其中所包含的单位，从该业的观点来看，都得不到租金。而如果供给曲线是上升的，我们将知道，就有产生租金的可能。但工业中租金的实质只能借用肖甫先生的益智图来理解，而且为了解释租金我们总得要回到益智图上来。

① 本书前半部分保留这一假设，在后半部分讨论买方独占时，就把它取消。

四

我们的下一任务是要找出在什么情况下一个工业的某生产要素的供给曲线是上升的。如果一个工业的某生产要素的供给是不完全有弹性的，则该要素，从该工业的观点来看，可以叫作**稀有生产要素**。

首先考虑的场合是：某生产要素所含的单位无论在使用它们的工业里或在其他可能用途方面，都十分相似。这时，如果该要素和其他生产要素有显著的自然区别，则将有一小群工业，它们都争先恐后地使用这一同质的生产要素。如果这些工业中有一个工业正在扩展，则该要素可供其他工业利用的数量就会减少。如果那个扩展的工业所使用的只是要素中一个小得可以不计的部分，则这种减少不会对要素的价格有显著的影响，而它对正在扩展的工业的供给将是完全有弹性的。但如该工业所吸收的要素占一个很大的比例，则随着该工业的扩展，它对其他工业的价值提高，而其单位的转移报酬有所增加。因此，它对该工业的供给价格随着该工业的扩展而上升，但因从有关各工业的观点来看，要素中的所有生产单位都相同，从而，各单位的转移报酬一样，并等于它们的价格，其中没有单位会得租金。因此，一个工业的上升要素供给曲线，从该工业的观点来看，虽是产生租金的一个必要条件，但不是它的充分条件。

当然，我们可以把那些我们认为宜于划为一类的任何生产者群当作一个单独工业。如果我们所涉及的工业只使用我们刚才所

述的那种要素的一部分，那么，如我们所知，这种要素从该业的观点来看不得租金，而从较大工业的观点来看它却可以得到租金。假如某城市中所有适合于零售商店的地基都可以并成一个生产要素，在各方面都由一连串彼此可以代替的生产单位的间隔截然分开（因此，未列入此要素的地基完全不适于开设商店），但其中各地基都是大同小异；那么，假使我们只把杂货商店当作一个行业，则该要素在杂货业中不得租金；但是，假使我们把一切零售商店当作一个行业，则该要素在零售业中就得租金，因为没有用于商店的那些地基，在其他工业中使用时会得利较少。

如果在这个生产要素和其他生产要素之间没有显著的自然差别，那么，使用此要素的任何一个工业的扩展，即使扩展着的工业的规模很大，是会由许多其他工业的生产单位的转移来供应的，而且这时任何一定生产单位的转移价格将不以扩展着的工业的规模为转移，此要素对该业的供给将是完全有弹性的。

五

其次我们所要考察的生产要素是，从我们为之作供给曲线的那个工业来看，它是同质的，因此，该工业中所有的自然单位都有相等的效率，但从其他用途的观点来看，它又是非同质的。在这个场合和以后的场合，我们假定，任何一定的自然单位的要素转移成本不以为之绘作供给曲线的那个工业的规模为转移；这就是说，我们将假定，随着工业的扩展，它从其他工业取用生产单位的范围是如此之广，以致它的扩展对它所使用的生产单位的转移报酬的影响是小得可以不计的。

在这一场合，随着工业的扩展，它所吸收的某要素的自然单位从该业的观点来看和已经使用的那些单位相同。但是，越来越发现自己处于转移边际的那些单位将有越来越大的价格，因为它们可以在其他工业中得到越来越有利的用途。因此，该要素的供给曲线将上升，而在该业中将有租金出现。例如，随着城内杂货商的增加，它们所占的地基从杂货商来说虽不比已经占用的地基好，但这些地基可以是日益适合于其他用途的，因此，它们的转移成本日益提高。转移成本小于边际地基的那些地基将会得租金。在我们现在所述的场合，自然单位和效率单位相一致，而正是这种场合，它才是最适合于某生产要素对一个工业的供给价格的概念的，同时在绘作该要素的供给曲线方面它使我们毫不费力。

其次，考察这样一种场合：某生产要素从为之绘作供给曲线的那个工业来看是非同质的。如果生产要素随着该工业的扩展而从其他工业转移过来，如果扩展着的工业和那些其他工业的生产方法相似，则在那些其他工业和扩展着的工业里，不同的自然单位的相对效率将一样。从而，要素的特定自然单位的转移报酬互相之间所保持的比率将与它们的效率相同，用效率单位表示的供给曲线将是完全有弹性的。例如，随着杂货业一天天地向前发展，杂货商所使用的地基的效率可以不断递减，但如各种不同地基的相对效率在其所由出的工业和杂货业中都一样，则它们的转移成本亦将随着后者的扩展而不断下降。它将使用较差的地基，但它能以相应的较低价格获得这些地基。就杂货业来说，这种要素的供给是完全有弹性的，组成该要素的单位是不得租金的。从该业的观点来看，生产要素的非同质性并不是它的供给曲线必然上升和该业中必然有租金的充分条件。

但是，如果此要素从该业的观点来看是非同质的，虽然从其他工业的观点来看是同质的，则所有自然单位的价格将相同，但用效率单位测量的供给曲线将上升，该要素将会得租金。例如，杂货商随着他们店数的增加可以对各地基支付相同的价格，但这些地基对杂货商的利益却可以越来越少。

最后，所考察的场合是，某生产要素，不论从我们为之绘作供给曲线的观点或从其他工业的观点来看，都是非同质的；但自然单位在该工业里和在其所由出的各工业里的相对效率不同。这时，该要素的供给曲线将上升，在该工业中亦将有租金出现。

六

我们研究稀有生产要素已经有了三种不同的情况——当然，所有这些都可以同时用同一个要素的例子来说明。首先，随着某生产要素的更多单位的被使用，它们的转移成本可以上升。其次，随着工业的扩展，它不得不使用那些越来越不适合它特定需要的要素单位，而在要素的单位的转移报酬方面可以没有补偿差额。第三，它可以使用这样一些要素单位，这些单位在它看来至少和已被使用的那些单位的效率相同，但是它们在别处已有更有利的用途。随着该要素的需求的增加，从而，该业不得不诱取那些在原处情况越来越有改善的单位；当它和那些越来越有利的用途抢用此要素时，它必须支付越来越高的价格，且在它所使用的单位的效率方面没有补偿差额。

还有一点尚待加以考虑：即使在这些单位所由出的那些工业和在扩展着的工业里，生产要素的不同单位的相对效率一样，随着更多单位的被使用，它们的成本（相对于它们的效率而言）由于另一种原因也可以上升。有些人对所述行业可以有一定的兴趣，即使他们在别的行业能够获得较大的收入，他们也打算从事于这种行业。因此，他们对于该业的转移成本比在其他情况下低；当这些人的供给来源枯竭时，转移成本将上升，因为为了使企业家和劳动的供给得到进一步的增加，就必须把那些对本行业不感兴趣的，甚至是那些（不顾在这一行业可以得到较大收入）极其厌恶它的人吸引到本行业来。上述偏好可能来自行业的“纯利益”，它的卫生条件、安全、社会地位等等，而对这些的评价又是因人而异的；也可能来自行业的世袭关系，或个人的趣味。此外，消息不灵通、转业的困难或不愿转业，都使生产要素的单位不能对它们在不同行业中所能取得的不同报酬有所反应。[①]

① 关于稀有生产要素的上述论点主要是得自肖甫先生的《收益递增与典型厂的讨论》一稿（《经济季刊》，1930 年 3 月）和他在剑桥大学的讲学；我很感激他准许我使用他尚未以充分发展的形式发表的某些概念。他对这问题的比较现实的论述因删去一些复杂的情况而大大地简化了，这些情况一方面是来自时间因素，另方面是来自工业中生产要素市场的不完全。此外，肖甫先生也不讨论一个工业的某生产要素供给曲线这一概念（同上书，第 100 页），而这是在目前讨论中所要保留的。参阅本章第 8 节。

七

导致工业中产生租金的那些影响以不同程度作用于生产四要素。企业家的供给自然是非同质的，但是总的说来，在一种工业中使企业成为有效率的那种技能，在许多别的工业中也可能同样是有价值的。同样，各种工人的相对效率在许多职业中也往往相同。如果一个工业所包括的领域的四周，尚未筑起一个一连串可调换的职业所列成的鸿沟，它的界限一定十分宽广。但是很可能有一些工业需要企业或劳动有特殊的才干，而这些才干在所有其他工业中的评价又是截然不同的。对土地这一要素来说，甚至更可能的是，有很多不同的用途，它们需要特殊的土质，地理上的特殊位置，或二者的特殊结合，因此，不同的各块土地在一种极小的工业中和在其他一切工业中的相对价值可以有所不同。只是对资本这一要素来说，一切用途在它们所需要的质量方面一定是相同的。因为货币资本是完全同质的，并且可以转化成各种工业所需要的任何形式。

对于因偏好不同而产生的差异必须加以重视，在这方面，生产要素的顺序必须倒置。在土地的场合，非同质性的影响最强，而偏好的作用却最弱。有些土地所有者或许宁愿从国民信托银行收取较低的价格，而不愿从建筑公司收取较高的价格。但一般说来，我们认为，一块土地总是（除开阻力不说）服务于它的报酬最多的那个工业。人的要素如劳动和企业家，显然比土地处于更强烈的偏好不同的支配之下。他们也会由于对无名工业的不信任而不轻易从一个工业转向另一个工业。从效率的观点来看，资本是同质的，但它也可以受消息不灵通或偏好不同的支配。各种工业尽管有容易取得资本的一定来源（主要是利润），而当这些来源枯竭时，它必须用较高报酬的期许从那些对该业没有特殊偏好或不知该业发展可能性的投资者那里吸取资本。

这样看来，四要素中的任何一种要素都可以是稀有要素。这些问题不能用先验的方法来回答，但是我们的分析已经表明，没有理由认为，从一个工业的观点来看，比从全社会的观点来看，租金是更局限于土地这一生产要素的。

八

本书曾欲避免那种喋喋不休的争论。但是，近来关于“报酬法则”[①]的争论，实在是重要得不能加以忽视，了解本章所述的体系和一方面是肖甫先生的与另方面是斯拉法先生的体系之间的分歧点，对读者将有所帮助。

本章的体系是建立在肖甫先生的体系之上的，这两种体系的唯一区别，就在于本章的体系因删去时间因素而大大地简化了，而肖甫先生则拒绝一个要素的供给曲线的概念。二者的区别既不是分析上的区别，也不是关于事实的争论。它只不过是一种乐观主义的区别罢了。很显然，各个生产单位（人、英亩）的实际性

① 参阅《经济季刊》，1930年3月，第79页，在该页有有关论文的表。其中对我们目前研究最重要的是斯拉法先生1926年的论文和肖甫先生对“讨论”的投稿。

质，使它们从一个工业转向另一个工业的实际所得，和它们所取得的实际租金，决不会因我们对一个生产要素下定义所用的方式而受到影响。肖甫先生的益智图是对现实世界一种有力的说明。但是，他的地图的比例画得太大，不适合我们目前的需要。缩小这张地图的比例尺，我们可以有希望看见我们大陆的轮廓，虽然我们将看不见它沿岸的每一个海湾和海角，可是肖甫先生却必须时时注视地图的各页。绘作生产要素供给曲线的方法只是缩小地图的比例尺，它虽不精确，可是有用。这和肖甫先生并没有任何根本的意见分歧。

和斯拉法先生的区别是另一种区别。在斯拉法先生的世界中，有一个通则：一个生产要素的任何特定单位，不论在使用它的工业或在相邻工业中的效率方面，都和它的相邻单位一样。因此，各种工业的生产要素的供给完全有弹性，就是一个定则了。但在这同质的生产要素的大海里，这里或那里却浮泛着杂物，如煤田或特别适合于块根作物的土壤。这些要素的每一种本身是同质的，但不同于其他生产单位。这样，斯拉法先生只承认肖甫先生的益智图中所包含的生产要素一切可能供给条件中的两种条件。

正是由于这些要素，斯拉法先生提出他那有名的双关论。在这些要素中有些为一个工业所吸收，从而不发生困难。但如我们所知，有些将被几个工业所使用。假定适于根块作物的土地面积有限。芜菁、瑞典芜菁和饲料菾菜都需要这块土地，而这块土地对其他作物的效率很小。如果芜菁业所利用的土地只占该地有限供给的很小的比例，则该业能够扩大，而不会引起土地价格的显著上升。但如它利用很大的一个比例，则在它扩大时，土地价格上升。很可能（虽未必一定），在需要很专门的要素方面相同的一些商品，它们的用途亦将相同。芜菁和瑞典芜菁确是如此。如果瑞典芜菁和饲料萘菜的价格上涨，则它们的代用品芜菁的需求曲线势必提高。因此，芜菁的需求曲线破坏了一条需求曲线所遵守的第一个原则。它并不是和它的商品的供给曲线无关的。这就是斯拉法先生的双关论。如果我们所说的工业规模很小，只利用这种专门要素的一个很小的比例，则此要素将不是稀有要素；如果该业规模很大，使该要素成为稀有要素，则我们的工具就不中用了。

斯拉法先生双关论的第二端对需求曲线所造成的损害，也许不像初看起来那样严重。它不适用于一切场合；即使它适用于一切场合，那也不能造成不可补救的损害。假使我们知道，由于所述工业产量的变动，其他工业方面供给情况可能变动的方式如何，再假使我们知道，其他商品的价格变动所造成的需求曲线的移动，那么，我们就能够给该业的各种规模重新作一条需求曲线了。因此，如果我们对问题的条件有充分的知识，则斯拉法先生双关论的这端所加于需求曲线的创伤是可以补救的。[①]

虽然如此，但很显然，肖甫先生和斯拉法先生之间的分歧导

① 这就是说，如问题中增加一个未知数，则它就可以用增加一个方程式和增加一次（如为几何图示）的方法得到解决。

源于他们所观察的世界的图景。[①] 不可否认，肖甫先生那张较复杂的图景比斯拉法先生的简单图景更近似于现实世界。但是这是一个无法用先验方法来辩论的问题。它的答案只能来自对实际生产要素的统计分析。毫无疑问，斯拉法先生是完全乐于等待统计家的意见的。因为他所关心的不是维护对现实世界的一种特定的看法。他的目的是截然不同的。他所关心的是表明，运用价值的竞争分析的那些经济学家对上升和下降的供给价格有一种很强烈的不自觉的偏爱，唯一的原因是，如果供给价格总是不变，则他们的分析就淡然乏味了。而由斯拉法先生本人所创导的价值的垄断分析却无此私意。如果统计家保证斯拉法先生是对的，并且保证差不多每一个工业都是在成本不变的条件下生产的，则垄断分析工作就会大大地简化。但它不仅不会失效，而且还会增加许多魅力。

① 庇古教授观察的世界似乎不同于二者。他的生产要素本身总是完全同质的，但往往对一些特定工业是稀有的。如果他的图景改变，可容纳较常见的那些要素，如果不谈斯拉法先生的双关论，那么他的生产要素就可以适合斯拉法先生的世界了。庇古教授的某些论证似乎是说（至少对粗心的读者），同质的生产要素很多，例如所有的土地，某业（例如种麦业）占用该要素这样大的一个比例，以致土地的价格随着种麦业的扩展而上升（参阅《福利经济学》第805页）。但这个观念是错误的。任何一业的扩展（除非我们所讨论的是总产量的增加，而这不属于价值分析的范围）必然来自相对需求的变动。如果小麦的需求增加，其他商品的需求减少，则其他商品的产量缩减。从生产其他商品的工业中排除出来的土地可供种麦之用；并且由于麦地和别的土地一样，麦价上涨是没有保证的。但我们没有理由把粗心读者的错误加在庇古教授身上。他作结论的时候，并不取决于他偶见的那个世界的特定景象。

第九章 完全竞争下的供给曲线

一

现在我们必须分析工业规模的增长对企业成本的影响。为了做一条供给曲线，总是有必要作某种关于各企业需求曲线移动的假设；根据每一种可能的假设，就有一条不同的供给曲线。对个别需求曲线可以作出的最简单的假设是：它们是水平线，它们总是向上或向下移动而不改变它们的斜度。总之，最简单的假设就是完全竞争。因此，隔离工业规模变动对成本的影响，就便于讨论完全竞争工业。如我们在第七章所知，在完全竞争条件下，当利润正常时，各企业必然具有最适度的规模。

首先我们将考虑这一场合，其中没有大规模工业的经济出现，并且包括企业家在内的一切生产要素对工业的供给是完全有弹性的。这样，完全竞争条件下所生产的商品的需求增加的影响是显而易见的。各企业都将相同。当需求增加时，价格暂时上升，各企业将把产量增加到边际成本等于新价格的那一点。这时价格大于平均成本，因而获得剩余利润，新企业将加入该业，从而价格将下落。从所有生产要素的供给都是完全有弹性的这一假设中，就可推知：新企业与旧企业相同，较大产量的新平均成本和较小产量的旧平均成本一样。在具有正常利润的均衡状态下，对工业来说，价格等于平均成本，而对个别企业来说，价格既等于平均成本又等于边际成本。对个别卖主说，边际收入等于边际成本，而二者皆等于价格。因为平均成本并不因工业产量的增长而有所改变，供给价格将不变。[①]

二

但是，如我们在上章所知，从某特定工业的观点来看可能出现生产要素稀有的现象。因而工业规模的扩大将引起稀有要素价格的上涨。

在这种局面下，决定供给价格的是什么呢？为了叙述简便起见，我们将假定只有一个稀有生产要素，但是在有几个稀有要素时我们的论证也同样适用。如我们所知，从工业的观点来看，租金就是生产要素边际内的效率单位（Intra-marginal efficiency units）的转移报酬和转移边际上的单位的报酬之差。要素的供给曲线一定，租额是由边际的位置来决定的。因此，租金并不是构成所述场合的原因的一个要素；为了确定商品的供给价格，我们必须研究什么是没有租金这一因素存在时的生产成本。这就是说，为了确定商品的供给价格和工业里面的租额，我们就必须研究边际上

① 此系第7章中所述特殊场合的一例，在那一场合，企业数的增加和产量的增加成比例。

的成本（cost at the margin）。

考察这样一个企业，它只使用生产要素的边际单位，亦即如果它们的报酬略有减少，就被工业停止使用的那些单位。例如，假使稀有生产要素是土地，那么，我们就必须考察在该业认为是处于转移边际的土地上经营的一个企业。该企业的成本中将没有租金的成分，它的每单位产量成本将是该业边际上的成本。这样一种企业的成本必须等于商品价格。因如价格大于此项成本，则使用生产要素中较贵的单位就会有利，而该企业所使用的单位就不是边际单位了。如果价格小于此项成本，则价格不够要素的转移报酬，而这些要素的单位就处于边际之外了。

我们也必须考察集约边际成本（intensive marginal cost）。当工业提供任何一定的产量时，集约边际成本就是借助于一定量的稀有要素，用增加其他要素量的办法来使产量增加一个单位[①]的成本。例如，假使稀有生产要素是土地，我们就必须考察在任何一定的土地上增加产量的那种成本。集约边际成本中也没有租金的成分。此项成本也必须等于商品的价格。因如价格大于此项成本，则借助于一定量的稀有要素增加产量将是有利的，直到集约边际成本上升到和价格相等为止；如果价格小于此项成本，则在一定量的稀有要素下用减少使用其他要素的办法来降低耕种强度将是有利的，直到集约边际成本下降到和价格相等为止。

这样看来，边际上的成本和集约边际成本都必须等于价格，

① 由于产量“增加一个单位”而来的成本增加额，必须被理解为由于产量的很小的增加而引起的成本增加额除以产量的增加额。这一词组以下皆依此意。

从而都必须等于商品的供给价格。随着商品需求的增加，一切生产要素将更多地被工业所使用。当更多的任何稀有要素被使用时。一个边际单位的价格提高，而该要素所有单位的价格（包括租金在内）必须仍等于一个边际单位的价格。因此，增加使用价格没有上涨的要素（这些要素对工业的供给是完全有弹性的）比增加使用价格上涨的要素有利。这就是说，随着产量的增加，稀有要素被更加集约地使用到为各要素在技术上彼此替代可能性所决定的程度，而集约边际成本提高。这样，边际上的成本和集约边际成本都提高，并仍等于商品的价格。供给价格决定于这两种边际，而这两种成本总是相等的。

因此，商品的供给弹性是由两个原因来决定的。它取决于稀有生产要素的供给弹性（随着更多单位的被使用，一个边际单位的成本增加率），和替代弹性[①]，而这种弹性测定各要素在技术上彼此替代的可能性，亦即稀有要素随着它的成本提高而被节约使用的可能性。[②]

① 定义见本书第二十二章。

② 设E为商品供给弹性，E_l为稀有生产要素的供给弹性，η为替代弹性，k为稀有要素成本与总成本的比率。

如所有其他要素的供给都是完全有弹性的，则：

$$E=-\frac{(1-k)\eta-E_l}{k}$$

$$\text{或}(-E)=\frac{(1-k)\eta+(-E_l)}{k}\text{。}$$

$(-E)$为商品供给弹性的数字值。

$(-E_l)$为稀有生产要素供给弹性的数字值。

这结果是卡恩先生帮助我求出来的。

三

边际上的成本和集约边际成本对个别企业的成本究竟有些什么关系呢？我们首先考虑这样一种场合，其中企业家对工业的供给是完全有弹性的，同时其他生产要素例如土地是稀有的。这时各企业的规模将是它的平均成本最小的规模，因为稀有要素（土地）的租金当然必须包括在企业的成本里面，而企业的边际成本和平均成本二者将等于价格。随着该业的扩展和土地成本的变动，各企业最适度的规模（在这种规模下平均成本最小）可以改变，但是，在均衡时，各企业总具有最适度的规模。随着土地成本的上升，如我们所知，更多的其他要素将被用在每单位的土地上面。因此，各企业随着土地成本的上涨而使用较少的土地。

其次，我们所考虑的场合是：企业家是稀有要素，而所有其他要素的供给则是完全有弹性的。这时，边际上的成本就是为处于转移边际的企业家所管理的企业的成本，它将等于该企业的边际成本与平均成本二者。这时稀有要素的最小单位是一个企业家。因此，要找出集约边际成本，我们就必须要考虑增加任何一定企业家所生产的产量的成本，集约边际成本将是一个边际内的企业的边际成本。因此，当企业家是一个稀有生产要素时，价格等于边际上的成本的命题和价格等于一个边际企业的边际成本与平均成本的命题一样。集约边际成本等于价格的命题只是各企业边际成本等于价格这一常见的命题的另一形式。

对所有企业来说，边际成本必须等于价格，但只有对那些边际企业来说，平均成本才等于价格。任何一个边际内企业的总收入和它的总成本（包括企业家的转移报酬在内）的差额，就是企业家的租金。因此，每个企业的企业家的租金是该企业的边际成本与平均成本之差乘产量。如果我们不把这种租金列入企业成本，而在企业成本中只包括企业家的转移报酬，那么，我们就不得不说，只有那些边际企业才具有最适度的规模，因为只有对它们来说所谓平均成本才将是最低的。照这个定义，所有边际内企业都具有大于最适度的规模。但是，使用这个定义会使人误解，原因有二：首先，它武断地区别了企业家的租金和其他要素的租金。当我们从一个企业的观点来看问题时，这种区别显然是自然的，但当我们研究供给曲线时，我们是从整个工业来看问题的，而对工业来说，企业家是一个生产要素，其地位和其他要素一模一样。

其次，边际内企业超过最适度的规模这一论断，带有这样的意思，企业的规模大得有些不合适，它们应当小些。但这种意见自然是十分错误的。当企业家是稀有生产要素时，边际内企业的规模大于定义所谓最适度的规模，这一事实只表明，那些效率成本相对低的企业家在优势上的差别得到充分利用；因此，他们的产量的边际成本并不少于较贵企业家的产量的边际成本。这显然没有什么不合适。边际内企业的产量随着工业产量的扩大而增加的事实只表明，它的相对效率随着边际的外延而增加，同时效率较低（相对于他们的转移成本而言）的企业家也被吸引到工业中来。边际内企业的规模增大反映这一事实：随着稀有生产要素成本的提高，作为稀有要素的企业家的使用是更加集约化了。认为这现象的产生不合适，这是毫无道理的。

所以，把企业家的租金和其他要素的租金列入边际内企业的成本，似乎是更妥善些。在均衡时，各企业的平均成本（包括租金在内）将最低，从这个意义来说，各企业将具有最适度的规模。

这点可图示如下：

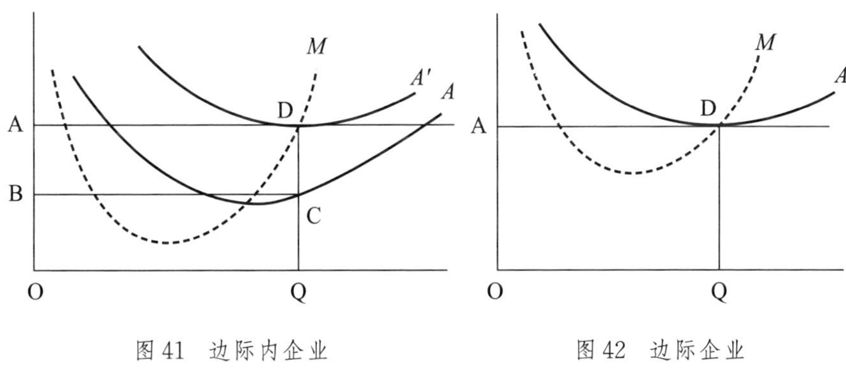

图 41　边际内企业　　图 42　边际企业

第 41 图表示一个边际内企业，第 42 图表示一个边际企业。在各图中，*A* 是企业产量的平均成本（不包括企业家的租金在内），*M* 是企业的边际成本。DQ 为商品价格。

A′ 是企业的包括企业家租金在内的平均成本，而 ADCB 是企业家的总租金。

因为租金的列入在总成本中加上了一个与企业产量无关的总额（假定商品的价格一定），所以，边际成本曲线和 *A′* 及 *A* 交于其最低点。

商品价格既等于边际成本，又等于包括租金在内的平均成本。

最后，我们必须考察有几种稀有生产要素的场合。所有各种稀有要素的边际内的单位，将得到超过转移报酬的租金。商品在边际上的成本将等于只使用一切要素的边际单位的那个企业成本。

当然不必要假定，产品的任何实际部分从所有这些要素的观点来看都是在边际上生产的。一个边际内的企业家可以使用边际土地。但这对结果来说是没有区别的。如果我们想区别总租额中归于每个要素的部分，首先，我们必须确定，如果每块土地由一个边际企业家经营，会有什么剩余；这时此项剩余就都是地租（如没有第三种稀有要素）。其次，我们必须确定，如果每个企业家都在经营边际土地，会有什么剩余；这时此项剩余就都是企业家的租金，等等。这些分配问题并不是我们现在所要研究的，我们所要研究的只是怎样做一条供给曲线，而这曲线是对各种不同的生产要素全部支付的纯结果。

从每个要素的观点来看，集约边际成本是借助于该要素的任何一定部分，用增加其他要素量的办法，使产量增加一个单位的成本。很显然，各个要素的集约边际成本必须等于价格。当然，不论该要素的供给弹性完全与否，这个命题也同样适用。

在各种场合，商品的供给价格等于边际上的成本和集约边际成本。租金拉平价格和借助各要素边际内的单位生产，单位商品的成本之差；供给价格等于包括租金在内的平均成本。

四

上面我们还没有提到肖甫先生告诉我们叫作“大规模工业的经济”对供给曲线的影响。[①] 当一个工业的规模扩大时，它的成本

① 《讨论》，载《经济季刊》，1930年3月，第104页。

降低可以有不同的方式。该业所属各企业可以向在供给价格下降条件下生产的附属工业，购买某些自用装备配件；因此，它的价格随着主要工业对这种装备使用的增加而下降。或者是，随着工业的扩大，它的组织有所改变，各企业在生产过程方面愈来愈专业化；或者是，某种生产要素（例如熟练劳动）在大量被雇用时，变得更加适合于该业的特定需要。[①] 如把完全竞争这一假设追随到它的逻辑结论，则会发现，各种可能经济的范围是很狭隘的，[②] 但它们可以被认为是会发生的，为了完成我们对供给曲线的分析，就必须把它们纳入我们的分析之中。这样做不会引起分析上的任何根本改变。大规模工业的经济所产生的影响将减低各企业的平均成本，并可以改变企业的最适度的规模。不论工业的规模如何，各企业（在均衡时）将具有最适度的规模，价格将等于企业的边际成本和最低平均成本，但各企业的成本可以随着工业规模的改变而改变。因此，随着工业的扩展，稀有要素的存在有提高最适度规模的企业的平均成本的趋势，而大规模工业的经济却有降低最适度规模的企业的平均成本的趋势。相权之下，最适度规模的企业的平均成本可以随着工业的扩展而上升或下降。价格必须等于边际上的成本和集约边际成本（从各种生产要素的观点来看）这一命题不受大规模经济存在的影响。

---

① 参阅附录。在有些场合，随着某要素更多地被使用，它的质量也可能变坏（见附录第 294 页）。由于一种要素更多地被使用而其中一定部分的效率的下降（不是由于它的价格的上涨）而产生的大规模工业的不经济，纯为简单起见，在这里对供给曲线的讨论中和在以后的论证中不加以考虑；我们的分析是很容易用来处理这种现象的。

② 参阅附录。

五

因果关系的序列可总结如下：在均衡时，价格等于企业的边际成本与平均成本。当商品的需求增加时，它的价格上升；因此，各企业的边际收入亦增加，它们的产量增加到它们的边际成本再一次等于价格为止。但那时利润是额外利润，新企业加入该业，产量进一步增加，于是价格又下降，当价格和企业的边际成本与平均成本再一次相等时，均衡就会出现。但工业的扩展可以使企业的成本有所变动。生产要素的追加使用（包括由新企业所代表的追加企业家）势必提高任何一种对该业的供给不是完全有弹性的要素的每效率单位[①]的价格。大规模的经济可以使成本降低，或提高企业的生产设备中某些特定项目的效率，或把工业改组成成本比以前小的企业（抽去稀有要素价格的变动）。这两种相反影响的净结果可以建立一种均衡局面，在这种均衡下，具有最适度规模的企业的平均成本比以前可大可小，供给价格比以前也可高可低。

因此，像某些经济学家那样，认为当供给价格下降或上升时，供给价格由以决定的机构有一种神秘的区别，这种意见是错误的。[②]本质的区别并不是上升的和下降的供给价格之间的区别，而

① 按附录的术语，这不是效率单位，而是“修正的自然单位”。

② 马歇尔的说明比较复杂，一则是由于没有充分体会到市场不完全的重要性，二则是由于过分强调时间因素的重要性。参阅《经济学原理》，第805页：“‘生产的边际’一词在长时期内对那些生产成本随着产量的逐渐增加而下降的商品没有重要意义”。

是完全竞争和不完全竞争之间的区别，是承认时间因素的分析和忽视时间因素的分析之间的区别。这个问题现在已经向前推进了一步。始终按照每个企业必然作为一个垄断者这一命题，我们已经证明，完全市场上供给价格决定的问题只是竞争条件下价格决定的一般问题的一个特例。因此可以看出，完全竞争与不完全竞争的区别只是程度上的区别。和时间的影响相联系的那些问题尚待加以解决，但是，我们在这里不准备去解决它们。

六

第七章分析了商品总需求的变动对个别企业需求曲线的影响，本章又分析了在完全竞争这一特殊场合下工业规模的变动对个别企业成本曲线的影响，把这两种分析结合起来，照本书所保持的抽象程度，就可能分析每一种供给曲线了。但关于上述两种变动的交互作用还须略加说明。

当市场不完全时，企业的分解过程（如我们所知，甚至在完全竞争条件下，它也可以导致大规模工业的经济）十分缓慢，在完全竞争下可能有利的专业化程度在不完全竞争下无利可图。①所以，这里面蕴藏着大规模工业的经济的潜力。导致个别需求曲线改变的商品总需求的增加，通过使以前无利的那种专业化程度变得有利，可以产生解放这些潜在经济的影响。总之，市场不完全比较市场完全时，商品总需求的增加更可能降低各企业的平均成本曲线。

① 参阅附录。

第四篇

垄断产量与竞争产量的比较

第十章 四成本曲线插论[①]

一

可以应用我们的方法来进行的下一任务就是比较垄断产量和竞争产量，这就是说，把由许多独立生产者组成的一个工业的产量，和在相同需求情况下这一工业由一个当局者控制时的产量相比较。我们已经讨论了完全竞争下的供给曲线，并且知道，竞争产量是需求价格等于供给价格的那一产量。但支配垄断产量的成本曲线与支配竞争产量的成本曲线可以显然有所不同。在我们对这个问题进行较仔细地分析以前，我们就无法比较垄断产量和竞争产量。因此，本章是专门讨论成本曲线的。[②]

---

① 四成本曲线在本篇只用于以下三章的比较上，其余各章皆不用。因此愿意略去这一插论和整个第四篇的读者不会有多大的损失。但四成本曲线体系对本书未加讨论的那些问题也是有用的。

② 此处对四成本曲线的论述多有赖于肖甫先生，但他决不能对我的叙述负责，我的叙述和他自己的叙述是截然不同的。肖甫先生的论文《可变成本与边际纯产品》(《经济季刊》，1928 年 6 月）包含有他首次有系统的关于成本曲线的论述。

二

我们已经知道，在完全竞争条件下生产的商品，它的供给曲线是包括租金在内的平均成本曲线。这个命题只不过是一种同义异语罢了，因为它是从工业中的租金的定义推出的。在均衡时，包括租金在内的总成本只是工业的总收入，而包括租金在内的平均成本必然等于价格。但这种平均成本曲线并不是从工业总成本中所能得出的唯一曲线。可以有益地区别开来的成本曲线包括以下四种：

从包括租金在内的总成本中我们可以求出包括租金在内的边际成本，亦即工业总成本因增加一个单位产量的增加额。包括租金在内的边际成本曲线可以叫作 α，包括租金在内的平均成本曲线可以叫作 β，此曲线 β 必须与商品的供给曲线相一致，因为供给价格等于包括租金在内的平均成本。

从不包括租金在内的总成本中可以求出不包括租金在内的边际成本与平均成本。不包括租金在内的边际成本是除了租金以外的工业成本因增加一个单位产量的增加额。不包括租金在内的平均成本是除了租金以外的总成本除以产量的商。不包括租金在内的边际成本曲线和平均成本曲线可分别叫作 γ 与 δ。

从而，曲线 α 边际于曲线 β，曲线 γ 边际于曲线 δ，每双曲线都遵守着第二章所述的支配边际曲线和平均曲线状态的各种法则。

这四条曲线间的关系将有所不同，这要看任何一个要素的任何一定单位的转移价格是否取决于工业所使用的此要素的量而定。首先我们将考察转移价格不取决于该业所使用的此要素的量的场合。

如果我们再假设，由于没有大规模工业的经济，不仅一个要素的各个单位的转移成本，而且它的效率都不以此要素的使用量为转移；那么，不包括租金在内的边际成本等于增加一个单位的产量所需要的各要素追加单位的成本。因为，所使用的各要素的量的增加额是由边际单位组成的，而追加成本中不包括租金的成分。但此项追加成本和边际成本相同，并等于商品的供给价格。因此，表示不包括租金在内的边际成本的曲线 γ（根据我们所作的那两个假设）和商品的供给曲线一致。如我们所知，表示包括租金在内的平均成本的曲线 β 和供给曲线相一致。所以，根据我们的两个假设，γ 与 β 相一致。从而，β 和 γ 边际于 δ（不包括租金在内的平均成本），而 α（包括租金在内的边际成本）边际于 β 与 γ。

数字的例子可以帮助我们说明这些关系。[①]

（1） 产量单位	（2） 总成本不包括租金	（3） 平均成本不包括租金（2）÷（1）	（4） 边际成本不包括租金得自（2）
		δ	$\gamma\ (=\beta)$
9	900	100	—

① 再一次声明，此例是不合理的，但却有用。

续表

(1) 产量单位	(2) 总成本不包括 租金	(3) 平均成本不包括 租金(2)÷(1)	(4) 边际成本不包括 租金得自(2)
10	1,020	102	120
11	1,144	104	124
12	1,272	106	128

边际于 δ 的曲线 γ 是由观察增加一个单位产量的成本增加额求出的。例如，当产量从 9 个单位增加到 10 个单位时，总成本（不包括租金在内）就从 900 上升到 1,020。因此，10 个单位的边际成本（不包括租金在内）是 120。根据我们现在作的假设，曲线 γ 和商品的供给曲线相一致。所以，第四栏是各种产量的供给价格表。从而，如生产 10 个单位，则价格必然是 120；如生产 11 个单位，则价格必然是 124，等等。因此，假定各种产量按照它的相应价格出售，我们可以把此例继续下去。

下表中，α 边际于 β，它们之间的差离代表因增加一个单位产量而引起的生产原先产量的成本的增加额；亦即表示生产 n 时 n 单位的成本和生产 $(n+1)$ 时 n 单位的成本的差。[①] 例如，当生产

① 如 A 为平均成本，M 为边际成本，O 为产量，

$$M=\frac{d(AO)}{dO}=A+O\frac{dA}{dO},$$

$$\therefore M-A=O\frac{dA}{dO}。$$

此系产量增加一个单位时旧产量 O 的成本增加额。

《福利经济学》(第 803 页）中可以看到这种关系，但形式有些含混。

11个单位时，α与β的差是40，因为当产量从10个单位增加到11个单位时，平均成本增加4，所以，10个单位的总成本增加40。α是包括租金在内的边际成本，γ是不包括租金在内的边际成本：因此，$\alpha-\gamma$表示由于增加一个单位产量的租金的增加额。但这里γ与β相一致，所以，$\alpha-\beta$表示租金的增加额。换句话说，根据使γ与β相一致的那两个假设，当增加一个单位的产量时，生产一定产量的成本增加额等于租金的增加额。因此，当生产10个单位并按相应价格（120）出售时，总收入是1,200（第五栏），不包括租金在内的总成本是1,020（第二栏）。租金则为180。同样地，如产量是11个单位，则租金是220，因此，由于产量从10个单位增加到11个单位而引起的租金的增加额是40，这是生产11个单位时α与β的差。

（1）	（5） 总成本包括租金在内（4）×（1）	（6） 平均成本包括租金在内（5）÷（1）=（4）	（7） 边际成本包括租金在内得自（5）
		β（$=\gamma$）	α
10	1,200	120	—
11	1,364	124	164
12	1,536	128	172

β与δ的差是每单位产量的平均租金。因此，如产量是10个单位，则总租金是180，β与δ的差是18。从而，总租金可以看成是总收入减去租金以外的总成本，或（因β与γ相一致）看成是边

际成本减平均成本（二者都不包括租金在内）乘产量。①

租金的边际增加额显然不列入商品的供给价格。如果价格大于个别生产者的边际成本（它将等于整个工业的边际上的成本），则产量总会增加。但每次增加产量将提高所有生产者所付的租金。各个生产者只会受到他自己所使用的稀有要素边际内的单位的租金上升的影响，也就是说，受他所分担的租金增加额的影响。但因（假定竞争是完全的）任何一个生产者的产量在总产量中只占很小的比例，所以他所分担的租金增加额是可以小得不计的。整个工业中的租额的增加对个别生产者将不产生影响，因此，并不列入供给价格。正是不包括租金在内的边际成本，它才等于供给价格，而工业的边际成本（包括租金在内）大于供给价格。

三

上面我们是在没有大规模工业的经济这一假设的基础上进行分析的。现在我们必须取消这个假设，而保留要素单位的转移成本不以工业所使用的此要素的量为转移的假设。

本书关于收益递增和收益递减的附录中有这样一个论点：由于工业规模的增长而来的种种经济，都可以和由于生产设备中某

① 在第42A图中，DQ为产量OQ的供给价格。租金可像马歇尔所表示的那样，用三角形ADC表示，或用矩形ADEB表示。DE（$\beta-\delta$）= 每单位产量的租金。

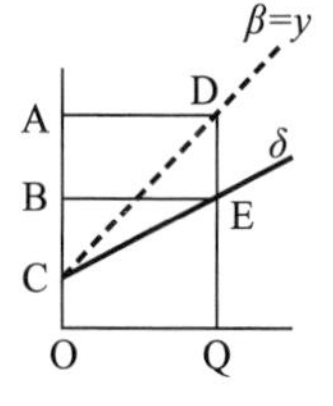

图　42A

一项目（例如机器）当使用得更多时价格变得更贱（其性质不变）而引起的简单类型的外部经济同样处理。因此，我们在本文中将只讨论属于这种简单类型的大规模工业的经济。首先，我们将假定没有稀有生产要素。同时我们将认为，成本的下降是由于，比方说，工业扩展时机器的购价便宜，从而给机器制造商提供了较大的市场，而他们又在供给价格下降条件下进行生产。

商品的供给价格将等于工业的平均成本，等于各企业的平均成本与边际成本，并随着工业产量的增长而下落。在没有稀有要素，从而不付租金的这一假设上，曲线β将与曲线δ相一致（二者都代表平均成本），曲线γ与曲线α相一致（二者都代表边际成本）。

因为δ（或β）是下降的，所以，边际于它的γ（或α）必然位于它之下。

γ与δ的差离，测量生产n时n单位的成本和生产$n+1$时n单位的成本的差。这就是说，它是因增加一个单位产量而引起的平均成本的改变乘原产量。此差可称为因增加一个单位产量而来的派生经济（induced economies）。例如，假使工业产量从100增加到101所引起的经济使平均成本减少1，则因第101个产量单位而来的派生经济就等于100。

其次，我们必须考察这样一个场合，那里既有大规模工业的经济，又有稀有生产要素的存在。随着产量的增加，一个稀有要素的边际单位的成本增加，从而该要素的所有单位的成本（包括租金在内）也增加，但同时每次产量增加就会扩大工业的规模，并减少成本中某种其他成分。这种场合可以用一个虚拟例子来说明。例如，假定长草的土地是稀有要素，但植草业的产量每增加一吨使割草机的价格降低十分之一先令。[①]如果全体生产者每年购买1,000部新割草机，则每增产一吨草就会使花在机器上的总支出减少100先令。这就是说，每吨草有100先令或5镑的派生经济。假定边际土地上生产一吨草的成本是7镑。7镑将是一吨草的均衡供给价格，所有生产者的平均成本（包括租金在内）将是7镑。但是，整个工业的边际成本（不包括租金在内）是7镑减总产量上因增加一吨草而造成的机器成本的减少额。这样，植草业的边际成本（不包括租金在内）是2镑。这个虚拟的例子说明这一事实：当大规模工业的经济出现时，产量增加，工业的边际成本（不包括租金在内）等于追加要素的成本这一命题就不再适用。所用的追加要素的成本，或边际上的成本一定等于供给价格，但工业的边际成本（不包括租金在内）现在比供给价格小一个派生经济额。只有在价格大于个别生产者的边际成本，而个别生产者的边际成本又等于整个工业的边际上的成本时，他才会增加他的产量。但一个生产者的每次增加产量，都会有对所有其他生产者有利的派生经济的作用。个人的行为会受他所分享的派生经济的影响，但因我们是讨论完全竞争工业，所以我们必须假定任何一个生产者在总产量中所控制的部分是很小的。因此，他所分享的派生经济可以小得不计，从而它们不会影响他的行为。必须等于供给价格的是个别生产者的边际成本，如有大规模工业的经济，则工业的边际成本（不包括租金在内）将小于供给价格。β仍与供给曲线相

① 为清楚起见，所假定的派生经济的比率是高得背理的。

一致，但那时γ位于β之下，α边际于β，γ边际于δ。这两对曲线并不是由边际和平均的关系所联结，但如没有稀有要素，则α和γ相一致，β和δ相一致。γ与β的差离测量派生经济，γ与α的差离测量因增加一个单位产量而来的租金的增加额。

四

现在可以把四条曲线的体系列表于下：

（1）α是包括租金在内的边际成本；

β是包括租金在内的平均成本，并与商品的供给曲线相一致；

γ是不包括租金在内的边际成本；

δ是不包括租金在内的平均成本。

根据一个生产要素的任何单位的转移成本不以所使用的该要素的量为转移这一假设，这些曲线之间的关系可归纳如下：

（2）如果没有大规模工业的经济，则：

γ与β相一致；

α边际于γ和β；

γ和β边际于δ。

（3）如果没有稀有生产要素，则：

α与γ相一致；

β与δ相一致；

α与γ边际于β与δ。

（4）如果没有大规模工业的经济和稀有生产要素，则：

γ与β相一致；

α与γ相一致；

β与δ相一致；

∴所有四曲线相一致。

（5）如果有稀有生产要素和大规模工业的经济，则：

所有四曲线都各自分离。

α边际于β；

γ边际于δ。

（6）$\alpha-\gamma=$租金的边际增加额；

$\beta-\delta=$每单位产量的平均租金；

$\beta-\gamma=$派生经济。

（7）如果没有大规模工业的经济，但有一个稀有要素，则供给价格必然上升。β（$=\gamma$）必然上升，α必然位于β之上。δ位于β之下，而且也是上升的。

如有大规模工业的经济，但没有稀有要素，则供给价格必然下降。β（$=\delta$）必然下降，α（$=\gamma$）位于β之下。

如既没有大规模工业的经济，又没有稀有要素，则供给价格不变，所有四曲线相一致，且为一水平线。

（8）如既有大规模工业的经济，又有稀有要素，则供给价格可以上升、下降或不变。

如租金的增加额（$\alpha-\gamma$）大于派生经济（$\beta-\gamma$），则供给价格将上升，β将上升，α将位于β之上。

反之，如（$\alpha-\gamma$）小于（$\beta-\gamma$），则β将下降，α将位于β之下。

如租金的增加额（$\alpha-\gamma$）恰等于派生经济（$\beta-\gamma$），则供给价格不变，而α与β将合成一条水平的直线。[①]

不论价格上升、下降或不变，γ将位于β之下，其距离是由派生经济来决定的。

五

上面我们假定一个生产要素的任何单位的转移成本，不以所使用的该要素的量为转移。尚待加以研究的是取消这个假定以后的四成本曲线之间的关系。如果要素都是同质的，因而所有单位的转移成本相等，则租金将不存在。但要素的成本随着对这一要素使用的增加而上升，因为它在其他工业中的报酬随着它更多地被扩展着的工业所吸收而有所增加。因为没有租金，无论有没有大规模工业的经济，β与δ，α与γ都相一致。β可以上升或下降，这要看稀有要素成本的上升超过或落后于大规模工业的经济而定。α（$=\gamma$）与β（$=\delta$）的差离将测量生产n时n单位的成本和生产$n+1$时n单位的成本之差。如果没有大规模工业的经济，则此差将等于由于增加足以加添一个单位产量而已经使用的稀有要素的成本增加额。如果没有稀有要素，则它将等于（如我们在上面所知）派生经济。但如既有大规模工业的经济又有稀有要素，它

① 在这种不变的供给价格（其中因没有大规模生产的经济和稀有要素，所有四条成本曲线相一致）和那种不变的供给价格（其中因稀有要素而来的成本上升，恰为大规模经济所抵销，因而只有β与α相一致）之间的差，相当于斯拉法先生的不变成本与马歇尔的不变成本之间的差。参阅斯拉法的论文，《经济季刊》，1926年12月，第541页注。

就不能分别测量二者中的任何一种了。[①]

如果稀有要素不是同质的，因而有租金存在，则稀有要素的成本随着使用量的增加而增加，一则是由于一个边际单位的效率，相对于它的价格而言，随这种要素使用量的增加而减少，一则是由于边际内的单位的转移成本提高。β仍须代表边际上的成本，但如没有大规模工业的经济，则γ（不包括租金在内的边际成本）与β相一致这个命题不再适用。如没有大规模工业的经济，则β将上升，γ将位于β与α之下；$\gamma-\beta$将代表生产n单位时产量增加第$n+1$个单位而引起的成本（不包括租金在内）的变动。这就是说，当使用量增加得足以增加一个单位产量时，它将测量那些已被使用的要素的转移成本的变动。如果同时有大规模工业的经济，则γ可以位于β以上或以下，并且如果已被使用的要素的转移成本的变动正好为派生经济所抵销，则γ与β将一致。

① 我们所研究的是庇古教授所设想的那种递增成本，对一个不懂数学的读者来说，这些示意对于解释有关《福利经济学》的附录Ⅲ也许不无帮助。当然，附录的结论并不取决于这四条曲线之间的关系，但庇古教授似乎设想了一种世界，其中α与γ永远一致。

第十一章 垄断产量与竞争产量的比较

一

上章讨论以后，我们获得下列四条曲线：

α，包括租金在内的边际成本；

β，包括租金在内的平均成本；

γ，不包括租金在内的边际成本；

δ，不包括租金在内的平均成本。

现在就可能比较垄断产量和竞争产量了。我们将以完全竞争工业作为我们比较的基础。在任何实际场合下，充分满足完全竞争的条件是不可能的。如果我们要比较现实世界中的竞争条件和垄断条件，例如，假使我们要研究合理化对竞争工业的影响，实际上我们就要比较不完全竞争的条件与垄断的条件。但如我们把绝对的完全竞争当作出发点，则关于所谓竞争产量，我们就会有简单而明确的概念，而比较也可以在它的最简单形态上来进行。

为了对某特定工业的竞争产量与垄断产量作理论上的正确比较，有必要作一些很严格的假设。首先，我们必须对我们所考察的商品的意义有明确的概念；其次，如果我们想讨论这样一个问题：假使迄今由各竞争企业生产的某种商品被垄断之后，则产量和价格将会怎样？那么，我们必须假定，商品的需求曲线和任何一定产量的生产成本，都不因这种变动而变动。这些假设在任何现实情况下未必能够实现，在研究实际事例时，必须要考虑到需求和生产效率的变动。在它们不变这一假设上，垄断产量和竞争产量之间的关系是很容易确定的。

二

如果没有稀有生产要素和大规模工业的经济，则四条曲线都相合成一条水平线。垄断者使他的边际成本等于边际收入；在竞争条件下，平均成本等于价格，而垄断者的边际成本等于他的平均成本和竞争工业的平均成本。根据第二章所述的几何关系，如需求曲线是一直线，则垄断产量是竞争产量的二分之一。如需求曲线是凹形，则垄断产量小于二分之一的竞争产量。如需求曲线是凸形，则垄断产量大于二分之一的竞争产量。

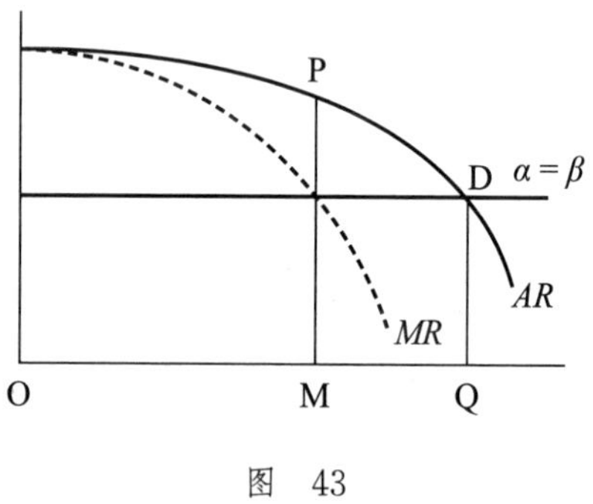

图　43

第 43 图代表需求曲线是凸形的场合。

OM 为垄断产量，OQ 为竞争产量。

OM 大于$\frac{1}{2}$OQ。

但是，由于递增和递减的成本的存在，就使比较对照复杂起来。垄断者的产量将是边际成本等于边际收入的那一产量，这种论断是普遍有效的；无论成本不变、递减或递增，它都同样适用。但我们现在已经知道，边际成本并不是一个简单概念。α、β与γ各曲线在不同意义上都表示边际成本。究竟哪一条曲线是表示垄断者所要考虑的边际成本呢？在我们回答这个问题以前，我们必须考虑垄断者对他所使用的要素是否一定得付租金。我们很快就会知道，在有些场合下，他未必这样做。如果垄断者对任何稀有要素支付全部的租金，那么，根据采用单一管理决不改变生产方法的这个假设，垄断者各种产量的平均成本和竞争下的平均成本一样；这就是说，它们和各种产量在竞争下的供给价格一样，而垄断者的边际成本曲线边际于竞争供给曲线。竞争供给曲线是β（包括租金在内的平均成本），边际于供给曲线的曲线是α（包括租金在内的边际成本）。如需求曲线和供给曲线都是直线，不论供给曲线上升或下降，垄断产量将是竞争产量的二分之一。

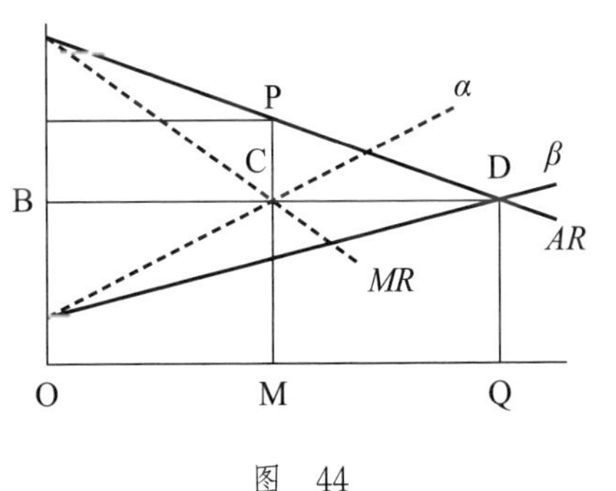

图　44

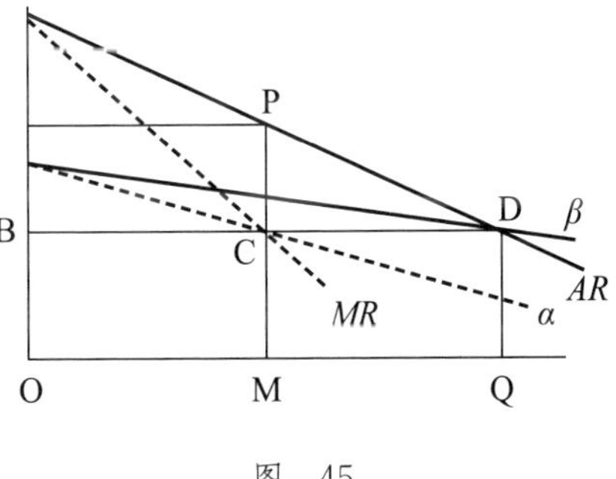

图　45

设D为竞争均衡点。

作DB垂直于y轴，交y轴于B，并交边际收入曲线于C。

则BC = CD。

曲线α亦交边际收入曲线于C。

所以，垄断产量（OM）等于竞争产量（OQ）的二分之一。[①]

不论需求曲线和供给曲线的斜度如何，垄断产量必然等于竞争产量的二分之一。在成本下降条件下，供给曲线当然不可能全是直线，因为这意味着，在一定产量以后，边际成本变成负数。但在为比较所必需的产量范围内假定供给曲线是一直线，这并不是不可以的。

如果供给曲线是凹形，而需求曲线是一直线，不论供给价格上升或下降，垄断产量大于二分之一的竞争产量。

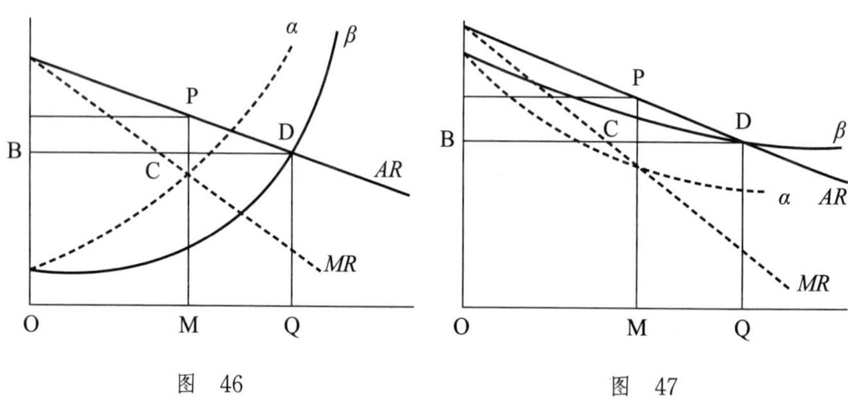

图　46　　　　图　47

当供给曲线上升时，α将交BD于C之右。当供给曲线下降时，α将交BD于C之左。因此，在两种场合，它都与*MR*

① 此结果已为人所熟知，参阅庇古:《福利经济学》，第108页。

交于C的右下端。所以，由于BC＝CD，垄断产量（OM）将大于二分之一的竞争产量（OQ）。

反之，如供给曲线是凸形，而需求曲线是一直线，则垄断产量将小于二分之一的竞争产量。

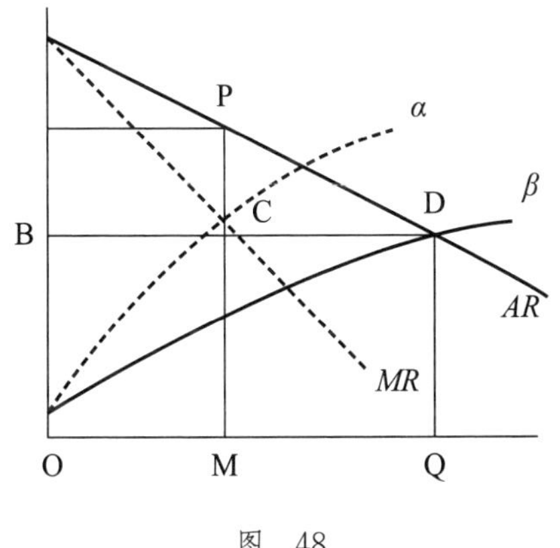

图　48

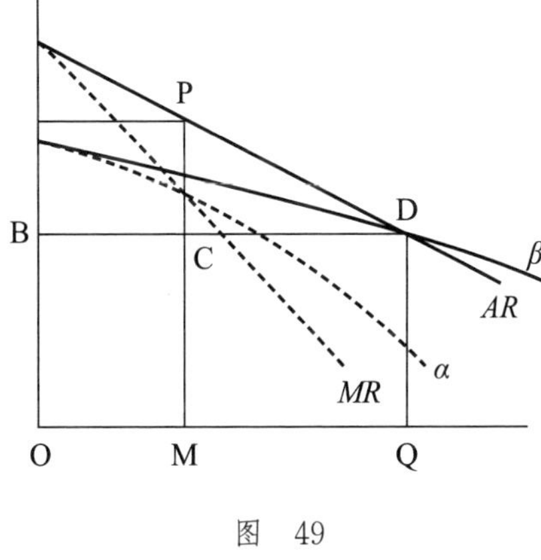

图　49

当供给曲线上升时，α将交BD于C之左，当供给曲线下降时，α将交BD于C之右。因此，在两种场合，α与*MR*交于C的左上端，垄断产量（OM）将小于二分之一的竞争产量（OQ）。

同样可以证明，当供给曲线是一直线时（不论成本上升、下降或不变），如需求曲线是凹形，则垄断产量将小于二分之一的竞争产量，如需求曲线是凸形，则垄断产量将大于二分之一的竞争产量。

这样，我们知道，凹形供给曲线和凸形需求曲线使垄断产量对竞争产量的比例提高。而凸形供给曲线和凹形需求曲线则使垄断产量对竞争产量的比例降低。

如需求曲线是凹形，供给曲线是凸形，则垄断产量必然小于二分之一的竞争产量。如需求曲线是凸形，供给曲线是凹形，则垄断产量必然大于二分之一的竞争产量。在这种场合，随着产量的增加，价格按递加的比率下降，成本按递加的比率上升。因此，这是实际上很可能出现的一种场合。[①]

如需求曲线和供给曲线都是凹形，或都是凸形，则垄断产量可以等于、大于或小于二分之一的竞争产量。

在所有这些场合下，很显然，垄断产量不能大于竞争产量。因如垄断产量大于竞争产量，则需求曲线必须位于供给曲线（此线代表垄断者的平均成本）之下，因而大于竞争产量的任何产量出售时必然遭受损失。[②]垄断产量充其量可以等于竞争产量。像第 50 和 51 图所述的场合，如需求曲线或供给曲线起初具有充分弹性，后来变得完全没有弹性，则垄断产量就可以等于竞争产量。

这些可以看作是凸形需求曲线和凹形供给曲线的极限事例，不论凸形或凹形都有产生垄断产量对竞争产量的高比例的趋势。如果需求曲线除它与供给曲线的切点外完全位于供给曲线之下，则垄断产量也可以等于竞争产量。因而只有一种产量可以生产而不致遭受损失，[③]而它必然是在垄断和竞争下都可以生产的那种产量。

---

① 就垄断化使成本曲线不变的任何场合极易发生而言。

② 就平均曲线相交的那一产量来说，边际收入曲线位于边际成本曲线之下，从而，边际收入曲线必然从上面在较少产量处与边际成本曲线相交。

③ 对一个竞争工业来说，这只是偶然出现的情况，但如我们在上文所知，这是一个获取正常利润的工业中企业的普通情况。

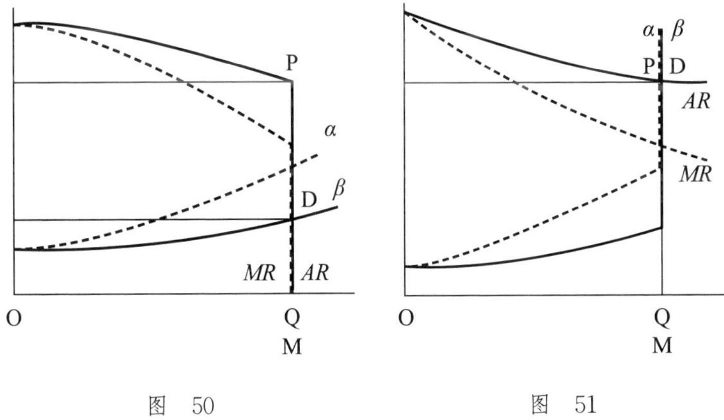

图　50　　　　图　51

因此：

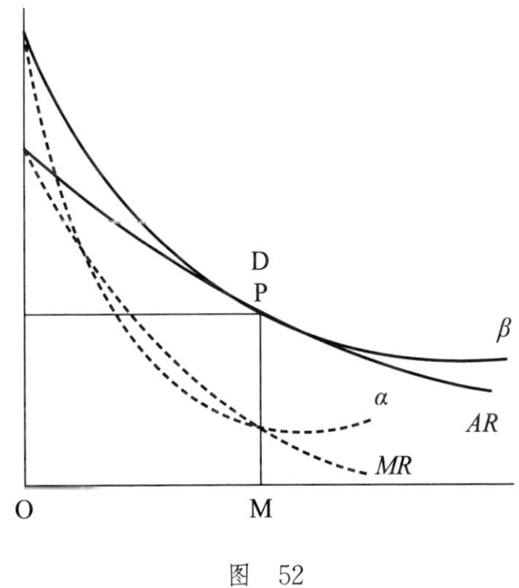

图　52

这可以看作是垄断产量必须接近于竞争产量的情况中的极限事例，因为除很小的产量范围外，需求曲线位于供给曲线之下，因而超过这个范围的产量只能亏本出售。

三

上面我们假定，垄断者使用稀有生产要素时，支付全部的租金。但情况未必总是如此。如果稀有要素是土地，则垄断者往往不计算地租，而只计算转移成本，只因为土地是他自己的。而且，即使垄断者的土地是租来的，但他所使用的土地属于许多分散的地主，他也不必支付全部地租，因为他可以和各个地主分别议价。垄断者在土地最有利的用途方面控制着对土地的全部需求。如果土地不归他使用，它就只得到别处谋取较低的报酬。所以，垄断者能对各个地主提供土地的转移报酬，这就是说，他付给土地在它的稍逊的最有利用途中所能获得的那种报酬；如果地主拒绝垄断者对他那块土地所出的转移价格，则他会发觉，把土地租给别的生产者对他也没有多大好处，因为别的生产者一定属于他的土地的适用性不如此之大的那些工业的。另一方面，垄断者对任何一块地基付给该地基在他的工业里所获得的全部租额，而不弃而不用，这对他也是有利的。所以每块土地的报酬都有上限和下限，而它必处于土地的全部租金和它的转移报酬之间。对处于转移边际的土地来说，上限和下限一致。垄断者对每块土地所付的实际价格将取决于他的议价能力（相对于各个地主的议价能力而言）。[①]为了树立他是一个严苛的议价者的名声，垄断者会宁肯不用任何

① 关于销售方面完全价格歧视的类似场合的讨论，参阅庇古：《福利经济学》，第280页。

一块地主坚持索取高于土地转移报酬的价格的地基；用这种手段，他可以如此削弱其他地主的抵抗（他们的行动不一致），以致对他所使用的土地不付任何租金。在其他场合下，他将不得不付部分的租金，但总的说来，他似乎不必对所有土地都支付全部的租金。

如稀有要素是劳动，则垄断者要不付租金就不是那么容易了。凡是从工业的观点看具有一定效率等级的劳动通常都要付以同等的工资；和各个工人分别议价是麻烦而复杂的。[①]但是，就非熟练工人来说，这样做也许是可能的；而就职员的高级劳动来说，因为通常都是和个人分别议价，这种情况和土地十分相似，垄断者往往可用不超过职员的转移报酬的代价，获得他们的服务。

如稀有要素是企业家，而垄断又是由以前各竞争企业形成的卡特尔构成，则垄断组织的目的将在于把他们得到的全部盈余扩大到最大限度，而企业家的租金显然不应该当作生产费的一部分，而应该当作垄断利润的一部分。这样，有许多场合，垄断者是不付租金的。

为了确定垄断者不付租金时的垄断产量，我们假定各个生产单位的转移成本不以工业的规模为转移。[②]首先我们讨论没有大规模工业的经济的场合。

不论什么时候，如垄断者对他所使用的稀有要素完全不付租

① 但关于对效率不同的工人付以相同的日工资的事例，参阅第二十四章。

② 从而，上章第4节所述的四成本曲线之间的关系可以适用。为简单起见，此假设在本章其余各节仍旧保留，但如取消这一假设而利用上章第5节的结果，也可以进行比较。

金，则他的边际成本就是该业不包括租金在内的边际成本，并由曲线γ来表示。如我们所知，如没有大规模工业的经济，则γ与β相一致，因为那时竞争工业的平均成本等于不包括租金在内的边际成本。所以，垄断者的边际成本将由曲线β来表示。如果垄断者对任何要素只付租金的一部分，而不是全部，或者他对有些稀有要素付全部租金，而对另一些稀有要素不付租金，则他的边际成本将略大于竞争工业的平均成本，但小于包括租金在内的边际成本，而他的边际成本曲线将位于β与α之间。因此，很显然，当垄断者对任何稀有要素所付的租金小于全部的租金时的垄断产量，比他付全部租金时的垄断产量，在竞争产量中将占较大的比例。例如，假使需求曲线和供给曲线都是直线，他所生产的产量将大于二分之一的竞争产量。在他完全不付租金，因而他的边际成本由曲线β来表示的简单场合，还可以看出的是，如果需求曲线是一直线，不论供给曲线的形状如何，他的产量将超过二分之一的竞争产量。如第53图中，

因需求曲线是一直线，BC = CD。但β与MR必然交于C之下，所以，$OM > \frac{1}{2}OQ$。

我们知道，在垄断者支付全部租金的那些场合（因而他的边际成本曲线边际于竞争供给曲线），如需求曲线和供给曲线都是直线，则垄断产量对竞争产量的比率不以它们的斜度为转移。在我们现在所考虑的场合，可以

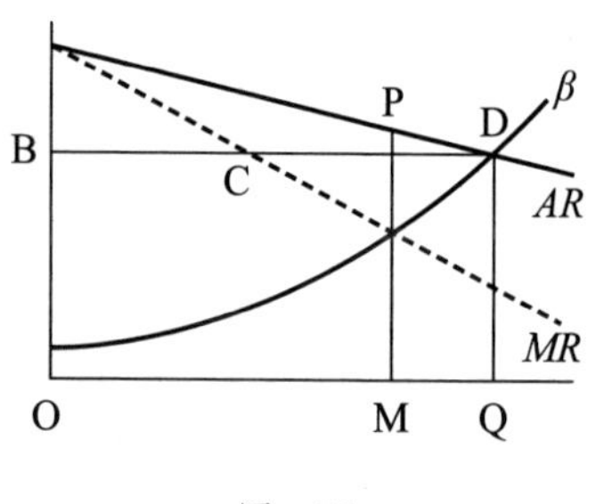

图　53

看出，在竞争点的需求弹性愈大，供给弹性愈小，则垄断产量对竞争产量的比率就有愈大的趋势。[①]

但是，即使垄断者不付租金，他的产量也不能超过竞争产量。在竞争均衡点，供给曲线（它代表垄断者的边际成本）从下面和需求曲线相交，因此大于竞争量的任何产量，它的价格（边际收入更是如此）必然小于边际成本。在极限场合，如果对充分的价格范围来说供给完全没有弹性，则垄断产量可以等于竞争产量。

四

现在我们必须考察既有稀有要素（垄断者对它们不付全部租金），又有大规模工业的经济的场合，同时仍旧假定各个生产单位的转移成本不以工业的规模为转移。为简单起见，让我们假定垄断者完全不付租金。从而，边际成本由曲线γ来表示（不包括租金在内的边际成本），而垄断产量将由γ与边际收入曲线的交点来决定。

曲线γ将位于曲线β之下，其距离取决于各点的派生经济额；

① 分析垄断者不付租金的场合是十分重要的，因为它可以用来代表短期供给的场合。在短期内，工业中的资本投资，从事于这一工业的企业家人数，以及生产组织都假定不变。从而，竞争供给曲线是边际主要成本曲线，而这也是垄断者的边际成本曲线。因此，短期条件下产量的限制必须用上面的分析（其中垄断者的边际成本曲线与竞争供给曲线相一致）来研究。垄断产量将是边际主要成本等于边际收入的那一产量，超过主要成本总额的剩余最大；竞争产量将是边际主要成本等于价格的那一产量，二者的比例将取决于供给与需求的弹性。

如有稀有要素，此二曲线彼此并没有平均与边际的关系。

因为垄断者的边际成本曲线（γ）现在位于供给曲线（β）和边际于供给曲线的那一曲线（α）之下，很显然，如果需求在竞争点具有充分弹性，则垄断产量可以大于竞争产量（如第55图）。需求在竞争点的弹性愈大，派生经济额愈大，则产生这种现象的可能性也就愈大。[①]

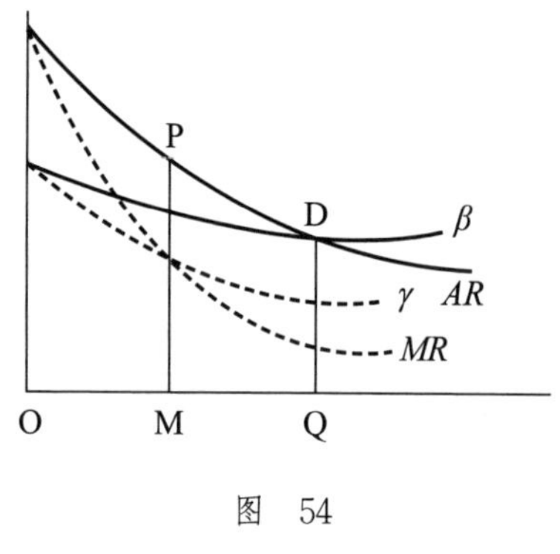

图 54

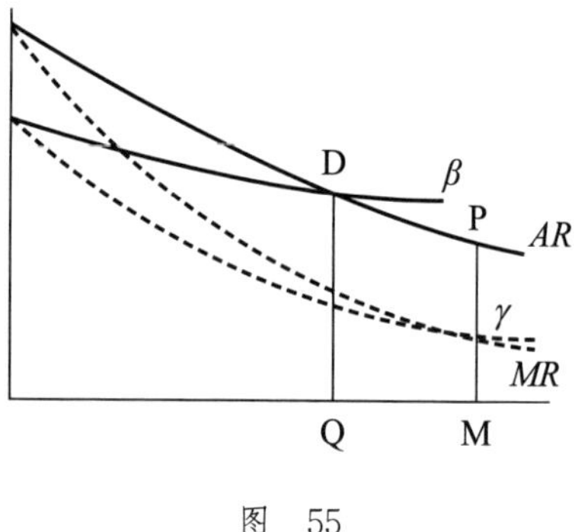

图 55

五

现在已经证明，如垄断者对稀有要素付全部租金，即使有大规模工业的经济，垄断产量也不能大于竞争产量。如有稀有要素（垄断者对它不付租金），但没有大规模工业的经济，则垄断产量

① 当派生经济额是这样的，以致如没有稀有要素（从而，竞争工业没有租金），则供给的弹性与需求的弹性相等的时候，垄断产量将等于竞争产量。如派生经济额比这大，则垄断产量将超过竞争产量，反之则反是，不论供给的实际弹性如何。在派生经济额一定的条件下（如γ与β二曲线之间一定的垂直距离所表示），供给弹性愈小，则垄断产量愈接近于竞争产量。

还是不能大于竞争产量。但是，如既有大规模工业的经济，又有稀有要素（垄断者对它不付全部租金），则垄断产量可能超过竞争产量。这两个条件中任何一个本身都不是充分条件，只有二者结合才能形成垄断产量大于竞争产量的局面。这结论看起来似乎有些奇怪，但略加思考，就知道它是与常识一致的。如有大规模工业的经济，但垄断者付租金，则他的平均成本等于供给价格，因此，对超过竞争产量的任何产量来说，价格将小于垄断者的平均成本。如垄断者不付租金，但没有大规模工业的经济，则垄断者的边际成本等于供给价格，因此，对超过竞争产量的任何产量来说，价格（尤其是边际收入）将小于垄断者的边际成本。但如既有大规模工业的经济，又有稀有要素（垄断者对它不付租金），则垄断者的平均成本与边际成本都小于竞争供给价格，从而，垄断者可能生产大于竞争产量的产量。

因此，只要有稀有要素（垄断者不付全部租金），同时又有大规模工业的经济时，垄断产量才可能大于竞争产量。而在所有其他场合，如我们所知，垄断产量（在极端的假设下）可以等于竞争产量，但永远不能超过它。

第十二章 比较述评

一

上章对垄断产量和竞争产量的比较，使我们有可能澄清一种通常的混乱。人们常说，垄断者的产品的需求弹性愈大，成本下降率愈快，则他将愈少限制产量，或者，需求弹性愈小，成本上升率愈快，则他就愈多限制产量。[①] 从表面上看来，这些命题似乎是持之有故的，因为很显然，他的商品的需求弹性愈小，由于缩减产量而节约的成本愈多，则限制产量会使他的利润更多。但如我们考察需求曲线和供给曲线都是直线的场合，则上述命题的荒谬便十分明显。如我们所知，在那种场合，不论需求弹性和成本上升或下降率如何，垄断者限制产量的程度都完全相同。它的错误就在于认为限制将一直进行到限制最为有利之处。例如，假使有两种场合，其中一种场合的需求弹性大于另一种场合，则人们认

① 参阅马歇尔:《工业和商业》，第404页；陶西格:《经济学原理》，第200—204页。这几页都没有明确地提出这些错误命题，但似乎都暗示作者的思想中存在着这些命题，它们所给予读者（例如，研究经济学的大学生）的印象很可以用文中的错误见解来说明。

为，因为在需求弹性较大的场合，限制产量将使垄断纯收入减少，所以在那个场合，限制的程度将小于垄断纯收入较大的场合。但这是一种错误的推论。由垄断某种商品所能获取的利润，当然是极其重要的，因为在其他条件不变的情况下，由垄断所能获取的利润愈多，则垄断形成的可能性也愈大。但垄断一经建立，只因限制在某一场合比在另一种场合有利，则某一场合的限制程度将不会大于另一种场合。垄断者可以被认为是选择给他提供最大纯收入的那种产量的，在各种场合，他将把产量限制到在那一特定场合比任何别的产量能提供较大的纯收入的程度。但是，没有理由认为纯收入最大的产量（如垄断者已碰中时）将是纯收入最大的那些场合中的最小产量。

上章所述的比较已经说明，垄断者限制产量的程度不能简单地和供求弹性联系在一起。例如，假使垄断者对他所使用的稀有要素支付全部租金，因而他的边际成本曲线边际于竞争供给曲线，并且如果需求曲线和供给曲线都是直线，那么，不论二曲线的斜度如何，垄断产量总是竞争产量的二分之一。如果供给曲线是一直线，而需求曲线是凹形，那么，成本下降得愈快或上升得愈慢，垄断产量对竞争产量的比例也就愈小；[①]只有在需求曲线是凸形时，成本下降得愈快，垄断产量也就愈小，才是正确的。同样，如果需求曲线是一直线，而供给曲线是凸形，那么，需求弹性愈大，垄断产量对竞争产量的比例就愈小；只有在供给曲线是凹形时，需求弹性愈大，垄断产量也就愈大，才是正确的。

① 这些和以下的命题都没有图解。读者自己作这些图解不会有什么困难。

因此，认为垄断产量和竞争产量的关系只取决于供求弹性的这种一般见解是错误的。但这种一般错误意见在某些特殊场合偶然好像也是正确的。

二

可以对比较作一正确的概括来代替这些错误的命题。我们已经知道，在一定的竞争产量下，垄断产量因需求曲线的凹形而有缩减的趋势，因供给曲线的凹形而有增加的趋势。这就是说，如果二曲线的斜度随着产量的缩减向着有利于垄断者的方向改变，就会鼓励他进一步缩减产量。例如，假使需求曲线是凹形，产量的每一连续缩减就会使价格的绝对上升越来越高，而这就有提高产量限制程度的趋势。供给曲线凸形的影响也是一样，因为在凸形供给曲线下，产量的每一连续缩减将使平均成本的绝对上升（在成本下降条件下）越来越小，成本的绝对下降（在成本上升条件下）越来越大。

相反地，如果需求曲线是凸形，因而产量的每一连续缩减使价格的上升越来越小；或者，如果供给曲线是凹形，因而产量的每一连续缩减使成本的上升（在成本下降条件下）越来越大，使成本的下降（在成本上升条件下）越来越小，则产量的限制程度有降低的趋势。如需求曲线和供给曲线都是直线，则产量的每一连续缩减使价格的上升相同，使成本的上升或下降相同，而限制的程度不以两曲线的斜度为转移。

三

上述命题只在这一假设下才是正确的：垄断者的平均成本和各种产量的竞争供给价格相同，因而垄断者的边际成本曲线边际于供给曲线。在有一个稀有要素，而垄断者对它不支付全部租金的场合下，这些命题都不适用。我们知道，如不付租金，在竞争点上的需求弹性愈大，垄断产量对竞争产量的比例就有愈大的趋势。在极限场合下，那里需求弹性是无限大，如没有大规模工业的经济，则垄断产量等于竞争产量。需求弹性愈大，则垄断产量也愈大，这个错误的概括在垄断者不付租金的场合偶然也是正确的。但供给弹性愈小，则垄断产量也愈少，这一相应的论断却是真理的反面。如不付租金，而又没有大规模工业的经济，则垄断者的边际成本曲线与竞争供给曲线相一致，并且（在一定的竞争产量下）供给弹性愈小，则垄断产量将愈多。在供给完全没有弹性的极限场合，垄断产量将等于竞争产量。①

① 在既有不付的租金和一定程度的大规模工业的派生经济的场合下，供给弹性愈小，垄断产量就愈接近于竞争产量。如垄断产量小于竞争产量，则供给弹性愈小，它将愈大。如垄断产量大于竞争产量，则供给弹性愈小，它将愈小。如它等于竞争产量，则它将不以供给弹性为转移（在各种场合下都假定派生经济的程度不变）。

第十三章　垄断价格的控制[①]

一

规定法定最高价格对垄断者的影响可以用我们的分析工具来说明。[②]

当一种最高价格规定以后，需求（从垄断者的观点来看）直到按该价格所能出售的产量就成为完全有弹性的。超过这一产量，需求曲线和边际曲线又恢复常态。例如：

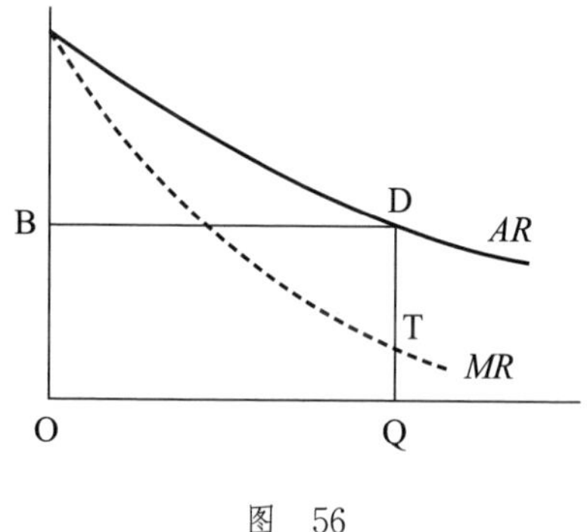

图　56

AR 与 *MR* 为原来的平均曲线与边际曲线。

如 OB（等于 QD）为法定价格，则 OQ 为该价格下需求的产量，QT 为相应于产量 OQ 的边际收入，因而新平均收入曲线为 BD，

---

① 本章对纯分析方法问题不感兴趣的读者并不十分重要。

② 以下结果大多数是已经为人所熟知的（参阅庇古:《福利经济学》，第 21 章，第 11 节和附录 3，第 23 节），但我们将会看到，用边际分析方法来进行这一研究，将比我们不得不限于直线形曲线时所达到的程度更前进一步。

直到D和D的右端，它与*AR*相一致；新边际收入曲线为BDT，并在T的右端与*MR*相一致。

控制价格的目的就在于从垄断者那里得到最大可能的产量。如平均成本随着产量的增加而下降，则规定需求曲线和他的平均成本曲线的交点所决定的价格为法定价格，就会达到这个目的。如果规定的价格较低，则垄断者不可能收回他的平均成本，从而不生产任何产量。如果规定的价格较高，则垄断者将生产按该价格所能卖出的任何产量，除非此价格高于垄断价格，在这种场合下，限制不发生效力，因为垄断者宁愿照垄断价格出售。可见，能够规定的最低有效价格是平均成本等于需求价格的那一价格，因此这就是产生最大产量的法定价格。

如果供求情况在竞争条件下跟在垄断条件下完全相同，则从垄断者那里得到最大产量的价格就是竞争价格。这个论点也同样适用于不提竞争而孤立加以考察的垄断场合，但在目前讨论中，用“竞争产量”来表示平均成本等于需求价格的那种产量，用“竞争价格”来表示购买竞争产量的价格是便利的。

成本下降条件下的法定价格可以说明如下：①

β与α为平均成本与边际成本曲线，*AR*与*MR*分别为原来的平均收入曲线与原来的边际收入曲线，QD为法定价格。则直到产量OQ为止，新平均收入曲线为BD，新边际收入曲线为BDT。超过产量OQ，新平均收入曲线和边际收入曲线

① 规定竞争价格时，可由垄断者那里获得最大产量。这一命题的下述证明本无必要，但为与下文取得一致，故仍列入。

皆与旧曲线相一致。

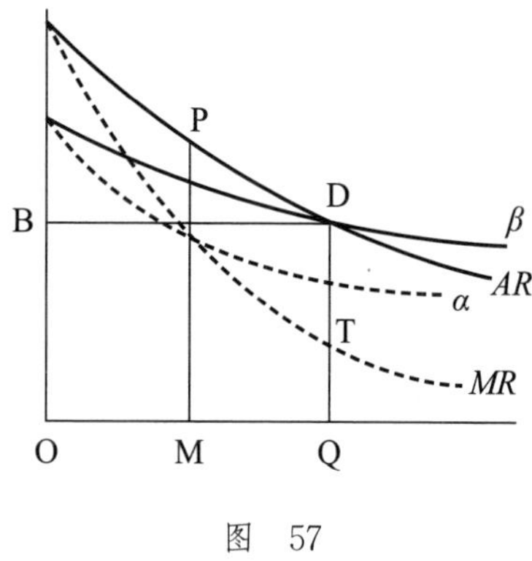

图　57

OM为不加控制的垄断产量，MP为不加控制的垄断价格。如DQ为法定价格，则产量必然是OQ，因α（边际成本曲线）必然与新边际收入曲线交于D与T之间。

这个结论是由这一事实推出来的：在D点β（平均成本曲线）的斜度小于*AR*（需求曲线）的斜度，因而产量OQ的边际成本必然大于边际收入QT。

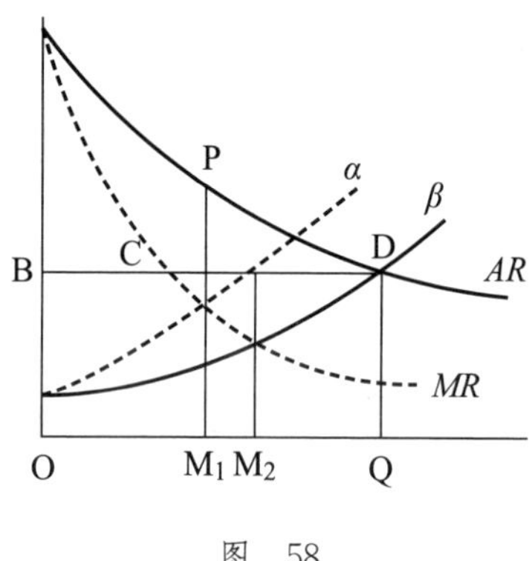

图　58

OB = DQ = 法定价格。

OM_1 = 旧垄断产量。

OM_2 = 新垄断产量。

M_1P = 旧垄断价格。

*MR*与BD交于C。

在成本下降的条件下，把竞争价格规定成最高价格就能从垄断者那里引出竞争产量来。但在成本上升的条件下，这种办法就不灵了。如果把竞争价格规定成最高价格，则垄断者的产量将小于竞争产量（假定他对稀有要素付租），因为他将只生产到边际成本等于价格的那一点。例如，新垄断产量将是边际成本等于法定价格的那一产量，亦即（如图所示）α（边际成本曲线）与BD线的交点的产量。如果α与BD交于C之右，则新垄断产量大于旧垄断产量，如果α与BD交于C之左，则新垄断产量小于旧垄断产量。因此，如果需求曲线和成本曲线都是直线（因此，α与BD交于C），则新垄断产量等于旧垄断产量（是竞争产量的二分之一）。如需求曲线和成本曲线都是凹形（如图所示），则α必与BD交于C之右，所以，新垄断产量将大于旧垄断产量，但仍小于竞争产量。如果需求曲线和成本曲线都是凸形，或成本曲线是凹形，而需求曲线的凸度充分，则α交BD于C之左，因此，新产量将小于旧产量。虽然垄断价格由于规定最高价格而降低，但产量势必缩减。[①]

这样看来，当成本上升时，如果把竞争价格强加在垄断者身上，则产量将小于竞争产量；由于在该价格下需求将超过供给，所以，除非主管机关实行配给制，就不可能维持法定价格。

尚待加以探讨的是，在成本上升条件下，怎样一种价格才能保证最大的产量。如果法定价格小于边际成本曲线和需求曲线的交点上的价格，则垄断者将生产边际成本等于价格的那一产量。如果法定价格大于边际成本曲线和需求曲线的交点上的价格，则垄断者将生产按法定价格所能销售的产量，除非法定价格大于垄断价格，因为在这种场合，法定价格就不起作用了。

---

① 总的说来，这些条件（其中新产量小于旧产量）比新产量大于旧产量的那些条件实现的机会少。当庇古教授说，如果把价格固定在垄断价格与竞争价格之间，则产量很可能大于垄断产量时，他似有此意。如垄断产量由于把竞争价格作为法定价格而缩减，则就高于这个价格的那些价格的一定范围来说，垄断产量也会缩减。但发生这种情况的条件未必常见。（《福利经济学》，第807页）

因此，随着法定价格降低到垄断价格以下，产量将一直增加到边际成本等于需求价格的那一产量为止。超过该点，进一步缩减价格就会减少产量；且在一定点以后，产量实际上可以（在上述条件下）缩减到原垄断产量以下。所以，能引出最大产量的法定价格是边际成本等于需求价格的那一价格。

在成本上升的各种场合，垄断者被假定是付租的；如果他不付租，则他的边际成本等于竞争供给价格，因此（如同在成本下降场合那样），如果把竞争价格规定为法定价格，则作为最大可能产量的竞争产量将被生产出来。但垄断者将保有租金作为垄断利润。

二

有一种巧妙而不实际的方法[①]，甚至在成本上升情况下（当垄断者付租时）也可以诱使垄断者生产竞争产量。兹说明如下。规定竞争价格为最高价格。再计算竞争产量的边际成本与平均成本之差。把此差作为每单位产量的补贴付给垄断者，因此，他的平均成本曲线和边际成本曲线一致降低，降低的程度等于补贴，而他的竞争产量的边际成本等于平均竞争成本。同时向垄断者征收等于全部补贴的一笔税款，作为准许他进行任何产量的生产的条件。利用这种手段，垄断者将被迫生产竞争产量，而只获得竞争利润。

β_1 与 α_1 为平均成本曲线与边际成本曲线。

---

① 大家公认这个方法是罗宾逊先生在考试的答案中首次提出的。

DQ = 法定价格。

DR = 每单位的补贴 = SD。

β_2 与 α_2 为补贴以后的平均成本曲线与边际成本曲线。

BDST = 补贴总额或总税额。

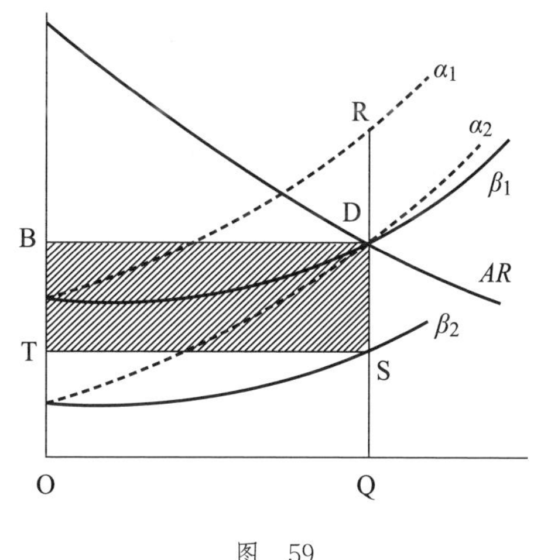

图　59

如果不用法定价格而使补贴等于竞争产量的边际成本与平均成本之差，也会得到相同的结果。当然，这种方法在成本下降场合也同样适用。垄断者和主管机关不必要有货币的转手。主管机关只须宣布向垄断者征收一笔税款，但对每单位产量须留有扣除折金（等于每单位的补贴）的余裕。从而，垄断者将发觉，生产他所得折金总额能够完全抵销税额的那种产量有利。

如果需求曲线和供给曲线在足够长的时间内不变，且为人所熟知，这种方法也许是可以实行的，但在实际情况下，应用的范围未必很大。

第十四章　对比较的反对意见[①]

一

对我们在前几章中所作的垄断产量与完全竞争产量的比较，是有各种不同的反对意见的。首先，有一些很普通的垄断，就它们来说，这种比较是没有意义的。在某些工业，如人们很熟悉的铁路、煤气和电力业中，最小的可用设备具有很大的生产能力。如果市场没有大到足以充分使用一套设备的话，就没有竞争的可能性。如果两个企业碰巧都从事于这样一种工业，则它们或者是彼此竞争以战胜对方，因而都不能收回成本，而经不起竞争考验的就被淘汰，或者是它们进行合并。如个别企业的平均成本随着产量的增加而下降，就不可能有长期竞争均衡。

在这种类型的垄断场合下，不能和竞争产量进行比较，因为它的情况使竞争成为不可能。但如上章所述，“竞争产量”一词可以有一个纯粹形式上的意义，即平均成本（包括正常利润）等于

---

① 本章第5节含有某些复杂命题，而这些命题除第27章第5节以外，以下论证都不需要。

需求价格的产量。[1]

二

假定市场很大，足以维持很多的企业，因而有可能来谈竞争产量，那么，为进行比较所必需的是，竞争工业的成本曲线并不因垄断的形成而有所改变。[2]自然有人反对说：这是极稀有的现象；垄断者用在广告上的费用将较少；当工业所属各企业受一个机构监督时，都可以被指定担任专业化任务；当销售是大规模地进行时，销售费用将减少；并且可以避免市场上往来的转运费，等等。总之，认为工业垄断化以后，它的效率将提高，商品的成本曲线将降低，这是很自然的。

但这种反对意见是站不住脚的。我们用来和垄断产量进行比较的，并不是不完全市场上所出现的产量，而是完全竞争产量。在完全市场上，竞争性的广告是不必要的。因如一个竞争者稍微降低价格，他就能使销售额无限增加，花钱登广告未免有些愚蠢。可以登的唯一广告是旨在增加有关商品的总销售量，而这种广告如由代表竞争工业的某法人团体承办，那对垄断者也同样有利。

如果说个别工厂的生产成本可以由于专业化而降低，那么，

① 庇古教授似乎是在这个意义上使用此词的，见《福利经济学》，第310页。

② 进行比较时，垄断和竞争下的需求曲线还必须相同。但支配垄断产量的需求曲线可以受预期未来销售量的影响，而支配竞争产量的需求曲线则不然。

完全市场上也可以实现专业化。例如，假定有十个轧钢厂，其中各厂都有一套轧制十种规格的钢轨的机器，且都没有加以充分使用。垄断者可以指定各厂只生产一种规格，把那些因经常改变和维持多余机器的费用节省下来。但在完全市场上，专门制造一定规格机器的任何一个厂，生产那种规格比其他各厂便宜，可以操纵该规格的全部市场；从而迫使别的厂专门生产其他规格。这种过程一直继续到各厂只生产一种规格为止，而在垄断下也会造成同样的结果。在完全市场上，这种横向的专业分工势必进行到一点，在该点专业化没有更经济。

同样地，如果加工工业中因某些特定生产过程的专业化而更经济，那么，在完全竞争下也可以实现纵向的专业分工。一个专业化企业，像棉纺业中的漂白厂，或摩里斯汽车公司的延压厂，都只集中于一个生产过程，并给其他生产者提供特定的服务，而这种服务比各厂自己供给自己便宜。①

如果一个大规模的销售组织在经营整个工业的产品方面比各厂分散的销售部门更见成效，那么，在完全竞争下，也可以形成一个独立商人的组织，用一种最适度规模的销售单位来经管许多生产企业的产品。如果由于较远的企业在市场的某处销售商品，而该处可以从市场附近的企业得到更便宜的供应，因而浪费了运输费用，那么，完全竞争会保证消灭这种浪费，各个买主会从最便宜地供应他的企业得到供应。总之，垄断有什么经济，完全竞

① 完全市场上的横向的和纵向的专业分工详见关于报酬递增与报酬递减的附录。

争也有什么经济。[①]

这一定则的唯一例外是，如有些企业拥有技艺上的秘密，这种秘密能使它们的生产比别的企业便宜，则在竞争下不会公开这种秘密；而在垄断下某工业中任何一个企业所知道的妙法却可以应用在全部产品上。因此，如估计到生产方法的知识，则有某种理由来期待垄断成本低于竞争成本。

在应用新的生产方法的速度方面，有两种相反的影响。一方面，垄断者也许认为，从事研究以便发现新的方法，和使用现有的方法进行全面生产，是同样值得的。他这样做的动机比任何一个企业都强烈，一个集中机构所进行的研究工作比那些分散的专家的努力更见成效。另一方面，有了新发明的时候，竞争企业会觉得利用新的生产方法合算，因为废弃现有生产设备的损失主要将由别的企业负担，而垄断者在旧的生产设备用坏以前也许宁愿不采用这种方法。因此，相权之下，垄断是在加速还是延缓新生产方法的应用，这是不可能预先肯定的。

讨论合理化计划的时候，往往有如下的论点，不仅从想增加利润（或减少损失）的有关企业家的观点来看，而且从社会的观点来看，工业由一个机构管理都是相宜的，理由是，一个机构管理会消灭竞争的浪费，并降低生产成本。但竞争的浪费实际上是市场不完全的浪费，而完全竞争也像垄断一样能够消灭这种浪费。合理化计划不是医治竞争太多，而是医治竞争太少的一副

① 马歇尔（《经济学原理》，第484页）似乎同时讨论垄断产量和竞争产量的比较（只有在完全竞争这一假设上，它才正确）与只有在不完全竞争下才能发生的垄断者成本降低。

药剂。

垄断也许是一副服用更简单更可靠的良药。事实上，垄断所以能获得它的经济性，是由于它比不完全竞争更有效地实现生产组织进行各种生产，而这种组织是在完全竞争下才能看到的。不过，我们现在所讨论的唯一问题是，不论垄断如何改善不完全市场，它决不能改善完全竞争下所能形成的那种工业组织（除了通过秘密知识的传播以外），且为比较起见，竞争下的成本曲线必须用来表示现有知识所能实现的最有效率的工业组织。比较不完全竞争产量和垄断产量，从实用观点来看，比我们所做的比较，意义要大得多，但这种比较不能用相同的一般术语来进行。垄断化的影响取决于市场不完全的程度和性质，而用来作为比较基础的竞争供给曲线在各种场合是不同的。

三

垄断产量和竞争产量的比较是如何矫揉造作和脱离实际，已经很清楚了。但是，还有一个来自下述事实的困难：如果一个工业是在完全竞争下经营的，则建立垄断的动机要比在不完全市场下来得小。如市场不完全，则各个企业不能达到它们最适度的规模，因此，即使各企业之间不可能实行专业化，生产仍是不能按最有效率的方式进行。这样，垄断者所能希望的，不仅是通过限制产量来提高商品的价格，而且是通过改善工业的组织来降低成本。在不完全竞争下建立垄断有两个动机，而在完全竞争下却只有一个。同时，把垄断强加于完全竞争工业是困难得多的。造成市场完全的那些条件，如买主集团对特定企业没有偏好（不管是由于什么原因），也使人们容易加入该业，在关闭某些企业后，垄断者一旦开始获得额外利润，则新企业势必出现以分沾其利。在完全市场上比在不完全市场上，建立垄断的动机较小，而维持垄断的困难却较大。可见在任何实际场合未必有比较垄断产量和完全竞争产量的机会。

四

但是，即使所有这些反对意见都得到答复，并有一种用来和垄断产量比较的完全竞争产量，我们仍是不能满足的。由于各生产一部分产量的各竞争企业都具有最适度的规模，垄断组织必然远远超过最适度的规模。垄断组织可以把相同产量的生产安排得完全像在竞争下那样，但在竞争下却没有一个控制产量的机构。所以，为保证垄断者的成本曲线和竞争下的成本曲线相同，经理该业的机构必须毫无所费，且须有无限大的能力，因而不受那因一个固定单位企业家而带来的报酬递减的影响，而这种固定单位的企业家在现实世界中往往限制各企业的规模。

这个假设也许不像乍看起来那样不现实。当一个工业垄断化的时候，除某种机构接管价格控制权并给各单位分配产量任务外，工业结构可以不变。维持这种机构的费用是可以小得不计的。因此，各种总产量的生产和成本同完全竞争工业一样。多余的企业（因总产量已缩减）将被消除，留下的企业则维持原状。如果把各种产量分派给许多独立单位来生产，而这些单位又完全相当于在竞争条件下生产那种产量的各企业，则那种产量将是在最有效率的方式下生产的。这就引起一种形式上的困难，因为工业中的独立单位已经不是照我们定义所说的企业，管理这些单位的人也已经从企业家身份降为雇员。这并不是本质上的反对意见，不过，我们的比较还需要假设：各种产量所引起的管理成本数额必须和在竞争下生产那种产量的管理费用相等，留下来从事生产这种产量的企业家都必须付以在竞争下为吸引他们所必需的那种收入，因此，他们的工薪必须等于正常利润（不管从垄断收入中他们可以得到任何份额）。

五

为了揭露比较的非现实性，只须列举垄断产量和竞争产量可以比较的那些条件。但是，即使这些条件都得到满足，还有另一种反对意见。曾作为比较基础的假设是：不论产量的大小，垄断者的平均成本和竞争工业的平均成本相同。即使对比较的各种较显著的反对意见都能得到答复，但这个假设只有在很特殊的场合才能实现这一缺点却仍然存在。

在任何普通场合，竞争和垄断下的成本曲线不能一样。在完全竞争下，个别企业的生产要素的供给是完全有弹性的，各企业家所使用的每种要素的量将是它的边际生产力等于它的价格的量。不论要素对工业的供给弹性完全与否，对个别企业来说，当前的工资率、利息率或租金率都代表各要素一切数量的边际成本与平均成本。这样，各要素将结合使它们的边际生产力与它们的价格成比例。[①]

但如一个生产要素对竞争工业的供给小于完全的弹性，则它对垄断者的供给也小于完全的弹性，它的平均成本将随着垄断者对它使用的增加而上升。他将把要素的使用调节得使他的边际成本等于边际生产力，而要素对他的边际成本将大于平均成本。垄断者将把要素使用得使它们的边际生产力与他的边际成本成比例，而只有这些要素的供给弹性完全时，它们的边际成本才等于它们的价格。例如，少使用劳动，他可以降低他所必须支付的工资率，并在某些情况下用资本来代替劳动，而在这些情况下，竞争生产者（对他来说，工资与他所使用的劳动量无关）却认为这样做是没有好处的。因此，稀有要素的存在将使竞争和垄断下每一产量所使用的各要素的比例不同，商品的成本曲线也不能一样。

当这些要素中的任何一个随着使用的增加而便宜时，上述考虑也同样适用。如果垄断者知道，他向附属工业购买的机器越多，则所买的全部机器便越便宜，那么，他用资本代替劳动的动机就比各个竞争生产者更强烈；因为后者每人从购买机器所得的派生经济是小得可以不计的。

只要垄断者改变要素的比例能够降低他的成本，则他将改变所使用的要素的比例；即使对比较一般的反对意见都得到解决，也只有当在竞争和垄断下生产一定产量所使用的要素的比例相同时，垄断者的成本曲线才可能和竞争下的成本曲线相同。这个条

① 本段和以下各段的论证取决于买方独占的分析，第 6 篇和第 7 篇将详细讨论之。

件可以在各种不同情况下来实现。各要素的比例很可能（虽然未必在长时期内）严格地为技术条件所规定。[①]所以，对于任何一定产量来说，垄断者要脱离各要素的竞争比例将是不可能的。这不仅需要用于一定产量的劳动、土地和资本的比例由技术条件决定，不得变动，而且也需要各“企业”（从上节所述的意义来说）的产量不得变动，因此，生产一定产量的“企业”数不能改变。这个条件未必能够实现，因为只有在很稀有的场合下一个企业的产量才由技术上的考虑决定。在任何普通场合下，如果其他要素的成本（相对于企业家成本来说）随着竞争的工业规模的增长而上升，则企业的最适度产量减少；这就是说，企业家对其他要素的比例增加。如果企业家成本相对地增加，则最适度的企业也增大。同样地，如果垄断机构的企业家供给价格随着对它使用的增加而增加得比其他要素快，则垄断者所使用的企业家对其他要素的比例将小于竞争下各种产量所使用的比例；他将用较大的“企业”来组织自己的工业。如其他要素的供给价格比企业家的价格增加得快就会有相反的结果。

如技术条件可以改变，则竞争和垄断下的要素比例仍然可能相同。如我们已经知道的，如果每种要素对工业的供给完全有弹性，则比例不变；如果所有要素的供给弹性碰巧一样，则比例也一样。[②]这些场合中都没有使垄断者改变那些不仅对垄断和竞争来

① 这点可以表述如下：如要素的量增加得超过必要的比例，则各要素的边际生产力下降得无限快。关于不变比例假设的讨论，参阅希克斯：《边际生产力和变异原理》，载《经济学杂志》，1932 年 2 月，第 846 页。

② 这一命题的证明，参阅第二十二章。

说相同，而且对各种产量来说也相同的比例的动机。因此，工业的要素边际成本或等于它们的平均成本，或与它们的平均成本有相同的比率，因此，垄断下的要素比例（由它们的边际成本决定）和竞争下的要素比例（由它们的平均成本决定）必然相同。最后，如果垄断者对稀有要素不付租金，同时又没有大规模工业的经济，则要素的比例相同，因为垄断者的各要素的边际成本等于竞争工业的各要素的平均成本。

在所有其他场合下，垄断和竞争下生产各种产量的要素比例不同，垄断者的平均成本曲线将位于竞争工业的供给曲线之下。因此，我们所作的比较是低估了垄断产量[①]。

垄断和竞争下的平均成本的差愈大，我们的比较就愈不准确。因此，在技术上要素比例变动的可能性愈大，亦即改善竞争成本的范围愈广，则我们的比较就愈不准确。

这些错综复杂的情况和对垄断产量与竞争产量的比较的一般反对意见，主要只是适用于长期场合。在短时期内，生产技术不能有很大的变动，我们可以认为，一般说来，垄断者的短期边际成本曲线与完全竞争下的供给曲线相一致。因此，用第十一章所

---

①　为使比较准确，我们必须研究成本曲线和各要素的供给曲线。例如，如一切要素的供给曲线都是有不同弹性的直线，同时又没有大规模工业的经济，则商品的供给曲线将是凸形，而如果需求曲线是一直线，则垄断产量（如未修正的比较所示）似乎小于二分之一的竞争产量。但我们在上面知道，未修正的比较很可能低估垄断产量；在这些条件下，正确的比较将表明垄断产量恰好等于竞争产量的二分之一。同样地，如商品的供给曲线是一直线，未修正的比较将会表明，垄断产量等于竞争产量的二分之一（如需求曲线是一直线）。但在此场合，相权之下，诸要素的供给曲线必然是凹形，垄断产量必然大于二分之一的竞争产量。

述的方法就能作出准确的比较。

六

垄断下的成本低于竞争下的成本这一发现，大大扩大垄断产量可以超过竞争产量的那类情况。如竞争供给曲线下降，则垄断边际成本曲线将位于供给曲线和竞争工业的边际成本曲线之下；很显然，如果商品的需求弹性充分，则垄断产量将大于竞争产量。如供给曲线上升，则只是在有足够的大规模工业的经济时，垄断者的边际成本曲线才可能位于供给曲线之下。在这个场合下，如果需求弹性充分，则垄断产量将超过竞争产量。

第十三章的结论也必须根据上述结果来修正。在供给价格下降的条件下，把需求价格等于垄断者的平均成本的价格规定为最高价格，就可能从垄断者那里引出大于竞争产量的产量来。在供给价格上升的条件下，如果垄断者的边际成本曲线位于竞争供给曲线之下，只用规定最高价格，而不用补贴和税的方法，就能引出大于竞争产量的产量来；但垄断者仍能获得额外利润。一般说来，法定价格所引出的产量将大于上章分析中所述的产量，而这种分析只有在垄断和竞争下的要素比例相同的场合才是正确的。

第五篇

价格歧视

第十五章　价格歧视[①]

一

垄断者往往认为，把同种商品按照不同价格售予不同买主是可能的、有利的。当他销售于这样彼此相隔的几个市场，以致较便宜市场上所出售的商品不能从垄断者那里买来再卖到较贵的市场上的时候；当较贵市场上的顾客不能转向较便宜的市场来得到较低价格的利益的时候，就会出现上述情况。把一个机构监督下生产出来的同种商品按照不同价格售予不同买主的行为叫作**价格歧视**。

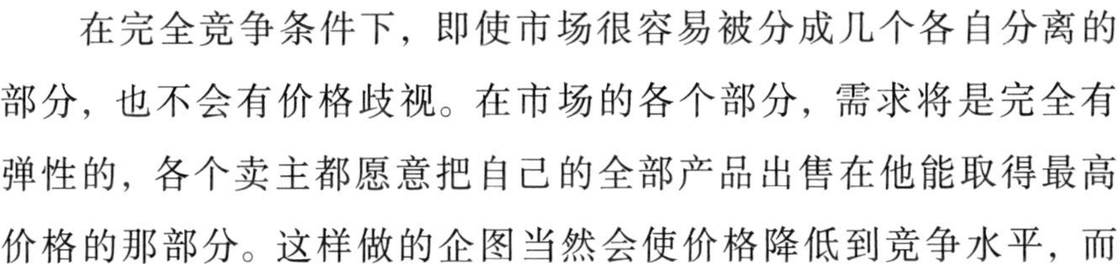

在完全竞争条件下，即使市场很容易被分成几个各自分离的部分，也不会有价格歧视。在市场的各个部分，需求将是完全有弹性的，各个卖主都愿意把自己的全部产品出售在他能取得最高价格的那部分。这样做的企图当然会使价格降低到竞争水平，而

① 本书以下论证除少数几点以外，都和本章及下章无关。本章第2节后一部分和第3节讨论特殊场合的分析虽没有重大困难，但却有些复杂。比较单纯垄断和歧视垄断的第5节和第7节的论证极其错杂。建议读者在读本章形式上的分析以前，最好重温第2章。

在整个市场上只会有一个价格。如果市场完全，只有各个卖主联合起来或行动一致，他们才能利用市场各部分之间的障碍按照不同价格出售同种商品。

但如市场有某种程度的不完全，就可以有某种程度的歧视。市场不完全，是因为顾客不容易从一个卖主转向另一个卖主；如果个别卖主能把他的市场分成几个各自分离的部分，则价格歧视就是行得通的。但由于在普通竞争条件下，各个卖主的需求曲线的弹性可能很大，价格歧视通常不会使任何一个卖主向不同买主所要的价格有很大的差别。

如一个卖主不受严重竞争的支配，或如竞争对手之间有一种协定，则价格歧视势必出现。最普通的场合就是出售直接的个人服务，因为这里没有从一个市场转向另一个市场的可能。例如，外科医生通常是按病人的贫富规定手术费的等级。这种做法是由医生中间的传统维持的，如果他们用向有钱的病人收取较低的医疗费的办法而互相竞争，则它就会垮台。有一种情形也可以发生价格歧视，这就是，垄断者的销售市场在地理上彼此相隔，或由于关税壁垒而彼此相离，因此，把较便宜市场的货物贩运到较贵的市场转售，势必引起很大的运费；当这种价格歧视导致一个公司在国外市场按照较低价格出售而在国内市场按照较高价格出售的时候，它普通就叫作“倾销”。还有一种情形也可以发生价格歧视，这就是，几群买主因显然不同的几种商品而需要相同的服务。例如，铁路可以对棉花和煤收取不同的运费，而不必担心人们会为享受较低的运价而将棉包变成煤担。

在特殊订货的场合，个别买主无法知道同种商品向其他买主要什么价格，也许还有许多相当偶然的价格歧视。

即使顾客群之间没有自然的障碍，也有各种不同的方法可以把市场分割得使价格歧视成为可能。实际上几乎是完全相同的某种商品，可以在各种商标和牌号下当作不同的质量出售，这些商标和牌号诱使那些富有而好摆架子的买主把他们和较穷的买主区别开来；这样市场就被分开，垄断者就可以按照几种价格出售实际上相同的商品。把同种商品装潢成不同商品的手法也会使垄断者免于不公平对待顾客的谴责，而这种谴责有时是会阻碍价格歧视的实行的。

二

在有些场合下，一个市场的需求将取决于另一个市场所要的价格。埃奇沃思所分析过的头等和三等火车票价的情况就是这样。[①] 在以下的论证中，我们将只考察各个不同市场的需求曲线不以其他市场所要的价格为转移的那些场合。

因此，根据当一种商品只能收取一个价格时已经作过的对单纯垄断的分析，我们就可以完成价格歧视的分析。如果垄断者可能把同种商品销售于不同的市场，那么，只要那些市场的需求弹性不相等，则在不同的市场收取不同的价格，显然对他有利。因如他在各个市场收取相同的价格，他将发觉分别在各个市场按照那种价格多售一个单位产量所得的边际收入在某些市场大于其他

① 《政治经济学论文集》，第1卷，第174页。

市场。因此，他在需求弹性较小和边际收入较少的市场少售，而在需求弹性较大和边际收入较多的市场多售，就会增加他的利润。所以他将把自己的销售额调整得使在任何一个市场多出售一个单位产量所得的边际收入和所有的市场相同。当各个市场的边际收入等于全部产量的边际成本时，他的利润将最大。[①] 决定价格的方法可以说明如下：

假定有需求情况不相同的两个市场，Ⅰ与Ⅱ。用同一坐标作二市场的需求曲线（D_1 与 D_2）和相应的边际收入曲线，并把它们横加起来，以便求出总需求曲线和总边际收入曲线，前者表示按照各种价格可出售的商品总额（如两个市场的价格相同），后者表示相应于各种边际收入值的销售额（如两个市场的边际收入相同）。这一曲线将表示实行价格歧视的垄断者所得的边际收入。

曲线的构成可表明如下：

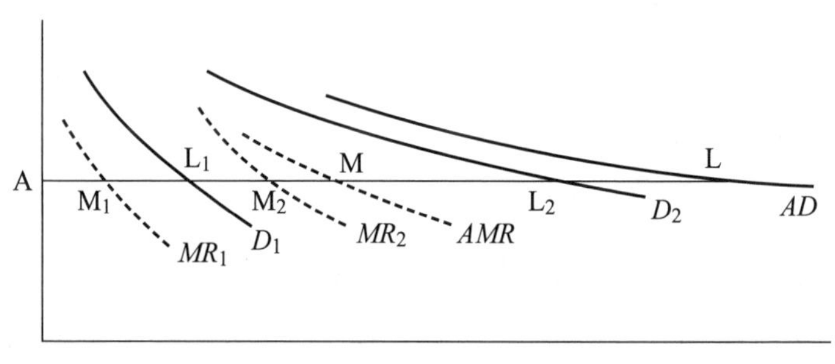

图　60

作一线 AL 平行于 x 轴，交 D_1 于 L_1，D_2 于 L_2，总需求曲线

① 庇古教授不使用此法，但他显然懂得这种基本事实，虽然他用有些含混的数学形式来表示它。(《福利经济学》，第 302 页，注 1)

（AD）于 L。

设此线交 MR_1 于 M_1，MR_2 于 M_2，总边际收入曲线（AMR）于 M。

则 $AL = AL_1 + AL_2$，$AM = AM_1 + AM_2$。

价格歧视下的垄断产量是由垄断者的边际成本曲线和总边际收入曲线的交点来决定的。这种总产量由两个市场的销售量构成，各个市场的边际收入等于总产量的边际成本。各个市场的价格将是那里所出售的产量的需求价格。[①]

第 61 图中：

OM 为总产量，等于 $OM_1 + OM_2$。

MC 为产量 OM 的边际成本。

在市场Ⅰ，OM_1 按照价格 M_1P_1 出售。在市场Ⅱ，OM_2 按照价格 M_2P_2 出售。阴暗部分的面积代表垄断收入，等于总边际收入曲线下的面积（总收入）减边际成本曲线下的面积（总成本）。

第 61 图中的边际成本是上升的，但不论边际成本不变、上升或下降，产量将由总边际收入曲线和边际成本曲线的交点来决定，各个市场所出售的产量将是边际收入等于总产量边际成本的那一产量。[②]

① 因特玛教授曾使用此法（参阅《倾销对垄断价格的影响》，见《政治经济学杂志》，1923 年 12 月），但他只用它来确立一个命题，而该命题是无须用这样复杂的工具就能证明的。

② 各市场的边际收入曲线和边际成本曲线的交点无关紧要，因这些点（除成本偶然不变时）并不表示实际上生产的总产量的边际成本。

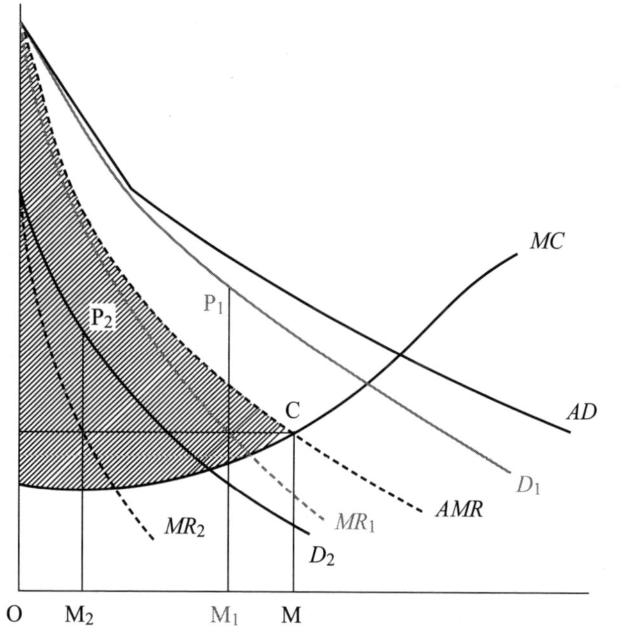

图　61

三

当一个生产者销售于两个市场时，其中一个市场是完全竞争的，因而在那里对他的产品的需求是完全有弹性的，而在另一个市场他却居于垄断地位，就会出现价格歧视的特殊场合。如果一个是他国内的市场，而另一个是外国市场（他的产品在那里和当地产品互相竞争），就会发生上述情况。

设市场Ⅰ是得到保护的本国市场，市场Ⅱ是国外竞争市场。市场Ⅱ的边际收入等于竞争价格。因此，垄断者将把两个市场的销售额调整得使市场I的边际收入等于市场II的价格，因为只有在这点两个市场的边际收入才相等，从而全部产量的边际成本等于市场II的价格。

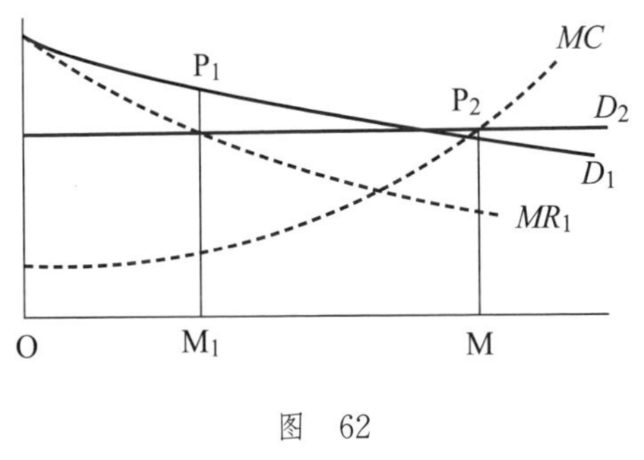

图　62

第62图中，总产量OM是由市场II的完全有弹性的需求曲线和边际成本曲线（如建立均衡，它势必上升）的交点P_2决定的。

MP_2是市场II的价格和边际收入；市场I的产量OM_1是那里的边际收入（MR_1）等于MP_2的产量。

在市场II所出售的产量是OM_1和OM的差M_1M。

如果市场II的竞争价格降低，则总产量将缩减，因为M将向左移，边际成本将下降。市场I的产量将增加，因为M_1将向右移。而市场II所销售的产量（M_1M）将减少。如果市场II的价格降低到市场I的边际收入曲线和边际成本曲线的交点的那一水平以下，则在国外竞争市场上就不会销售任何产量了。

四

如我们已经看到的，价格歧视的存在取决于各可能销售的市场的需求弹性之间的差别。如果各个不同市场的需求曲线是等弹性的，因而各个市场在任何价格的需求弹性都相同，那么，所有的市场都会收取一样的价格；因如各个市场的边际收入相同，则价格亦势必相等，其结果就好像市场不可分割的一样。例如，假使各个买主的需求曲线都相同，就会产生这种现象。一个市场也许比另一个市场容纳更多的买主，从而一个需求曲线只是另一个需求曲线的扩大。如果个人的需求曲线具有不同的形状，但各个市场由各种不同的个人需求的同一比例所构成，那么也会产生同样的结果。如果唯一可行的市场分割是使得各个市场的需求曲线具有等弹性，那么，价格歧视就无利可图。一个乡村理发师给红头发的顾客刮脸也许可以收取差别价格，但如那个乡村中的红头发居民和其他居民财力相同，且都有同样刮脸愿望，那么，这位理发师会发觉对他们收取和其他居民一样的价格是有利的。

垄断的获利能力将取决于市场分割的方式。在许多场合下，市场之分为几个小的市场是由环境任意决定的；例如，地理上的障碍或关税壁垒都可以使市场分开。但是，往往可以发生的是，即使当垄断者只能规定少数的差别价格时，他在某种程度上也能影响买主在这些有不同价格的市场之间的分布情况。在铁路公司的运价表中，按照不同运价收费的各种货物是由公司任意规定类别的。此外，当垄断者用同种商品的不同“商标”把市场分开时，他企图使买主彼此有所区别，以便对那种商品的高级“商标”收取较高的价格。这样，市场分割的方式便将部分地受垄断者支配了。

因此，有必要研究的是，如果垄断者可以任意按最有利于自己的方式划分市场，那么，他将怎样划分市场。让我们假定，垄断者有某种使他能够任意把买主分开的方法，再假定，他最初，在整个市场上收取统一的垄断价格，继而逐步把市场分开。这个市场的总需求是由各个买主的需求构成的，如果在单一垄断价格上各个买主的需求弹性相同，那么，价格歧视就无利可图，市场将不会被分开。但如果需求弹性互不相同，首先他将把所有个人买主分成两类，使一类中最大的需求弹性小于另一类中最小的需求弹性。对第一类买主他将提高价格，对第二类买主他将降低价格。如果在新价格上，所有两类个人买主的需求弹性相同，则进一步划分市场就无利可图。但如每一类中各个买主的需求弹性不同，则根据和以前一样的原则把各次级市场再分成二部分，这些部分还可以继续划分，直到各次级市场只有一个买主或需求弹性相同的一群买主为止。如果对需求弹性不同的任何二个买主都收取着同样的价格，则垄断者通过改收不同的价格的办法（如果他有可能这样做）就能增加他的利润。①

在大多数场合，垄断者当然不可能任意划分市场，而在各个买主之间的可能障碍上还有一种专断成分，使他不能最有利地划分市场。② 但是，不论市场如何划分，一旦划分之后，各次级市场将按照它们的弹性的上升顺序依次排列，在弹性最小的市场收取

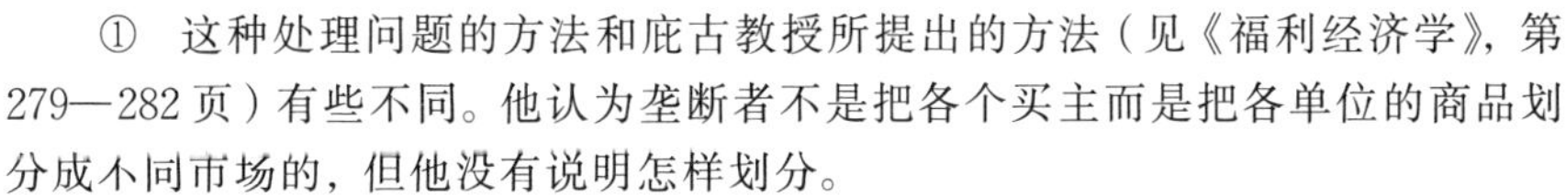

① 这种处理问题的方法和庇古教授所提出的方法（见《福利经济学》，第279—282页）有些不同。他认为垄断者不是把各个买主而是把各单位的商品划分成不同市场的，但他没有说明怎样划分。

② 即使垄断者能够向各个买主收取不同的价格，他也未必做到庇古教授所谓的“一级歧视”。因为只有在产量的各个单位可能按不同价格出售时，才会做到一级歧视（可叫作完全歧视）（同上书，第279页），如果各个（转下页）

最高价格，而在弹性最大的市场收取最低价格。[①]

知道从出售各种产量所获得的平均收入，就便于确定垄断的赢利程度。如垄断者只能收取一种价格，则其事至为简单。商品的需求曲线就使我们有了垄断者的平均收入曲线。如收取不同的价格，则各种产量的平均收入乃是根据在各种价格上出售的产量加权后的诸价格的平均数。我们已经知道，如何把在每一边际收入值上所有次级市场边际收入都相等的各种产量相加起来以得出价格歧视下的边际收入曲线。根据这条总边际收入曲线，也可能发现相应于各种产

（转下页）买主随着向他所要价格的不同而改变他的购买量，则上述条件就不会实现。只有当各个消费者只购买一个单位的产品，并被迫付出他所能付的那种最高价格（中世纪时拘留战俘以求赎金也许是根据这一原则，现代美国的绑匪对肉票亦复如此）的时候，才会有完全歧视的出现。此外，产生完全歧视的另一种情况是，垄断者知道各个买主购买他的边际成本等于买主的边际效用那一数量的产品时所愿出的平均价格，并按照那种价格提供给各个买主以必须全部购买或完全不买的那一数量；如果买主被迫支付的总额没有超过他对该数量的商品的总效用之估计，则他宁肯购买，而不愿得不到它，因此，向各个买主所收取的单位价格代表他的购买额的平均效用。

庇古教授的二级歧视："如果垄断者能够规定 n 种不同价格，使所有单位的需求价格大于 x 的按价格 x 出售，小于 x 而大于 y 的按价格 y 出售等等，就会做到二级歧视"。（同上书，第 279 页）只有各个买主对某商品的需求在一定的最高价格以下完全没有弹性，在该价格以上他完全不买，这才会实现。

① 庇古教授说："像有时被认为的那样，对不同市场所收取的相对率（价格），将只取决于这些市场的比较弹性（就某种未列举的产量而言），这确是错误的"（《福利经济学》，第 302 页）。但是，的确，价格将取决于在这些市场上所要的价格上的各个不同市场的需求弹性，且和弹性的次序相同。这点可从下列公式推知：$价格=\frac{边际收入}{1-1/\varepsilon}$，ε 代表需求弹性；因为各个市场的边际收入是相同的。庇古教授在上节的注脚中，通过考虑"最迫切需要的单位的需求价格"，来给直线形需求曲线的各个市场确定价格，而忽略了这一事实：这种最高需求价格可以从任何一定价格的需求弹性值中求出来（如需求曲线是直线）。

量的平均收入。边际收入曲线下的面积表示各种产量的总收入。因此，我们只须用产量除此面积就可以求出平均收入。[①]

五

我们的下一任务必须是，讨论一种商品只能收取一个价格时的垄断产量（单纯垄断产量）和价格歧视下的产量（歧视垄断产量）之间的比较。[②]让我们考察下面这一种场合：一种商品的总需求包括两个不同市场的需求，因此，在价格歧视下，该商品可能按照两种价格出售。假定垄断者用同一价格销售他的商品，并假定他后来发现在这两个市场上实行价格歧视是可能的（在其他条

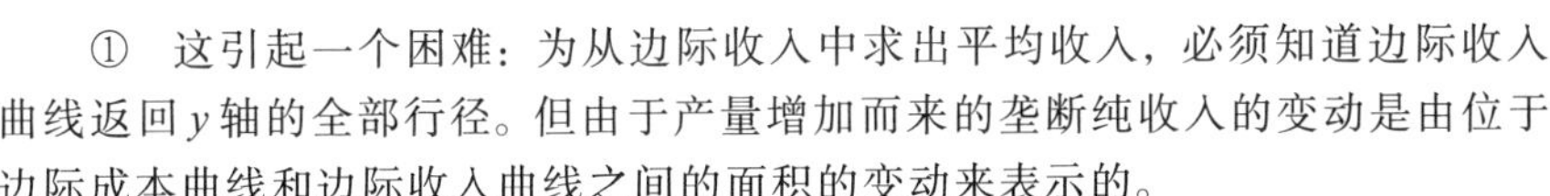

① 这引起一个困难：为从边际收入中求出平均收入，必须知道边际收入曲线返回 y 轴的全部行径。但由于产量增加而来的垄断纯收入的变动是由位于边际成本曲线和边际收入曲线之间的面积的变动来表示的。

② 如歧视完全，则这种比较是简单的。在完全歧视下，产量的各个单位按照不同的价格出售。因此出售一个追加单位所增加的收入等于这一单位所售出的价格；所以，商品的需求曲线是垄断者的边际收入曲线。从而，完全歧视产量将是边际成本曲线和需求曲线的交点所决定的那一产量，而单纯垄断产量是边际成本曲线和单纯边际收入曲线（它边际于需求曲线）的交点所决定的产量。所以，根据我们对边际曲线和平均曲线的关系的知识，就可以很简单地求出单纯垄断产量和完全歧视垄断产量的关系。例如，当边际成本不变时，完全歧视产量将依需求曲线是凹形或凸形而大于或小于单纯垄断产量的二倍。此外，在宜于假定垄断和竞争下的平均成本曲线相同的那些场合，完全竞争产量和完全歧视垄断产量也是很容易比较的。完全歧视产量将依平均成本的下降或上升而大于或小于完全竞争产量。在平均成本不变，或在歧视垄断者不付租金而又没有大规模工业的经济时，它等于竞争产量，因为那时垄断者的边际成本等于竞争下的平均成本。完全歧视垄断者的平均收入可以直接从需求曲线求出来，它将与消费者的平均效用曲线相一致。

件不变的情况下)。[①]那时他必须决定怎样改变两个市场的价格才能有利。如果单纯垄断产量很小，则运用歧视价格的能力可完全不发生作用。因为可以有这样的现象，在一定的价格以上，只有一个市场有买主，如果单纯垄断价格是如此的高，以致只有较强的市场的买主才能购买，那么，运用价格歧视的能力之所以不起作用，只因为较弱的市场的边际收入小得不值得歧视垄断者在那里出售任何产量。在这个场合，较弱的市场不论在价格歧视或单纯垄断下都全然得不到供应，而仅有的买主是较强的市场上的那些买主。因此，即使当价格歧视可能时，也将只有一个价格，运用价格歧视的能力决不会改变这种局面。

在那只有较强的市场的买主被供应的范围内，不论价格歧视可能与否，价格和产量将不变。但一旦较强的市场的边际收入等于较弱的市场的买主将用以购买任何产量的最高价格，则歧视垄断者在那里出售某些产量就开始有利，虽然单纯垄断价格仍被最有利地规定在只有较强的市场的买主才买得起的水平上。因此，价格歧视将有增加产量的作用。[②]

如果把单纯垄断价格规定在较弱的市场的买主也能购买的水平是有利的，那么，不论在单纯垄断或价格歧视下，两个市场都将得到供应。从而，如果这两个不同市场在单纯垄断价格上的需

① 实行价格歧视可能使成本略有变动——可以产生额外的簿记费，或商品“高级”商标所用的引人注目的标签追加成本——但为简单起见，可以不管问题中的这一因素。它给分析带来的复杂性不会造成根本困难。

② 这种增加依边际成本的上升、不变或下降而小于、等于或大于较弱的市场所销售的商品量。

求弹性不同，则在需求弹性较小的市场出售一个单位产量的边际收入，将小于需求弹性较大的市场；如可能实行价格歧视，则在弹性较小的市场缩减产量并提高价格，而在弹性较大的市场增加产量并降低价格，直到两个市场的边际收入相等为止，这将是合算的。这样，一个市场的产量增加，而另一个市场的产量减少，尚待确定的是，实行价格歧视时，总产量是将增加，还是将减少或保持不变。

可能确定的事实是，价格歧视下的总产量大于或小于单纯垄断下的总产量，将依各个不同市场的弹性较大的需求曲线的凹度大于或小于弹性较小的需求曲线的凹度而定；如果需求曲线都是直线，或在任何其他场合它们的凹度相等，则总产量将不变。此命题可证明如下：[①]

设MP为单纯垄断价格，OM为单纯垄断产量，它等于销售于两个不同市场的产量OM_1和OM_2之和。

设AP为总需求曲线（AD）在P点的切线。作PF垂直于y轴，并交y轴于F，交二不同市场的需求曲线（D_1，D_2）于P_1，P_2。

设D_1在P_1点的切线，与D_2在P_2点的切线交y轴于A_1与A_2。设AC、A_1C_1与A_2C_2为各需求曲线在P、P_1与P_2点的相应线，并与通过P、P_1与P_2向x轴所作的垂线相交于C、C_1与C_2。

① 和此证明有关的某些数学分析是剑桥大学圣约翰学院的纽曼先生帮助我做的，必须表示感谢。此问题最后是用几何处理的，但纽曼先生的分析对于从根本上克服某些困难大有帮助。

既然总需求曲线（*AD*）等于不同市场的需求曲线（D_1 和 D_2）之和，同样，切线 AP 代表切线 A_1P_1 与 A_2P_2 的（横）加额。[①]那么，AC（总需求曲线上 P 点的相应线）必为二相应线 A_1C_1 与 A_2C_2 之和；因为在任何纵坐标上，各相应线的横坐标等于切线的横坐标之二分之一。

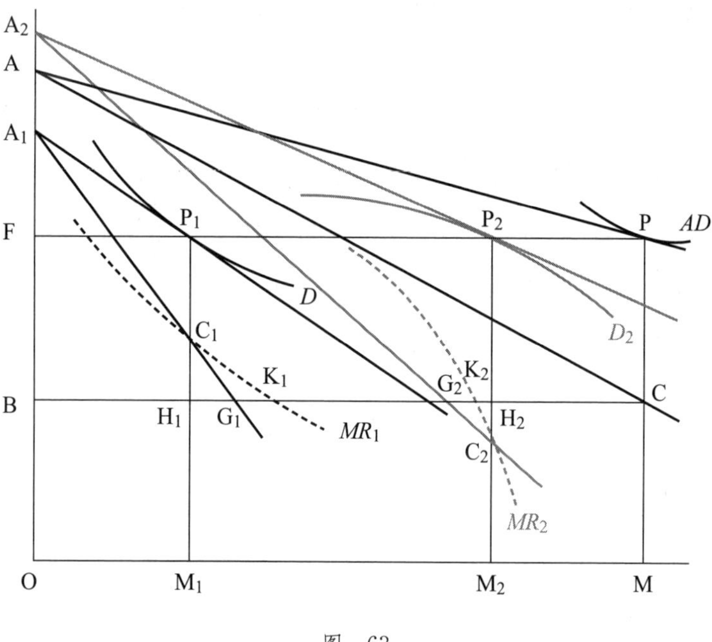

图　63

（例如，对纵坐标 OF，A_1C_1 二等分 FP_1，A_2C_2 二等分 FP_2，AC 二等分 FP。但 FP 为 FP_1 与 FP_2 之和。对任何其他纵坐标亦相同。因此，AC 为 A_1C_1 与 A_2C_2 之〔横〕加额）。

① 考虑任何二个价格之间总曲线的弦，就很容易明白这点。总需求曲线上的弦是二个不同市场需求曲线在该二价格之间的弦的和。当此二价格向一点集中时，任何价格上的切线是弦的极限位置。

作 BC 垂直于 y 轴，与 P_1M_1、P_2M_2 交于 H_1、H_2 并与 A_1C_1、A_2C_2 交于 G_1、G_2。

现在可以证明：$H_1G_1 = H_2G_2$。

因 $BH_1 = FP_1$，$BH_2 = FP_2$，$BC = FP$。

$\therefore BH_1 + BH_2 = FP_1 + FP_2 = FP$，因 AD 为 D_1 与 D_2 之（横）加额

$\therefore BH_1 + BH_2 = BC$。

但 $BG_1 + BG_2 = BC$，因 AC 为 A_1C_1 与 A_2C_2 之（横）加额，

$\therefore H_1G_1 - G_2H_2 = 0$。

由此可知，如果需求曲线都是直线，因此，它们和自己的切线相一致，则歧视垄断产量等于单纯垄断产量。因为当垄断者发觉他能实行歧视，并使为曲线 MR_1 和 MR_2（在此例内与 A_1G_1 和 A_2G_2 相一致）所表示的各个市场的边际收入和总产量的边际成本（等于单纯垄断者的边际收入 MC）相等时，他将在一个市场把产量从 OM_1 或 BH_1 增加到 BG_1，而在另一个市场把产量从 OM_2 或 BH_2 缩减到 BG_2，增加的量 H_1G_1 等于缩减的量 G_2H_2，所以，总产量不变。

当各需求曲线都是直线时，因为价格歧视和单纯垄断下的总产量相等，无论边际成本上升、下降或不变，那是没有区别的；总产量和边际成本并不因价格歧视而改变，虽然各个市场的价格和产量以及垄断者的利润有所改变。[①]

现在我们必须考察需求曲线不是直线的场合。如某一个市场的需求曲线是凹形（如第 63 图 D_1 所示），则它的边际收入曲线

① 需求曲线是直线时，价格歧视下的产量等于单一价格下的产量（如在单一价格下各市场有某些产量售出），这一命题是由庇古教授确立的。（见《福利经济学》，第 809 页）

MR_1 必然交 FP 于相应线之左，并且因为它通过 C_1，它又必然交 BC 于 H_1G_1 之外。因此，当弹性较大的需求曲线是凹形时（如图所示），各市场中因价格歧视而造成的产量增加，将比需求曲线是直线时多。当弹性较小的需求曲线是凹形时，产量的缩减将比需求曲线是直线时大。如果需求曲线是凸形（如第 63 图中的 D_2），则边际收入曲线必然交 BC 于 G_2 与 H_2 之间，各市场产量的增加或缩减将比直线时小。

这样，如果弹性较大的需求曲线是凹形，弹性较小的需求曲线是直线，或凸形，则增产市场产量的增加将大于其他市场产量的减少（如图所示），从而价格歧视下的总产量将大于单纯垄断下的总产量。如果弹性较小的需求曲线是凹形，弹性较大的需求曲线是直线，或凸形，则价格歧视下的总产量将小于单纯垄断下的总产量。如果二曲线都是凹形或凸形，很显然，它的结果必然取决于弹性较大的需求曲线比弹性较小的需求曲线在某种意义上是否“凹度较大”。使曲线在这种意义上成为凹度较大或较小的有关特性，是斜度（在单纯垄断价格下）的改变率乘弹性（在单纯垄断价格下）乘单纯垄断者在不同市场的产量的平方。[①] 这种特性可以

① 除非假定 H_1C_1，H_2C_2 的距离很近，亦即二需求弹性没有什么大的差别，则阐明“修正凹度”（它决定价格歧视是增加还是减少产量）的本质所需要的数学是很麻烦的。在这种场合，边际收入曲线的弧 C_1K_1，与 C_2K_2 可视作直线。

因为 $H_1G_1 = G_2H_2$，

从而，H_1K_1 >或< K_2H_2，依 $\frac{H_1K_1}{H_1G_1}$ >或< $\frac{K_2H_2}{G_2H_2}$，而定，亦即依

$$\frac{\text{边际收入曲线在 } C_1 \text{ 的斜度}}{\text{相应线在 } C_1 \text{ 的斜度}} < \text{或} > \frac{\text{边际收入曲线在 } C_2 \text{ 的斜度}}{\text{相应线在 } C_2 \text{ 的斜度}} \text{而定。}$$

（转下页）

叫作需求曲线的"修正凹度"。

如果二需求曲线的"修正凹度"相等，则总产量将不因价格歧视而有所改变，直线形需求曲线是凹度相等的二需求曲线的特例。[①]

（接上页）如 $y=f(x)$ 为需求曲线方程式，则相应线的斜度为 $2f'(x)$，边际收入曲线方程式为 $y=f(x)+xf'(x)$，边际收入曲线的斜度为 $2f'(x)+xf''(x)$，需求弹性为 $\frac{-f(x)}{xf'(x)}$。设 $y=f_1(x)$ 为弹性较大的需求曲线方程式，$y=f_2(x)$ 为弹性较小的需求曲线方程式，x_1 与 x_2 为单纯垄断价格上的产量，ε_1 与 ε_2 为单纯垄断价格上的需求弹性。则价格歧视是增加还是减少产量依

$$\frac{2f_1'(x_1)+x_1f_1''(x_1)}{2f'_1(x_1)}>\text{或}<\frac{2f_2'(x_2)+x_2f_2''(x_2)}{2f_2'(x_2)}\text{而定，}$$

亦即依 $\varepsilon_1x_1^2f_1''(x_1)>$ 或 $<\varepsilon_2x_2^2f_2''(x_2)$ 而定，因 $f_1(x_1)=f_2(x_2)$。

凹形需求曲线，$f''(x)$ 为正，凸形需求曲线，$f''(x)$ 为负；而 ε 始终为正。必须牢记，尾号 1 指弹性较大的市场（那里价格降低），尾号 2 指弹性较小的市场（那里价格提高）。从而可立即得出如下的命题（文中已概括地加以证明）：如果一曲线是凹形或一直线，而另一曲线是一直线或凸形，则价格歧视增加或减少产量依前一曲线的弹性较大或较小而定。如果二曲线都是凹形，则产量的增加或减少依弹性较大的曲线的 $\varepsilon x^2f''(x)$ 较大或弹性较小的曲线的 $\varepsilon x^2f''(x)$ 较大而定；如果二曲线都是凸形，则依弹性较小的曲线的 $\varepsilon x^2f''(x)$ 在值上较大，或弹性较大的曲线的 $\varepsilon x^2f''(x)$ 在值上较大而定。

把 x^2（即单纯垄断者在个别市场的产量的平方）列入式中代表"修正凹度"，可用来推出某些普遍的结论。如果二曲线是凹形，且弹性较大的市场比弹性较小的市场大得充分（亦即如 $f_1''(x_1)$ 与 $f_2''(x_2)$ 都为正，且 x_1 比 x_2 大得充分），则产量为价格歧视所增加；而如果弹性较小的市场比弹性较大的市场大得充分，则产量减少。如果二曲线都是凸形，则相反的命题是正确的。

如果把简单化假设（即 H_1C_1，H_2C_2 很小）取消，此问题的处理势必更为复杂。我感谢卡恩先生为我作上述的数学分析。

① 所有这些结果可加以概括，以便适用于二个以上的市场。一切市场可分成二类，在单纯垄断价格上的需求弹性较大的是一类（那里歧视垄断者降低价格），而需求弹性较小的又是一类（那里歧视垄断者提高价格）。如果所有市场的需求曲线都是直线，则歧视产量和单纯垄断产量相等。如果需求曲线不是直线，则结果将以弹性较大的需求曲线群比弹性较小的需求曲线群的凹度较大或较小为转移。

乍看起来，上述论点似乎只有在和单纯垄断和歧视垄断下的边际成本相等这一假设上才是正确的。当产量因采用价格歧视而改变时，边际成本也可以改变。的确，当产量因价格歧视而增加时，如果边际成本是上升的，则产量增加得较少；如果产量因歧视价格而减少，倘若边际成本是下降的（因此较小产量的成本大于较大产量的成本），则产量减少得较少。但是，边际成本的变动不足以阻止产量的变动，因为如果这样，边际成本就不会发生变动了。此外，如果边际成本是下降的，则因价格歧视而造成的产量增加将更多；如果边际成本是上升的，则产量的减少将更多。如果由于价格歧视而产量增加得充分，而边际成本的下降又充分迅速，则价格歧视可以降低两个市场的价格。

如果价格歧视使总产量不变，则不论成本上升、下降或不变，都没有区别。

六

现在我必须考察一种完全不同的场合，在这种场合下，总产量不会受采用价格歧视的能力的影响。这是不使用价格歧视的能力的场合，因为两个市场在单纯垄断价格下的需求弹性相等。从而，两个市场的边际收入相等，价格歧视无利可图。在这种场合下，各个市场的价格和产量不变，垄断者继续按照和以前一样的统一价格销售同一总产量。

七

现在可以探求，歧视垄断者的总边际收入曲线和单纯垄断者的边际收入曲线（可称为单纯边际收入曲线）的关系，以及歧视垄断者的平均收入曲线和总需求曲线（亦即单纯垄断者的平均收入曲线）的关系。单纯垄断产量和歧视垄断产量的关系将取决于边际成本曲线的位置。如果边际成本曲线在总边际收入曲线位于单纯边际收入曲线之下的地方与二边际收入曲线相交，则歧视产量将较小。如果它在总边际收入曲线的较高处与二边际收入曲线相交，则歧视产量将较大；如果它与二边际收入曲线在它们的交点（或在它们相一致之处）相交，则产量将不变。

当边际成本高，从而产量小的时候，如我们所知，可有这样的现象：运用价格歧视的能力将不起作用，因为无论单纯垄断者或歧视垄断者都不在较弱的市场销售任何产量。因此，对很小的产量（第 64 图中从 O 到 OM_1）来说，此二边际收入曲线必然一致，因为二者都是较强的市场的边际收入曲线；歧视垄断者的平均收入曲线与总需求曲线必然一致，因为二者都是较强的市场的需求曲线。

在较强的市场的边际收入等于较弱的市场的任何买主购买时所要出的最高价格的那一点（即该市场的需求曲线与 y 轴的交点），在较弱的市场销售，开始对歧视垄断者有利，在该点，总需求曲线上有一结纽，它使总需求曲线的斜度骤然改变并与单纯边际收入曲线相分离（它们之间的横距离测量在价格歧视下销售于较弱的市场的产量），而歧视垄断者的平均收入曲线将和总需求曲线相分离。

同时，单纯垄断者将只在较强的市场销售，单纯边际收入曲线将继续和较强的市场的边际收入曲线相一致。总需求曲线在较弱的市场的需求曲线离开y轴的价格上有一结纽，因为在此价格上，由于较弱的市场的买主开始购买，销售额骤然增加。正在总需求曲线的这一结纽下，单纯边际收入曲线将间断地上升，在该点下（超过该点，即使在单纯垄断下两个市场也都有销售），单纯边际收入曲线可位于总边际收入曲线之上或之下（如图所示），这要看各个需求曲线的相对凹度而定。上述场合可图示于下。

DAR 为歧视垄断者的平均收入曲线。

AD 或 *SAR* 为总需求曲线（即单纯垄断者的平均收入曲线）。

AMR 或 *DMR* 为总边际收入曲线（即歧视垄断者的边际收入曲线）。

SMR 为单纯垄断者的边际收入曲线。

小于OM_1的各产量，产量和价格都不受价格歧视可能性的影响，因为在较弱的市场销售无利可图。在OM_1与OM_2之间只有歧视垄断者才在较弱的市场销售，[①] 超过OM_2，即使单纯垄断者也将在两个市场销售。

如果各种条件能够使单纯垄断价格被规定在各个市场都能销

① 在OM_1到OM_2的范围内，价格歧视的产量必然大于单纯垄断产量这一事实，是和当弹性较大的需求曲线具有较大凹度时价格歧视将增加产量的定则一致的。在单纯垄断价格下，较弱的市场的需求曲线与y轴相一致（因为按照该价格在那里不出售任何产量），而在较低的价格下，它离开y轴。这可以视作凹度的极度，因此，其他市场的需求曲线的凹度不能不是较小的。

售某些产量的水平，那么，很显然，如果一个市场需求曲线的弹性始终大于另一个市场需求曲线的弹性，则价格歧视总会带来好处，歧视垄断者的平均收入曲线必然始终位于总需求曲线之上。此外，如果各个弹性较大的需求曲线的凹度一直较大，则歧视边际收入曲线必然始终位于单纯边际收入曲线之上。

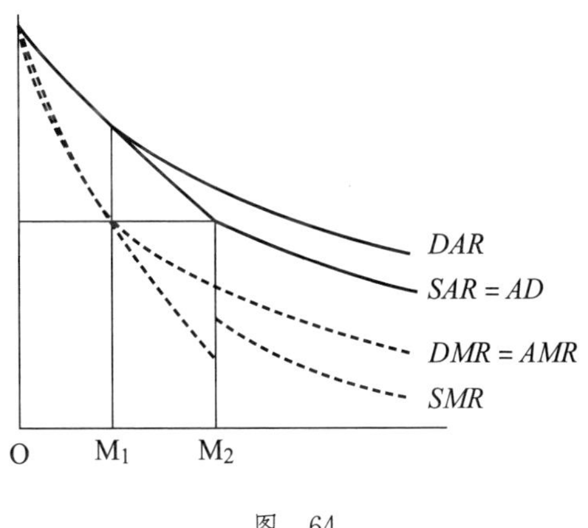

图　64

但如弹性较大的需求曲线的凹度并非一直是较大的（相对于弹性较小的需求曲线来说），则总会有二曲线凹度相等的一点。[①] 在该点（如第65图的产量 OM_3），歧视边际收入曲线必然与单纯边际收入曲线相交。如果两个不同的需求曲线中弹性较大的需求曲线的凹度较小，则超过该点，歧视边际收入曲线必然位于单纯边际收入曲线之下。此二边际收入

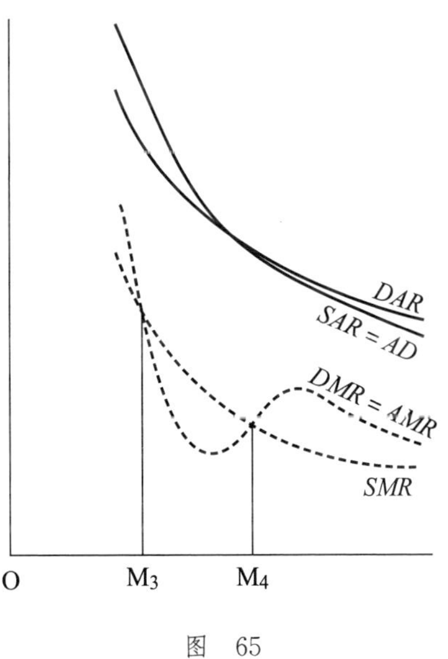

图　65

① 弹性较大的需求曲线的凹度一直较小，是不可能的。

曲线依照二不同需求曲线的相对凹度可以这样地错综相交，而价格歧视下的平均收入总是大于单一价格下的平均收入，这就是说，歧视垄断者的平均收入曲线总是位于总需求曲线之上。

但如二不同需求曲线中某条需求曲线的弹性不是始终大于另一条需求曲线的弹性，最初弹性较大的需求曲线随着它的下降而弹性相对地愈来愈小，那么，总会有二需求曲线的弹性相等的一点。在该点，因为不论价格歧视可能与否，价格是相同的，价格歧视下的平均收入必然等于单纯垄断下的平均收入。无论对于较小产量和较大产量（对于它，各不同需求曲线的弹性不等）来说，歧视平均收入较大。因此，在各个不同需求曲线是等弹性的那一点（如第 65 图的产量 OM_4），歧视垄断者的平均收入曲线必然和总需求曲线相切。对稍微小的产量来说，歧视平均收入曲线的弹性必然小于总需求曲线的弹性，而对稍微大的产量来说，它的弹性必然大于总需求曲线的弹性。从而，对稍微小的产量来说，在二平均曲线相切的产量上和单纯边际收入曲线相交的歧视边际收入曲线，必然位于单纯边际收入曲线之下，而对稍微大的产量来说，必然位于它之上。可见，对某些产量来说，歧视边际收入曲线可位于单纯边际收入曲线之下。

但始终这样也是不可能的，这很容易证明。各场合的总收入是由位于二边际收入曲线下的面积来表示的，价格歧视下的总收入不可能小于单纯垄断下的总收入，因为歧视垄断者至少可以使单纯垄断价格不变。如果歧视边际收入曲线始终位于单纯边际收入曲线之下，则位于它下方的面积势必小于单纯边际收入曲线下的面积。但我们知道这是不可能的。由此可见，如果任何产量范围内歧视边际收入曲线位于单纯边际收入曲线之下，则先前势必曾有某些产量，它的歧视边际收入曲线位于单纯边际收入曲线之上。[①]此外，对歧视边际收入曲线位于单纯边际收入曲线下的那一产量范围来说，由二曲线下的面积之差所表示的歧视总收入对单纯垄断总收入的超过额，随着产量的增加而减少；因此，有到达歧视总收入和单纯垄断总收入相等的一点的趋势。这样看来，如果任何产量范围内歧视边际收入曲线位于单纯边际收入曲线之下，则似有一相续的产量范围，歧视边际收入曲线将位于单纯边际收入曲线之上。[②]刚才已经指出，先前必然有一个产量范围，歧视边际收入曲线位于单纯边际收入曲线之下。因此，在其中歧视边际收入曲线是较高的那一产量范围，大于在其中单纯边际收入曲线是较高的那一产

① 虽然精确的数学证明很麻烦，但此结果很容易用相对凹度来说明。我们所必须证明的是，如果弹性较大的曲线在任何价格的凹度较小，势必有某种较高的价格，那里它的凹度增加。如果弹性较大的曲线的凹度一直较小，则它比弹性较小的曲线更快地接近于y轴。但它不能越过y轴。从而，为了避免这种情形的产生，它的凹度最终必须比弹性较小的曲线的凹度大，或者它和y轴相切，在切点的凹度为无限大。此外，它的凹度增加得愈慢，最后它的相对凹度也必须增加得愈大。换言之，歧视边际收入曲线位于单纯边际收入曲线之下的范围愈大，则在相反意义上以前二曲线的背离也势必较大。

② 此事实可解释如下。只有当二需求曲线中弹性较小的曲线的凹度较大时，歧视垄断产量才能小于单纯垄断产量。但随着价格的下降，凹度较大的曲线的弹性比凹度较小的曲线下降得慢。因此，二曲线的弹性的差随着价格的下降而愈来愈小。当它们通过等弹性的那一点，它们的位置倒换，超过该点，凹度较大的曲线的弹性较大。但是，除非它们已经变得没有弹性，因而边际收入为负，它们可能不会到达它们所趋向的等弹性点。在这种场合，歧视边际收入曲线将继续位于单纯边际收入曲线之下，并将向它靠拢，但在它越过x轴之下以前，不能和它相交。

量范围。[①]

以上的分析表明，一般说来，价格歧视的运用使产量增加比使产量减少的可能更大。[②]此外，除这些纯粹形式的考虑外，有理由认为，弹性较小的需求曲线的凹度大于弹性较大的需求曲线（因而价格歧视将增加产量）似乎是普通的情况。每逢可能时，垄断者（如我们所知）将把各个不同市场划分得尽量均匀，以便从价格歧视的能力中得到最大利益。这时各个买主对任何商品的需求极易得到满足，这就是说，对各个买主来说，似有某种价格，按照这种价格他需要多少就买多少，因此，任何降价都不会使他买

① 两不同需求曲线是直线的场合是庇古教授（用不同的方法）举出来的（见《福利经济学》，第809页）。此直线场合可说明如下：此场合代表上面第64图所述情况的一个特殊场合。如我们所知，总需求曲线在较低的需求曲线与y轴交点的价格上必有一结纽。当两不同的需求曲线是直线时，正在此结纽下向上升的单纯边际收入曲线和超过产量OM_2（在此发生结纽）的一切产量的总边际收入曲线相一致。此两收入的差（由两边际收入曲线下的面积的差所表示）不以产量为转移（如果单纯垄断价格的水平使在较弱的市场有一些销售量），并等于三角形abc。因此，歧视垄断者的平均收入曲线渐近于总需求曲线。

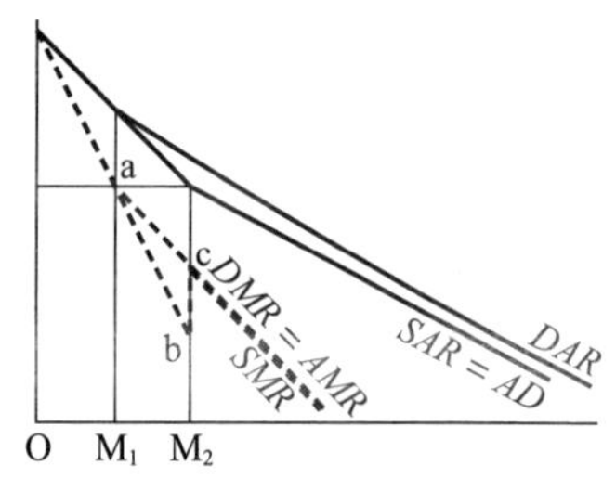

图　65A

② 庇古教授表示说，在按照统一价格各个市场都有某些销量的情况下，“没有充分理由来认为歧视垄断产量……将大于或小于单纯垄断产量”（《福利经济学》，第286页）。但他之所以得出这一结论，是因为他的精确分析只是涉及直线形需求曲线，从而不能使他把价格歧视增加或缩减产量的情况分辨出来。

在和上节似有矛盾的一节中，他推论说，因为完全歧视必然增加产量，普通歧视很可能增加产量（《福利经济学》，第287页），并且他论证说，垄断者所能销售的市场愈多，则增加产量的可能也就愈大。但如我们所知，结果并不取决于市场的多寡，而取决于不同需求曲线的相对凹度。

得更多一些。这样，由十分相似的各个买主组成的市场似有一个相当一定的饱和点，在这个饱和点以下，需求是极其没有弹性的。如果各个不同市场属于这一类型，则对单纯垄断价格低于饱和价格的任何市场来说，需求曲线将是极其没有弹性的，并且凸度也是很大的；而对单纯垄断价格高于饱和价格的任何市场来说，需求曲线的弹性较大，而且凸度也较小。因此，如市场属于这种类型，则应用价格歧视可能使产量增加。

另一方面，如我们所知，单纯垄断下不同市场销售的产量愈多，该市场需求曲线的“修正凹度”的值就有愈大的趋势。弹性较大的市场，往往是由许多穷买主组成的；弹性较小的市场，往往是由少数富买主组成的。因此，弹性较大的市场所销售的产量可以大大地超过弹性较小的市场，如果两个市场的需求曲线都是凸形，在采用价格歧视时，它势必造成总产量的缩减。只有弹性较大的市场的需求曲线是凹形，它大于弹性较小的市场这一事实才能加强产量将因价格歧视而增加这一假设。

第十六章　价格歧视的利弊

一

现在可能探讨的是，价格歧视究竟对垄断者的顾客和整个社会有多大利弊。首先，因为价格歧视下的平均收入大于单纯垄断下的平均收入，很显然，有一些场合，如果价格歧视不可能，就不会生产任何产量。[①]如果某产品的平均成本曲线全部位于该产品需求曲线之上，则在任何单一价格制下生产就不会获得利润。但如平均成本曲线，虽位于需求曲线之上，在某点却位于歧视价格下平均收入曲线之下，那么，如价格歧视可能，就可以获得利润，并生产某些产量。[②]例如，假使禁止价格歧视，铁路也许不会修建，乡村医生也许不会行医。在这种场合，允许价格歧视，显然有利，

① 参阅《福利经济学》，第287页。

② 庇古教授（同上书，第808页）曾举出完全歧视下这一问题的情况。完全歧视下，边际收入曲线直接由需求曲线表示。庇古教授指出，如果需求曲线完全位于边际成本曲线之下，即使在完全价格歧视下也不会生产任何产量。他证明，平均成本下降得愈快，需求曲线就愈可能位于边际成本曲线之上，其距离足以保证生产某种产量，用我们的话来说，就是保证平均成本曲线和垄断者的平均收入曲线在某点相交。

因为垄断者的平均收入不能大于消费者的平均效用。[①] 如果平均收入大于平均成本，则平均效用也将较大，投资将对社会有利。

但是，对于一个过去曾做过长期性的投资（如永久性铁路），并发现由于需求减少，现在即使能实行价格歧视，也只能获得正常利润的公司来说，决不能认为上述事实可以（从社会的观点来看）作为它实行价格歧视的理由。从社会的观点来看，这个公司只是必须获取足以维持设备效率的利润，而不是足以辩护原来的投资的利润。

二

当即使禁止歧视价格，也有某种产量生产时，只有我们置身于这群或那群买主中，我们才能肯定，价格歧视和单纯垄断比较起来，是否有损于买主的利益。和单纯垄断比较起来，价格歧视对给他们提高价格的那些买主总是不利，而对给他们降低价格的那些买主却总是有利，以这群买主的所得和那群买主的所失相比较是不可能的。但我们总可以有某种理由来偏袒某一群买主的利益。例如，弹性较大的市场的买主（对他们减价）可能比弹性较小的市场的买主穷些，我们可以认为穷买主的所得比富买主的所失重要。在这种场合，必须认为价格歧视是有好处的。另一方面，弹性较小的市场可以是本国的市场，弹性较大的市场可能是外国的

① 为讨论这类问题起见，有必要给效用加上某种意义作为衡量经济福利的尺度。

市场，因此，较强的市场的买主的利益被认为比较弱的市场的利益重要。

但在这种场合下，价格歧视未必总是不利的。因为，如我们所知，当情况是歧视垄断产量大于单纯垄断产量的时候，如果边际成本是下降的，则价格歧视实际上对弹性较小的市场的买主有利，因为总产量的边际成本将减少，而要他们支付的价格可以降低。如果情况是单纯垄断者不在较弱的市场销售任何产量，则价格势必降低（假如边际成本是下降的）。因为那时采用价格歧视必然使产量增加，从而边际成本下降；但单纯垄断者的边际成本等于较弱的市场的边际收入，因此，较强的市场的边际收入，从而价格，必然因采用价格歧视而降低。[①]

我们已经知道，价格歧视使产量激增的条件是，弹性较大的市场的需求曲线有很大的凹度。这许是一种普通场合，那里弹性较大的市场是国外市场，在该市场上出口货与当地产品互相竞争。往往发生的情况是，按照相对高的价格只有少量产品才能出

① 庇古教授（《福利经济学》，第286页）指出，价格歧视有时也对较强的市场的买主有利，但他所考虑的只是单纯垄断下在较弱的市场不销售任何产量的那一种场合。庇古教授的分析所以局限于这种场合，是因为只有在各需求曲线是直线的场合，他才能得出精确的结果。在单纯垄断下不在较弱的市场销售任何产量时，如边际成本不变，则采用价格歧视将使较强的市场的价格不变，如边际成本上升，则将提高价格；参阅庇古著作（同上书，第810页注。但庇古教授的表述含混，因为他没有谈边际成本，而谈的是供给价格）。维纳教授（《倾销》，第103页）不加证明地断言，较强的市场的价格将永远不变，并请求他的读者找出变动的例子来。因特玛教授接受了挑战，他用和上章相似的方法得出和庇古教授一样的结论；维纳教授和因特玛教授似乎都不知道庇古教授对这个问题的处理是简单的。

口，但是，随着出口货的价格接近并降低到当地产品的价格以下，出口货的需求增加得很快——简单地说，需求曲线的凹度是很大的。[①]可见，似有许多场合，在这些场合下，如果边际成本随着产量的增加而下降，则一种商品的“倾销”（即在国外市场比在国内市场按照较低价格销售）可能降低它的国内价格。

有时人们认为（例如，急于为实行价格歧视作辩护的铁路人员），[②]高价格市场的买主无论如何总会从其他市场按低价格供应这一事实得到利益。其论点如下：如果收取统一价格，则在较弱的市场所销售的产量将减少。公司总成本中较大的部分势必由较强的市场独自负担，因此，对它们所收取的价格将高于歧视价格。如果垄断者只限于获取某种固定利润（虽然需求情况使他能获得较大的利润），则上述论点才能站得住脚。但如垄断者遵守获取最大限度利润的原则（如本书全部分析中所假定的那样），则在上述场合，价格歧视只能有利于高价格市场的买主。

从全社会的观点来看，不可能断言价格歧视是好还是坏。如果任何商品没有生产到它的边际效用（由商品的需求曲线表示）等于它的边际成本的那一点，从社会的观点来看，那显然是一种浪费。但在单纯垄断下，边际收入等于边际成本；因此，垄断产量少得不能令人满意。所以，从某种观点上看，价格歧视在导致产量增加的一切场合必须被认为优于单纯垄断，而如我们所知，这

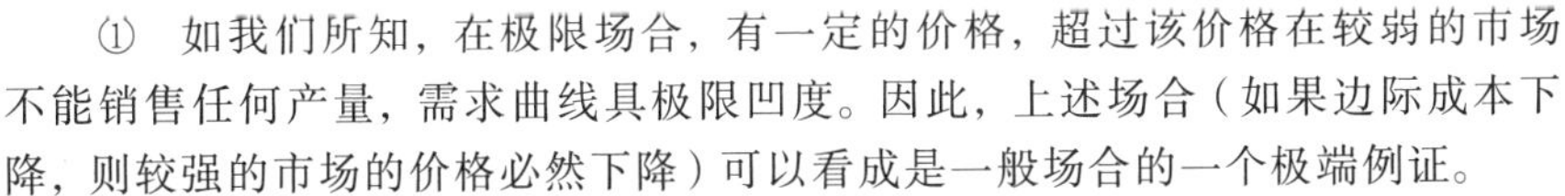

① 如我们所知，在极限场合，有一定的价格，超过该价格在较弱的市场不能销售任何产量，需求曲线具极限凹度。因此，上述场合（如果边际成本下降，则较强的市场的价格必然下降）可以看成是一般场合的一个极端例证。

② 例如，《关于铁路和公路运输的报告》1932 年，第 12 页。

些场合似乎是比较常见的。但是，必须把这种利益和价格歧视使资源在各种用途中间的分配不均这种事实加以比较，[①]而这个问题会使我离题太远，不拟在此讨论。因此，在可能断言价格歧视是好是坏以前，有必要比较产量增加的利益和上述的不利之处。在价格歧视减少产量的那些场合，从两方面来看，它都是要不得的。

三

还有一点尚待考虑。第十三章中我们讨论过价格控制问题，但我们假定只能规定一个价格。现在我们必须考虑，规定一种歧视价格体系是否更加相宜。

在统一价格下，如果法定价格是需求价格等于平均成本的那一价格，当平均成本下降时，就会得到最大产量。不过，这会造成浪费，因为超过需求价格和平均成本相等的那一产量，还有很大的产量范围，在其中需求价格大于边际成本；因为需求价格被假定是测量边际效用的，所以，生产这个追加产量是相宜的。如果有可能规定各种歧视价格，就会部分地消灭这种浪费，同时取得较大产量。自由价格歧视的平均收入大于自由单纯垄断的平均收入，最大可能的产量将是歧视垄断者的平均收入等于他的平均成本的那一产量。在任何一定的市场系统下，为诱使垄断者生产最大可能的产量，就必须把价格体系规定得使所有市场的边际收入

---

① 关于这一问题的说明，参阅《福利经济学》，第284—285页和第288—289页。

相等，使平均总收入等于平均总成本。那时就会得到所需要的产量。因为出售较大的产量不会不使垄断者遭受损失。①

这种方法会保证生产最大可能的产量，但它也会受到以上所述的对价格歧视的一般非难。因此，相宜的是，牺牲用这种方法所能得到的部分产量，而放任较小程度的价格歧视，但是，某种程度的价格歧视也差不多一定是好事情。②

① 在价格歧视产量和单纯垄断产量的差最大的那些场合，歧视下的平均收入和单纯垄断下的平均收入的差也最大。因此，使歧视产量大于单纯垄断产量的那些条件（弹性较大的需求曲线的相对凹度）会使用上述方法所得到的产量大于用一个法定价格所得到的产量。

② 庇古教授在确定了完全竞争一般地优于歧视垄断这一事实以后，进一步论证说（《福利经济学》，第18章），铁路运价规定在相应于单纯竞争的水平是相宜的，而这，如他表明的那样，会完全消灭价格歧视。但他的论点是极其含混的。在竞争条件下，价格等于个别公司的平均成本和边际成本。只有该公司碰巧在运用着最适度的生产能力，因此平均成本最低并等于边际成本时，才可能给铁路规定这种价格。但如庇古教授自己所指出的那样，铁路似在平均成本下降条件下经营的，而当个别公司的平均成本下降时，就不会有这种竞争价格，因为边际成本必然小于平均成本。但庇古教授也许指的是，规定一种需求价格等于平均成本的价格是相宜的。如我们所知，这会造成产量的浪费，该产量是可以用上述的方法取得的，而庇古教授似乎忽略了这一点。为了辩护价格歧视有利于较弱的市场，他引用这一事实：需求价格和商品的社会边际效用可以不等，例如，工人的廉价车票可以使工人们享受乡间的健康生活（《福利经济学》，第314页）。但是，为了证实潜在产量浪费的事实，只须考虑，对大于在一个法定价格下所能实现的产量来说，需求价格（用它来测量边际效用）大于边际成本。

第六篇

买方独占

第十七章　买主插论

一

上面我们从卖主的观点考察了这个发端问题，为什么那只香蕉值一个便士？我们也以无限复杂的形式考察了为什么那个人一只香蕉要卖一个便士？现在我们必须讨论第二个问题：为什么另一个人要用一个便士买一只香蕉？这里我们立即遇到经济分析中最棘手的一个基本问题。我们通常把商品使人购买或获取的性质称为**效用**，但是，一个完全令人满意的效用定义是未曾有过的。给效用下定义的企图一般来自为使用边际效用曲线作辩护的愿望。边际效用曲线的使用和使用所得到的显然合理的结果先于效用的定义。经济学家们陆续建造像纸屋一般的定义以及批评家们陆续吹倒它们（曲线本身不受影响）的情景，曾使本书作者企图在效用定义的废墟上来下一个定义。

效用是使商品为买主所希求的那种性质。一定商品的**边际效用**是一个买主在该商品的购买量上增购一单位商品所得的总效用的增加额。

经济分析的基本假设是，每个人都有理性地行动，一个人使边际成本和边际收益相平衡是有理性的。因此，当一个买主购买一种商品引起一定的边际成本时，该商品对他的边际效用就等于它的边际成本。

效用的这种叙述是建立在循环论法的基础上。纸屋已经垮台了。

这点可说明如下：把求生的行为当作有理性行为的定义。那么，横过一条马路时，一个左右察看的人就是有理性的。让自己被公共汽车轧死的人就是无理性的。但一个想自杀的人让自己被公共汽车轧死，照较广泛的常识的定义，也是有理性的（本书所用常识一词决不含有伦理的偏见）。因此，以常识的这种定义为基础的分析，不能完全满意地说明所有行路人的行为，但它适用于一切场合中很大一部分，足以使它具有实际意义。

或是把获取最大货币收益的行为当作有理性行为的定义。那么，使边际货币成本等于边际货币收入的人是有理性的；没有这样做的人是无理性的。而有相当理由没有这样做的人（比方说，他宁愿睡觉而不愿赚钱），根据较广泛的常识定义，也是有理性的，以经济学家的常识定义为基础的分析不很适用的那些场合，在一切场合中所占的比例远高于自杀事件在所有行路人中所占的比例。尽管如此，经济学家的合理行为的定义可以被认为是产生具有某种实际意义的结果的。这两个常识定义都是权宜之计，它们能使分析发展到一定的阶段，而当这种分析变得能够处理更一般和更复杂的常识的定义时，它们就可以取消。但是，当我们要分析购买商品不是为了货币收益，而是为了占有并消费商品的那些买主的行为时，我们就没有像生存或货币收益那样的客观的常识标准。效用就是标准，而效用这一概念已经涉及常识的定义。

如果有一种行为主义的实验分析法可以用来确定各个典型买主的实际曲线，这些曲线表示购买某种现实商品的各种数量所引起的边际成本，则上述困难无足轻重。那时任何一定数量的商品对一定买主的效用就是曲线的积分，没有必要追问买主是有理性的，还是无理性的。但这种实验分析法是可望而不可即的。一种**假想的实验分析法**可以用来补救行为主义心理分析法的不足。分析经济学家可以向自己提出一系列的问题：如果香蕉的价格是半便士，我一星期内买多少？如果我的年收入是五百镑，我买多少？如果七个橘子卖六便士，我买多少？如果我看见一个招贴，上面写着坐地铁去办公时多吃水果，我又买多少？如果是一个炎热的夏天，我又买多少？如果我的隔壁邻居养着一只波斯猫，我又买多少？这些问题能使这个经济学家对他自己的香蕉边际效用曲线作出一种粗略而不完备的、显然靠不住的说明。由于假定别人和他有同样的心理，由于盲目的信念，他可以承认除他自己外还有个人的一定的香蕉边际效用曲线存在。他能够带着镇定的（虽不尽如人意）职业良心来继续使用边际效用曲线。把同样的方法应用到成本曲线是可能的。边际成本可以界说为等于边际收入的成本，总成本可以看成是用行为主义者的研究方法所作的边际成本曲线的积分。这种边际成本曲线，可能离开我们在卖主是无理性的或有某种理由不想获得最大货币收益的场合下使用的边际成本曲线。这样，边际成本曲线和边际效用曲线之间就没有本质上的不相称。但因获取最大货币收益的原则提供了一个方便的客观常识标准，似乎更相宜的是假定所有卖主都是有理性的，并且竭力

获取最大的货币收益。从而，就可能使用一种边际成本的客观概念，它的定义并不包含循环论法；这种方针在我们的销售中始终是遵循了的。

边际效用曲线是价值的一连串的边际分析上最弱的一环。但它却不是很重要的一环。没有理由失望于用以确定需求曲线的实验方法，这些曲线表示在一定时间和一定市场按照各种价格所将购买的一种商品的各种数量。本书前半部所讨论的需求曲线正是这种需求曲线。本书前一部分在边际效用的概念完全破产以后也仍是颠扑不破的。[①]

当我们所涉及的需求曲线是卖主客观看待的需求曲线时，就没有必要来探讨效用的性质。当我们对个别买主的决定进行分析时，用行为主义者的研究方法所确定的边际效用曲线和一个纯形式的效用定义就会适合我们的需要。因此，价值分析中没有一部分是需要有关效用实际性质的知识的。只有在财政学和福利经济学里，效用的实际性质才是重要的。对这些经济分析部门来说，有必要给有理性的行为下定义，而它蕴含着买主们根据他们自己的经济利益行事这一概念，但经济利益的客观标准还是未曾有过的。在价值分析部门，蕴合在效用定义中的循环论法只是一个小缺点，而在有关经济福利概念的分析部门中，效用定义中的循环论法的确是一块绊脚石。如果各个买主都是无理性的，或如果他们有相当理由不去追求他们的经济利益，则由边际效用曲线的积

① 这点哲学是我从边际分析方法学来的。但多亏剑桥大学皇家学院的一位哲学家布雷斯威特先生的帮助，我才能这样表述它。

分所代表的一种商品对一个买主的效用，将不能在任何有利害关系的意义上提供他消费该商品所得的经济福利的量的尺度。因此，即使可以确定行为主义者的边际效用曲线，除非可能确定所有买主根据有关的常识定义来看是有理性的，则这种曲线在经济福利的分析上就是不中用的。

因此，消费者的剩余——一个买主所消费的任何一定数量的某商品的总效用和它的总成本的差——这个概念，除非已经找到有关的常识定义，是没有现实或有利害关系的意义的。根据边际效用曲线从几何上得出来的消费者的剩余这一纯形式的概念，在以后的分析中使用。下章中我们假定，一个买主的边际效用曲线是可以用行为主义者的研究方法或用假想的实验分析法作出来的。一旦曲线作出以后，再也没有必要来研究它的性质，分析就可以开始了。

在分析一个购买生产要素的人的决定方面，上述非难没有一个是适用的。购买生产要素并不是为了生产要素本身，而是为了出售它们生产的商品来赚取货币收入。所以，获取最大货币收益的原则将再一次提供一个客观的常识标准，而为了能够进行购买分析，只需要假定买主是有理性的。因此，效用这个不可靠的概念只用于下一章。第七篇讨论生产要素的买主的决定，其中没有商品购买的分析上所遇到的困难。

二

有必要给个别买主命名，使它相应于个别卖主的命名——垄断者。本书以下各章，称个别买主为买方独占者。[①]

卖主中间的完全竞争的标准是，个别卖主的需求曲线是完全有弹性的；同样地，买主中间的完全竞争的标准是，个别买主的供给曲线应当是完全有弹性的。这就是普通竞争市场的情况。一个买主可以走进一家商店并按照当时价格要买多少就可以买多少。如果他出价较少，他就买不到东西，而如果他出价稍多一点，他就会独占全部供给。卖主中间的完全竞争需要两个条件：其一，卖主必须很多；其二，买主对一个企业和其他竞争企业的喜好（或不喜好）都必须一样。同样地，买主中间的完全竞争所需要的条件是，组成一个市场的买主人数很多，因此，其中任何一个买主的购买量的变动对市场总购买量的影响小得可以不计，此外，卖主们不管对谁都一视同仁地供给自己的商品。第二个条件并不总是实现的，有些企业由于情感、家庭关系、感恩或“急于期待未来利益”而给予某些顾客以特殊条件，但在现实世界中，这个条件比卖主眼中的完全竞争的条件显然更经常地实现。[②]如果买主彼此之间的竞争完全，各个买主的边际效用必然等于商品的价格。因为价格等于买主的边际成本，而边际效用被定义为等于边际成本的某种数量。但买主的边际效用曲线并不是一条需求曲线。它不是按照各种价格所要购买的商品数量的表；而是代表按照买主

① 较旧的名词“垄断买主”是不合逻辑的，它和垄断概念相一致的买方独占概念有联系。多亏剑桥大学彼得学院的霍尔沃尔德先生，我才使用买方独占（monopsony）一词，此词是从 *όψωνείν*（在市场上买东西）派生出来的。

② 此外，即使市场不完全，对个别买主的供给可以是完全有弹性的，因为各个卖主往往有很多的买主，因此，任何一个买主可以按不变的价格买到所要买的数量。

的各种边际成本所要购买的数量。如果对买主的商品供给弹性完全，则商品各种数量的边际效用将等于它的价格（因为它的价格等于它的边际成本）。因此，在买主之间的竞争是完全的假设下，把一个买主的边际效用曲线叫作他的需求曲线，在形式上是正确的，正如同在卖主的完全竞争下（那里边际成本等于价格），一个卖主的边际成本曲线就是他的产量供给曲线一样。如果知道买主中间有完全竞争存在，则市场的需求曲线可以用来表示一群买主的边际效用曲线。总购买量在买主中间分配得使其中各个买主购买量的边际效用等于价格。①

我们在第七章里知道，如果不首先假定对各个卖主的需求情况，就不可能作出许多卖主生产的一种商品的供给曲线。同样地，如果不假定对各个买主的供给情况，也不可能作出许多买主所购买的一种商品的需求曲线。但是，假定买主之间的完全竞争比假定卖主之间的完全竞争是现实得多的，因为在任何一个普通市场上买主的人数总比卖主的人数多。因此，在下章中我们将只考察一方面是一个买主，另一方面是许多买主的完全竞争市场的场合，而不谈许多买主的不完全竞争市场问题。

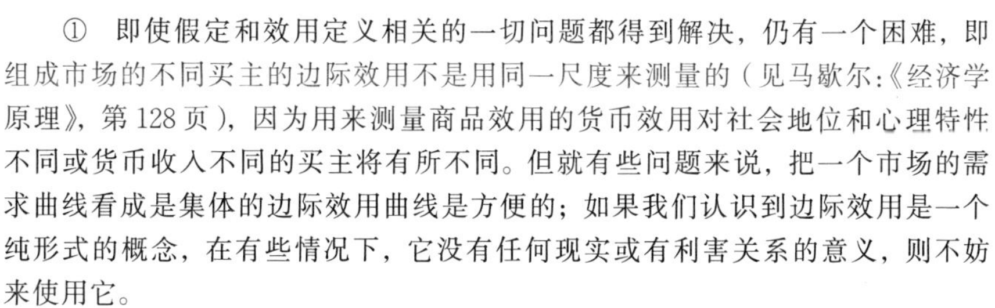

① 即使假定和效用定义相关的一切问题都得到解决，仍有一个困难，即组成市场的不同买主的边际效用不是用同一尺度来测量的（见马歇尔:《经济学原理》，第 128 页），因为用来测量商品效用的货币效用对社会地位和心理特性不同或货币收入不同的买主将有所不同。但就有些问题来说，把一个市场的需求曲线看成是集体的边际效用曲线是方便的；如果我们认识到边际效用是一个纯形式的概念，在有些情况下，它没有任何现实或有利害关系的意义，则不妨来使用它。

第十八章　买方独占

一

分析一个买主决定购买多少商品的基本原则是，他将使边际效用等于边际成本。如我们所知，这一说法只不过是一个同义异语罢了。如果商品供给对他是完全有弹性的，则他将使边际效用等于价格。首先，如果他是许许多多买主中间的一个，因此他的购买额的变动对该商品总产量的影响小得可以不计，从而对商品价格的影响小得可以不计；其次，如果该商品是在供给价格不变的条件下出售，因此即使他的购买额的变动造成产量的显著变动，它不会使价格变动，那么，不论在第一种场合或第二种场合，他将使边际效用等于价格。

当某商品的消费者有组织，或是社会主义国家管制进口，或是某人适巧喜欢谁也不需要的某种商品时，就会发现以下的事例：买主的购买额占竞争[①]工业所生产的商品的全部或很大的部分。当

① 买方独占者向垄断者购买的场合（通常称为“双边垄断”）本篇不加以讨论。

某人定购上面印有他的住址的信纸时，就是这种情况的日常事例。在这些场合，如果商品不是在供给价格不变的条件下生产的，则边际效用将不等于价格。购买量将被调整得使边际效用等于边际成本。价格将是那种商品量的供给价格，它可以大于或小于商品对买主的边际成本。

二

我们的下一任务是，考察市场从无数竞争买主变成一个买主时一种商品购买量所发生的变动。这可以叫作竞争购买和买方独占购买的比较，正如相应的销售比较叫作竞争产量和垄断产量的比较一样。

这种比较不受对于以前的比较所提出的不可轻视的非难。主要的非难来自这一事实：为了给比较一个确定的基础，就必须假定完全竞争的情况，而完全竞争在现实世界中是极稀有的。的确，只有当购买的竞争完全时，需求曲线才具有明确的意义，但买主的竞争完全是大部分普通市场上的常规，而不是例外，因为各个卖主通常都拥有很多买主。所以，作为比较基础的竞争需求曲线可毫不犹豫地加以使用。很容易设想，一群买主最初是彼此独立行动的，继而达成协议采取一致行动，而不致引起需求曲线的任何变动，此需求曲线可以用来代表买方独占者组织的边际效用曲线，或他们所消费的商品的供给情况的任何改变。[①] 因此，在竞

① 但要注意买方独占者组织将再造成完全市场的条件。因此，它将强迫不完全竞争工业改组得能保证最有效率地生产任何一定的产量。

争和买方独占下边际效用曲线和供给曲线都一样时，无须作那种它们实际上永不相同的保留，我们就可以比较两种场合下所购买的数量。

这种比较有些方面相同于竞争和垄断的比较。买方独占者必须支付他所购买的商品产量的供给价格，但是，他将把他的购买额调整得使边际成本等于边际效用；而在竞争条件下，价格或买主的平均成本等于边际效用。由此可知，在供给价格不变条件下，如平均成本和边际成本相等，则在竞争和买方独占下所买的数量势必相等。但如工业是在供给价格递增或递减条件下生产的，则买方独占者的边际成本将不等于商品的价格。

在供给价格递增条件下，因为买方独占者每增加一次购买，就会提高他所必须支付的价格，他的边际成本大于商品的供给价格。供给价格是买方独占者的平均成本，但他将按照边际成本调整他的购买额。

> *MC* 是工业的边际成本曲线，它代表买方独占者的边际成本曲线。
>
> *AC* 是工业的平均成本曲线，或供给曲线。
>
> 买方独占者将购买边际效用（或竞争需求价格）等于边际成本的产量（ON），并对该产量支付一个小于竞争价格（QD）的供给价格（NP）。

如果曲线都是直线，显而易见，他所买的数量将大于二分之一的竞购量。如果他的需求弹性完全（很难设想的一种场合），而供给曲线又是直线，则他所买的数量势必等于竞购量的一半。

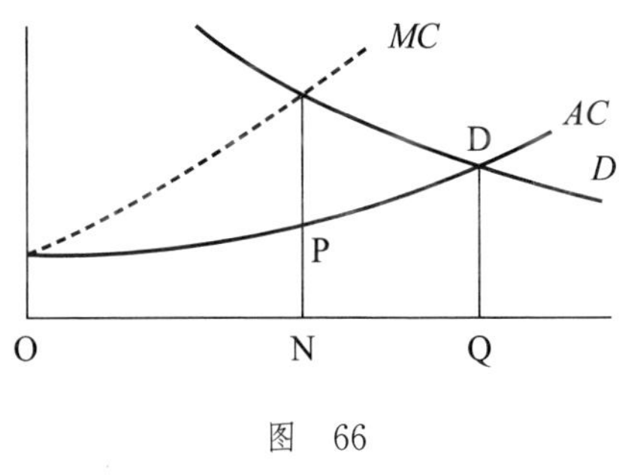

图　66

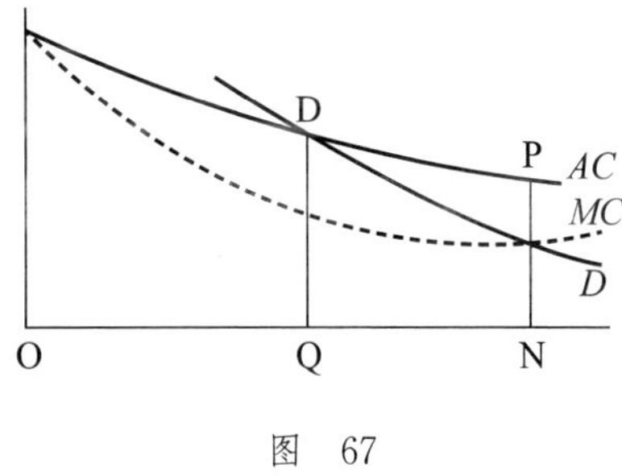

图　67

如果工业是在供给价格递减条件下生产的，他将觉察他每增加一次购买额就降低供给价格，[①]他的边际成本（等于工业的边际成本）将小于供给价格。因此，他的购买量将大于竞购量。例如：

ON 将大于 OQ，买方独占价格 NP 将小于竞争价格 DQ。

ON 可以无限地大于 OQ；在供给曲线一定的条件下，需求曲线的斜度愈小，它将愈大；需求曲线的斜度愈大，它就愈接近竞购量。

如果买方独占者的需求完全没有弹性（如在相关价格的范围内发生的那样），他将按照竞争价格购买竞购量。

三

我们可以用一种特殊印模印的信纸的例子，说明一个有趣的特殊买方独占场合。这要引用我们在第二章所讨论的平均曲线和

① 在供给价格递减的条件下，买方独占者不能只是宣布他的买价，因为无条件地提出某一价格会引起工业生产无限大的产量。买方独占者（假定他知道商品供给曲线的行径）必须决定他所要买的数量，并把它分配给各个不同的卖主。

边际曲线的关系。印模需要一定的成本，一旦印模制成以后，印刷更多的信纸的边际成本将不变。这样，边际成本不变，各相继产量的平均成本将包括印刷和纸张的不变成本加印模固定成本的递减额。平均成本曲线将为直角双曲线，边际曲线是它的渐近线。

买信纸的那位家长，即使只需要一张信纸，也必须负担印模的成本；而当印模制成以后，各种数量的信纸的边际成本将不变。这样，如果我们不谈文具商的一般成本，而只孤立地考察这宗交易，我们就知道，这位家长订购的信纸数量（第68图中的ON）将是边际效用等于每单位纸张和印刷成本的那一数量，但他将必须支付包括印模总成本在内的平均成本（NP）。

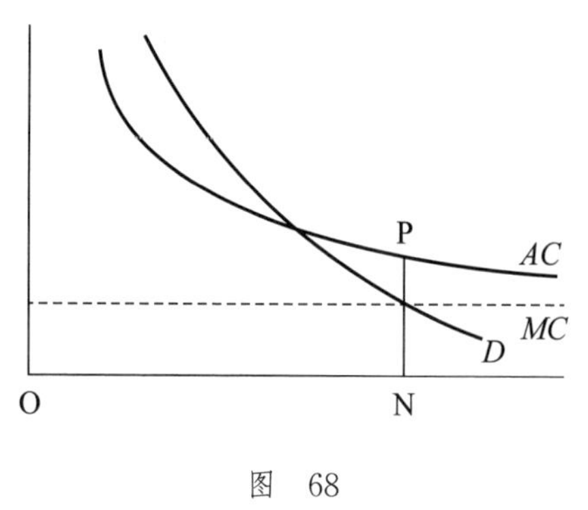

图　68

现在让我们比较这位家长和一个购买上面印有校徽的信纸的大学生，而这种信纸有很多的买主和卖主。让我们假定，大学生的信纸需求曲线和家长的需求曲线完全相同，并假定在两种场合印模和纸张的成本也都一样。信纸对大学生的价格将低于对家长的价格，因为他的印模使用得更加充分。但是，信纸对家长的边际成本（它规定他的购买量）将小于对大学生的价格（它规定大学生的购买量），因为这个价格除纸张和印刷成本外还必须补偿印模的平均成本。

因此，我们就得出一个奇怪的结论：虽然家长支付较高的价格，他买的信纸将比大学生多。这个区区小例说明一个原理，这个原理在货物（例如只有一个加工厂使用的某种机器）照例是特别定购时许是很重要的。

四

对买方独占的分析通常都用与对垄断的传统分析相似的方法来进行。买方独占者被认为他要获取最大的消费者的剩余，如同垄断者要获取最大限度的纯收入一样。

在按照供给价格NP所买的产量ON上，阴影部分的面积表示消费者的剩余；当此面积最大时，ON将代表买方独占者最有利的购买量。

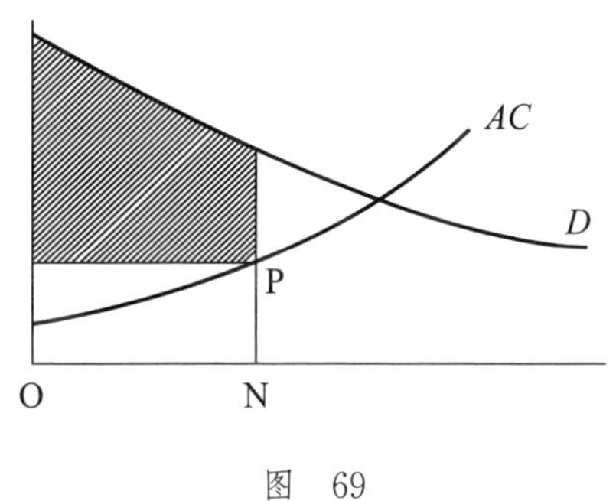

图　69

这个方法和上述分析产生同样的结果，因为当边际成本等于边际效用时，显然消费者的剩余最大。如果购买额超过这一点，则边际成本大于边际效用，消费者的剩余减少；而如果购买额缩减到这点以下，则效用的损失大于成本的节约。[①]

① 如果全部需求曲线已知，消费者的剩余可以用和表示租金一样的方式来表示。根据代表边际效用的需求曲线，可以求出平均效用曲线（*AU*）。因此，在完全竞争下，如果价格是PQ，购买量将是边际效用等于PQ的那一数量，而平均效用（RQ）大于价格。从而，消费者的剩余（图中阴影部分的面积）是由平均效用和边际效用的差（PR）乘购买量来表示的。（转下页）

五

如同我们有垄断者的价格歧视那样，我们也可以有买方独占者的价格歧视。当各类卖主可加以分别对待的时候，就会产生买方独占者的价格歧视，正如当买主可以分成不同市场的时候产生卖主的价格歧视一样。买方独占者将从各个供给来源购买，使他从各个来源购买的数量的边际成本彼此相等，并等于总购买量的边际成本，正如垄断者在各个不同市场所销售的产量将使各个市场的边际收入相等并等于总产量的边际成本那样。[①] 有利的价格歧视的可能性将取决于不同来源的供给弹性，即各群卖主的平均成本曲线的弹性的不同。如果各个来源的供给弹性相同，则在单纯买方独占下（当只有一个价格时）买自各个来源的数量将使各个产量的边际成本

（接上页）这样表述消费者的剩余当然不能消除概念中所蕴含的基本困难。平均效用是不能直接知道的，而只能从边际效用推出。因此，在我们能够确定商品在一定价格下所提供的消费者的剩余以前，我们必须知道在零与实际消费量之间的各种数量的需求价格；因为几乎总不可能确定商品从零起的需求曲线的全部行径，所以，不可能确定它所提供的消费者的剩余。无论如何，消费者的剩余在这里只是被看成一个纯粹形式的概念，它作为买主从商品中所得到的经济福利的尺度，可能没有任何有利害关系的意义。

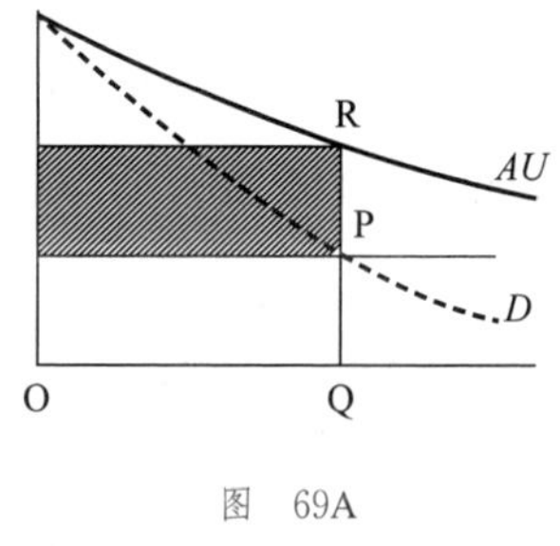

图　69A

① 各个来源的生产成本被假定不以买自其他来源的数量为转移。此假设相似于价格歧视分析中所作的假设：各个市场的价格不以其他市场所要的价格为转移。

彼此相等，从而歧视无利可图。如弹性不同，则买自弹性较小的供给来源的数量将缩减到在单纯买方独占下买自这些来源的数量以下，这些来源的价格势必降低。[①]而买自弹性较大的来源的数量将增加，这些来源的价格势必上升。这种分析完全对称于垄断价格歧视的分析，单纯买方独占产量和歧视买方独占产量可用同样的方法加以比较。此外，一旦找出歧视买方独占者的边际成本曲线，就很容易比较歧视买方独占下的购买量和竞争条件下的购买量了。

可能实行价格歧视的范围将取决于总供给可以分成多少不同来源和各个来源的供给情况。如果商品的各个单位是按照不同的价格买的，就可以实现完全价格歧视。如果商品的各个卖主拥有不可分割的一个商品单位，或如果和各个卖主交易时，能按照等于商品平均成本的价格提出全部购买或完全不买的、其对卖主的边际成本等于对买方独占者的边际效用的那一数量，那么，就可能实现完全价格歧视。[②]那时买方独占者可以按照最低供给价格购买各单位产量，并且可以不付竞争条件下生产该商品所使用的要

① 我们假定各个来源的供给曲线是上升的。如果任何一个来源各种产量的供给曲线是下降的，则买方独占者将只从那个来源购买，除非是从成本上升（或下降得较慢）但在很小产量范围内是较低的其他来源购买有利。

② 销售方面的完全歧视或“一级歧视”需要相似的条件：买主只买一个不可分割的商品单位，或他按等于平均效用的价格只有一份必须全部购买或完全不买的一定的数量。生产要素所有者（购买生产要素是买方独占中最一般的场合）的供给完全没有弹性（在一定的供给价格以上）比一个商品买主的需求完全没有弹性（在一定的最高需求价格以下）显然是可能得多的。此外，按照平常的销售方法，一个买主和许多卖主中各个卖主分别议价比一个卖主和许多买主中各个买主分别议价往往更实际可行，一个卖主对给予一定产量以全卖或完全不卖的价格的嫌厌似小于一个买主对购买一定产量给予全买或完全不买的价格的嫌厌。因此，买方独占下的完全价格歧视比垄断下的完全价格歧视更易实现。

素所得的全部租金。

如商品是由供给价格递增条件下的工业生产的，且没有大规模工业的经济，[①]则比较完全歧视买方独占和单纯买方独占及完全竞争下的购买量是很容易的（假定各个场合下的需求曲线都相同）。

在完全价格歧视下，买方独占者将购买供给价格等于需求价格的那一数量的商品。对竞争买主的供给价格是他们对各种数量所必须支付的单位价格。随着购买量的增加，供给价格上升，较多的数量的每单位必须付以较高的价格。但在完全价格歧视下，买方独占者增加他的购买量时并不增加他的总购买量的每一单位的价格。他对追加单位支付较高的价格，不会影响其余单位的价格。因此，各种数量对他的边际成本等于该数量的供给价格。单纯买方独占者将使边际效用等于工业的边际成本，而边际成本在成本递增条件下将大于供给价格。

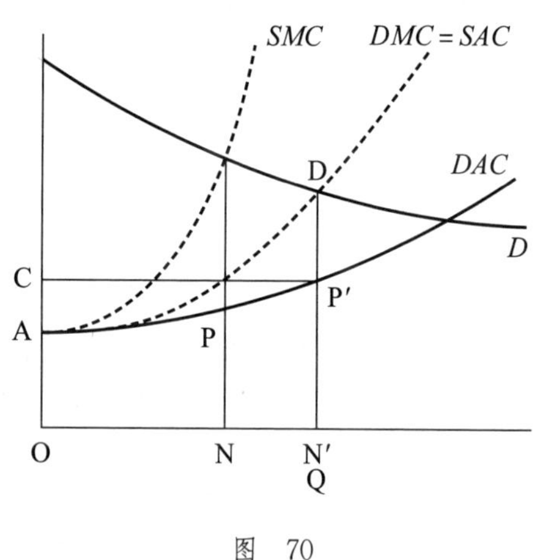

图　70

SMC 是单纯垄断者的边际成本曲线。

DMC 是供给曲线。它既代表完全歧视买方独占者的边际成本，

① 大规模工业的经济的存在使各个供给来源的成本不取决于买自其他来源的数量这一假设无效，分析有大规模工业的经济的场合需要不同于以上所说的分析方法。上述分析还需要假定，完全歧视买方独占的存在决不改变工业的组织。

又代表单纯买方独占者的平均成本。

DAC 是歧视买方独占者的平均成本曲线。

DMC 边际于 *DAC*，*SMC* 边际于 *DMC*。

这样，完全歧视买方独占者将购买竞争产量（ON′=OQ），单纯买方独占者将按照价格 NP 购买小于竞购量的 ON。完全歧视买方独占者将支付从 OA 到 QD 之间的价格，因此，他的平均成本是 QP′，即到 OQ 为止的所有产量的供给价格的平均数。他的总成本等于面积 OADQ，或矩形 OCP′Q。

六

最重要的买方独占场合将因垄断而产生。垄断者必然是他所使用的生产要素的买方独占者。如垄断者所使用的某种生产要素不齐一，则势必出现歧视买方独占。就土地来说，很容易设想价格歧视的出现，因为通常都是根据每块土地的质量分别议价的。从而，垄断者有按照土地的转移价格取得他所需要的土地的机会，而当他增加土地的使用面积时，他扩大他的“耕种边际”这一事实不会对他已使用的土地所应付的地租发生影响。简言之，他可以把地租据为己有。如我们所知，这对垄断产量有很重要的影响。

若对个别雇主的劳动供给弹性不完全，则完全价格歧视也可能产生，但是这只是在各个工人都分别地按照最低工资（在该工资以下他拒不受雇）被雇用的情况下，才会发生的。雇用工人时价格歧视可能发生，但未必是完全的。

如果买方独占者不可能分别地对待生产要素的各个单位的卖主，但有几个不同供给来源，而各个来源的弹性又有所不同，就会产生不完全歧视。例如，雇用男工和女工做同一种工作，所有男工都必须付以相同的工资，所有女工也都必须付以相同的工资，但是男工和女工的工资却可以不同，就是这种情况。不过，对生产要素的需求的性质是极其复杂的。下篇对生产要素的需求曲线的讨论，将给在购买生产要素方面应用买方独占原理铺平道路。

第十九章　买方独占和垄断与完全竞争的关系

生产要素的买方独占的原理在某种程度上潜存于垄断分析之中。在成本递增条件下，垄断者考虑到当他的商品产量增加时工业成本的总增加额，这等于说，他考虑到当他增购这个或那个生产要素时，他对自己提高了要素的供给价格。在成本递减条件下，他考虑到每次增加产量的全部派生经济，这就是说，他考虑到当他增购这个或那个生产要素时，它的效率增加，效率成本降低。

总之，当我们说垄断者的产量是由那一产量对他的边际成本所决定时，我们已经暗示，他是他所使用的生产要素的买方独占者。可见，垄断原理蕴含着买方独占原理，当我们从事垄断分析时，我们就暗含着介绍了买方独占原理。

买方独占原理要求，如从一个买主（不论是一个买主或行动一致的一群买主）的观点来看，商品供给曲线的弹性不完全，则这个买主将使边际效用等于边际成本，并将按照相应的供给价格购买这种商品。但这和竞争条件下的各个买主的行为完全一样。各个买主都使他的边际效用等于他的边际成本；唯一的区别是，商品对他的边际成本只是现行价格，因此，价格、他的边际成本和边际效用都相等。

垄断原理要求垄断者使边际收入等于边际成本；而这又和竞争生产者的行为完全相同，唯一的区别是，对于各个竞争生产者来说边际收入只是商品的现行价格，因此，价格、他的边际收入和边际成本都相等。

这样看来，一个人将使边际收益（不论是效用或收入的）等于边际成本的这一常识准则，对买方独占、垄断和完全竞争都同样适用。

虽然这个原理本身是自明之理，但它在经济分析上是极其重要的。在大多数经济学教科书里，不断或明或暗地假定了完全竞争的情况，这曾使它的作用模糊起来。例如，当我们说价格等于边际成本，或者说劳动的边际纯生产力等于工资，或者说边际效用等于价格的时候，我们就暗地里假定着完全竞争的情况。的确，在竞争销售条件下，边际成本等于价格，但基本事实（它本身只是一种常识问题）是，个别卖主的边际收入等于个别卖主的边际成本。只是因为个人的边际收入在竞争情况下适与竞争价格相一致，说价格等于边际成本才是对的。同样地，如果碰巧劳动的供给弹性完全，工资才等于边际纯生产力（劳动的需求价格）；如果供给弹性完全，价格才等于个别买主的边际效用。完全竞争下所发生的事例只不过是个人使他的边际成本等于边际收益这个一般准则的特殊事例而已。

值得注意的是，把注意力集中于“垄断纯收入”的分析，曾在多大程度上掩盖了那些决定竞争价值和垄断价值的力量的相同点，因此，当垄断提供了边际原理的作用的最明显而突出的范例时，它往往被认为不能应用边际分析的一个特殊场合。本书论证

的目的就在于破除适用于竞争的分析和适用于垄断的分析之间的严格界限，并证明同一思想体系同样适用于垄断、买方独占和完全竞争。

当我们（为说明起见）假定完全竞争工业实行垄断之后，需求和成本曲线不变，则要点就在于管理单位已有变动。除非边际成本或边际收益是某决策实体（无论是一个买主，或一个企业或行动一致的团体）的边际成本或边际收益，它们是不起作用的。在竞争条件下，管理单位是企业，而正是企业的边际收入与边际成本才决定产量。当垄断形成时，各企业开始共同行动，而正是全体企业的边际收入与边际成本才决定产量。垄断产量之所以区别于竞争产量，只是因为全体企业和各个分立企业的边际成本或边际收入不同。在各个场合下，产量由以决定的机构都是一样。

第七篇

一种生产要素的需求

第二十章 边际纯生产力插论

一

为了继续进行对买方独占的分析，有必要考察一个生产要素需求曲线的性质。劳动将代表这个要素，并为求讨论简单起见，我们将假定所有的人都一样，因此，一个“人”代表劳动的一个效率单位[①]。

这种讨论不得不比竞争供给曲线的讨论更加抽象和更加脱离现实（因为现实是更加复杂的）。在可以处理现实场合复杂情况的分析能够展开以前，首先必须用最抽象的术语来讨论这个问题。

对一个单独管理单位来说，没有所谓需求曲线。但是，如果在可以雇用一定人数的工资下，劳动的供给弹性完全，那么，把该工资叫作该人数的“需求价格”，并把连接需求价格（在这个意义上的）和人数的曲线叫作劳动“需求曲线”，这是便利的。

到此为止，我们主要讨论的是商品的供给曲线，我们现在的任务是要确定劳动的需求曲线。任何一个生产要素的需求曲线将

① 照附录的说法，它不是一个效率单位，而是一修正的自然单位。

取决于商品的需求曲线、生产技术条件和其他生产要素的供给曲线。因此，我们的方法必须是，首先考虑任何一定的人数，继而假定商品需求曲线和其他生产要素供给曲线为已知，找出单位劳动量的需求价格，这就是说，找出可以雇用单位人数的工资。但首先我们必须有一些定义。

人们常说，“工资有等于劳动的边际纯生产力的趋势”。又说，对一定人数来说，该人数的边际生产力代表他们的需求价格。但“边际纯生产力”不是一个简单概念，在我们展开讨论以前，我们必须仔细地分析它。

从某一一定的个人或某个有利害关系的集团来看，“边际”一词才有意义。没有香蕉本身的边际效用这种东西。而只有对某一个别买主或某一群买主的一定量香蕉的边际效用。同样地，没有某一群工人本身的边际生产力，而只有他们对一定的雇主或雇主群的边际生产力。

因此，我们的定义将根据它们是从销售于完全或不完全市场的一个企业，从一个竞争工业，或从各企业的垄断联合的观点使用而产生不同的结果。

下述定义具有最一般的形式，它们适用于任何生产者群，不论他们是不是一个管理单位。

二

劳动的边际物质生产力是在其他生产要素的开支不变条件下因雇用一个追加单位的劳动而增加的产量。为方便起见，我们将假定除劳动外，资本和企业家是仅有的生产要素；因此，劳动的边际物质产品是在用总成本表示的资本和企业家数量不变的情况下，因多雇用一个人而增加的产量。当我们研究长期情况时，其他生产要素被认为和实际雇用的人数配合得在各个场合都产生最大的效率；[①]就我们目前的问题来说，改变有一定总价值的其他要素的形式以便使它们和增加了的劳动量相适应，这种想法是不会引起任何根本困难的。

当有大规模工业的经济时，竞争工业的劳动边际物质生产力将大于各个别企业的劳动边际物质生产力，因为一个企业增人就会提高其他各企业的效率。

边际生产力[②]是在其他要素总价值不变条件下，因多雇用一个人而引起的总产值增加额。这就是说，边际生产力等于边际物质生产力乘所述单位或集团的边际收入。当商品需求弹性完全时（例如，当我们考察完全竞争条件下的一个企业时），边际收入等于价格，因此，边际生产力等于边际物质产品的价值。当需求弹性不完全时，边际收入小于价格，而边际生产力小于边际物质产品的价值。

由许多企业组成的一个工业所生产的商品，它的需求弹性必然经常小于任何一个企业的产品需求弹性。所以，工业的边际收入必然小于企业的边际收入，从而，工业的边际生产力必然小于

① 见罗伯逊：《经济学论丛》，第47页。如其他生产要素不仅在数量上而且在形式上都不变，则短期边际生产力和长期边际生产力将大不相同。

② 这个和其他类似的名词，不同经济学家有不同的用法。这里的定义和以下各章的用法一致。

企业的边际生产力。它们之间的差别在完全竞争工业（那里商品的需求是没有弹性的）中看得最清楚。不论从哪一观点来看（除非有大规模工业的经济），边际物质产品都一样。那么，要求企业的边际生产力，我们就必须用企业的边际收入乘物质产品，而企业的边际收入等于商品价格；要求工业的边际生产力，我们就必须用工业的边际收入乘物质产品，而当需求没有弹性时，工业的边际收入是负数。因此，完全竞争工业中一个企业的边际生产力总是正数（直到价格等于零的那一产量为止），但如商品的需求没有弹性，则整个工业的边际生产力将是负数。

三

这样界说的边际生产力有等于工资的趋势吗？如果所述的集团是一个管理单位（不论它是销售于完全或不完全市场的一个企业，一个垄断工业或任何别的单位），那么很显然，边际生产力和劳动成本必然有某种关系。任何劳动量的边际生产力，是在其他要素开支不变条件下，因多雇一个人而给雇用单位增加的产值。因此，很明显，任何管理单位的劳动边际生产力必然等于该单位的边际劳动成本；因如边际生产力大于边际劳动成本，则增雇人数有利，如边际生产力小于边际劳动成本，则减雇人数合算。这只是一般准则的应用而已，这个准则是，每个买主将把他的购买量调整得使他的边际收益等于他的边际成本。因此，任何管理单位的边际生产力和边际劳动成本势必相等，但是，只有在劳动市场完全，因而企业的边际成本等于工资时，企业的边际生产力才等于工资。如果商品需求和劳动供给对管理单位来说是完全有弹性的，则工资等于按商品价格计算的劳动的边际物质产品的价值。

四

上面讨论的是我们所熟悉的东西，但是我们的定义还不全，有些新术语必须加以介绍。直到现在，我们只考虑了下面这种场合：劳动量增加，而其他生产要素的支出不变。但在大多数场合，当所雇人数增加时，其他要素也势必增加。我们就要考虑各要素彼此调节的方式。首先我们必须阐明一些术语，这些术语对于描述其他要素和劳动在量上都有变动的场合，是必要的。下述各种定义又是十分概括的，对任何集团，不论它是不是一个管理单位，都一律适用。现在一定量的劳动，被认为是和实际上将与这一劳动量一起使用的某数量的其他要素，共同工作的。

平均总生产力是每人的平均产值，即总产值除以所雇人数。

边际总生产力是在相应增加其他要素的条件下因增雇一个人而增加的产值。它对平均总生产力有边际值对平均值的一般关系。

平均纯生产力是每人的平均产值减每人所使用的其他要素的平均成本。

边际纯生产力是因多雇一个人而增加的边际纯生产值。它是在相应增加其他要素条件下因多雇一个人而来的边际总生产力减其他要素的成本增加额。它对平均纯生产力有一般的边际关系。

五

现在必须分析边际纯生产力和边际生产力的关系，因此，我们就必须考虑，随着人数的增加，其他要素的“相应”增加是由什么来决定的。

对一定的管理单位来说，在一定人数下使用的资本（为方便起见，它可以用来代表所有其他的要素）的边际生产力必然等于该单位的资本边际成本。让我们假定，工资是某一定人数的工人受雇的工资。那么，如果我们知道商品的需求曲线、生产技术条件和管理单位的资本成本曲线，我们就知道在那些人数下将使用多少资本。它将是（在一定条件下）资本的边际生产力等于它的边际成本的资本，资本的边际物质生产力是由工业的技术条件决定的。[①]

如劳动与资本都按相应的比例增加，则劳动的边际生产力和边际纯生产力的关系是什么呢？假定一个管理单位增雇的人数很少，同时资本（它代表所有其他要素）也有相应的改变。根据边际纯生产力的定义，产值的总增加额就等于劳动的边际纯生产力乘劳动的增加额加资本成本的增加额。但是，通过另一种途径也可

① 在有些场合下，不可能改变所用劳动和资本的比例，因此，对一定的人数就有一种固定的资本数量。在这种场合下，把所用资本数量增加得超过必要数量，就会使资本的边际物质生产力降低到零或变成负数。如果比例可以改变，当商品需求曲线或资本供给曲线改变时，一定人数所用的资本数量当然改变。但在这些曲线一定的条件下，就能决定任何一定人数所用的资本数量。要确定它，并不一定要知道雇用该人数所用的工资。

以得到同样的结果。劳动和资本可以认为是在两个阶段上增加的。首先增加劳动，资本量不变，其次增加资本，劳动量不变。在每一场合下，假定数量不变的生产要素具有很相宜的形式。用这种方法所实现的产值增加额，就等于劳动的边际生产力乘劳动的增加额加资本的边际生产力乘资本的增加额。

如果资本和劳动的变动很小，[①]则不论两要素同时增加或每次增加一个，产值的总变动相同。因此：

产值的增加额 =（劳动的边际纯生产力）×（劳动的增加额）+（资本成本的增加额）。或

产值的增加额 =（劳动的边际生产力）×（劳动的增加额）+（资本的边际生产力）×（资本的增加额）。

如我们所知，资本的边际生产力等于它对管理单位的边际成本。因此，资本的边际生产力乘资本的增加额等于资本成本的增加额。这就是说，因增加资本而增加的产量恰恰等于追加的资本成本。因此，根据上述二方程式，可以看出，劳动的边际纯生产力等于劳动的边际生产力。当然，这个命题只适用于一个管理单位。

六

在以上的分析中，我们用“劳动”代表那样的生产要素，它的

① 如果要素数量的变动不小，它们边际生产力的变动是不能不计的，要再说产值的变动是各要素的变动乘它的边际生产力，那就不正确。

成本未知，它的需求价格是我们所求的，并用“资本”代表那些其供给情况为已知的其他的生产要素。我们考察了其他生产要素的比例和一定量劳动相适应的方式。我们的这些定义也可以用来描述一切生产要素（包括“劳动”在内）的供给情况为已知时生产一定量商品的情景。

假定生产一定量商品的任何管理单位，把它的生产成本保持在最低水平。当管理单位各要素的边际成本等于它的边际生产力时，该单位的成本即达到最低水平。这时，各种要素的边际生产力互相之间和它们的边际成本具有相同的比例。一个货币单位用在各个要素上的边际生产力都相等，从而多使用这个要素而少使用那个要素是无利可图的。

在竞争工业里，管理单位是单独的企业。因此，正是企业的各要素边际生产力和企业的各要素边际成本具有相同的比例。当各要素对各企业的供给弹性完全时，要素的边际生产力势必和它们的价格具有相同的比例，因为那时任何要素的价格都等于它对企业的边际成本。但如整个工业是一个管理单位，例如，假使工业将归垄断者所有（在其他条件不变的情况下），则垄断者对于各种产量势必力求使整个工业的每一要素的边际成本等于它对工业的边际生产力，因此，各要素的边际生产力和它们对工业的边际成本具有相同的比例。

由此可知，只有当各要素对竞争工业的平均成本（亦即要素的价格）和它们对垄断工业的边际成本都保持相同的比例时，在竞争和垄断下用于生产一定产量的要素的比例才相同。如果所有要素对工业的供给弹性完全，因此，各个要素的平均成本等于它的价格；或如果只有那些供给弹性不完全的要素是垄断者不对它们付租的稀有要素，因此，一定量的该要素对垄断者的边际成本等于它对竞争工业的平均成本；或当付租时，如果所有要素的供给价格上升或下降得碰巧使它们的边际成本的比例和平均成本一样——换言之，如果各个要素的供给弹性相同，那么，在这些场合下，边际成本的比例等于平均成本的比例。[①]在所有其他场合，边际成本的比例将不同于平均成本的比例，因此（除非要素的比例由技术条件规定得一成不变）垄断者在生产一定产量时，将节约使用边际成本上升较快的（或带来的经济较小的）要素，而增加使用边际成本上升较慢的（或带来的经济较大的）要素，各要素的比例和竞争条件下的比例将有所不同。

当我们以前讨论垄断和竞争下的成本曲线的关系时，这个结论在第十四章中就提出来了。

① 如一切要素的供给弹性都相等，则各个要素的平均成本与边际成本的比例相同。从而，价格的比例等于边际成本的比例。

第二十一章　个别雇主的劳动需求

一

现在我们可以试图作单独一个管理单位的劳动需求曲线，把需求曲线这一名词用在虽不合理但却方便的意义上，即：如果在任何一定的工资下，劳动供给对管理单位是完全有弹性的，则这一曲线即表示按照该工资所要雇用的劳动量。假定管理单位是由一个单位的企业家构成，这就是说，它是单独一个企业。它可以是完全或不完全竞争工业中的一个组成部分，也可以是一个隔离的垄断组织。假定企业家成本不以产量，从而不以所雇人数为转移。如我们所知，在每一种人数下，有一定数量的资本将被使用得使它对企业的边际生产力等于它对企业的边际成本。资本现在必须用来代表除劳动和企业家以外的所有要素。作为完全竞争工业一部分的企业的事例只是一个管理单位的特例，但是，就我们目前的研究目的来说，在讨论一般事例以前，单独讨论一个企业是比较容易的。

二

假定对一个企业的产品的需求是完全有弹性的，对该企业的资本供给也是完全有弹性的。这时，在各种人数下，资本数量将使用得使它的边际生产力等于它的价格。

假定各种人数使用着相应的资本数量，作一平均总生产力曲线，x 轴表示人数，y 轴表示每人的平均产值。如果没有大规模生产的技术经济（对该企业来说），除非产量到达一点，在该点大规模经营的负经济开始出现，则每人所用的资本数量和每人的总产量将不变。无论所雇人数怎样少，大规模经营的负经济当然也可以出现，因此，总生产力曲线全部是下降的。但只有在很简单的生产类型中，企业才不会有大规模工业的经济。总生产力曲线通常是初则上升，继而下降的。最初它之所以上升是因为，如果单独一个企业雇用较多的人和使用较多的资本，则通过专业化会提高它们的效率；到达最高点以后，它将开始下降，因为经营单位有限，并且我们假定一个企业生产无限大的产量不能不有效率上的损失的。[1]每人的产量随着企业的规模的扩大而下降，或者是因为业务组织变得效率较差，或者是如要保持效率，就必须提高行政管理人员对直接生产工人的比例。[2]

从表示所雇任何人数每人产值的总生产力曲线中，减雇用该

① 除非如此，完全竞争就不可能。

② 参阅罗宾逊:《竞争工业的结构》，第 3 章。

人数时每人所使用的其他生产要素的成本，就求出平均纯生产力曲线。资本数量对一切人数可以相同，也可以不同，这要看技术条件而定。在许多场合下，资本数量随着人数的增加而增加，但在设备方面如有大量的最低限额的投资，例如在铁路的场合，资本数量可以随着人数的增加而减少。我们曾用“资本”代表所有其他要素（除企业家外）。如这些要素都是原料，每人所使用的数量和每人的总生产力成正比。随着人数（和机器）的增加，每人所用的土地面积在有些场合下增加，而在有些场合下却减少。在各个场合下，因为假定人数改变时，商品的价格和要素的成本是不变的，所以，劳动对其他要素的比例因人数的改变而产生的变化，纯粹由生产技术条件来决定。企业家的每人平均成本势必随着人数的增加而下降。由于（根据我们对企业的定义）企业家成本不以所雇人数为转移，人数很少时，每人的成本很大，而随着人数的增加，它将不断地下降。这样，即使当总生产力曲线最初不变或下降时，平均纯生产力曲线开始时也是上升的。它上升到最高点后即行下降。

其次，做一曲线边际于平均纯生产力曲线。这条曲线表示使用相应数量其他要素的各种人数的边际纯生产力。它表示在各点在相应增加其他要素下因多雇一个人而增加的产值（边际总生产力）减其他要素成本的边际增加额。因为多雇一个人时企业家成本不增加，边际纯生产力曲线将不以企业家成本为转移。此外，如我们所知，它将表示使用相应数量其他要素的各种人数的边际生产力。

很显然，边际纯生产力曲线必然代表个别企业的劳动需求曲线（在产品价格和资本成本一定的条件下）。个别企业的劳动供给曲线已知，雇用边际纯生产力（由此曲线表示的）等于企业的边际劳动成本（如对个别企业的劳动供给弹性完全，则边际劳动成本等于工资）那样的人数对企业有利。如果所雇人数较多，则工资总额的增加大于产值的增加（减去其他要素的成本后），而如果所雇人数较少，则多雇一些人就可能使产值的增加（减去其他要素的成本后）大于工资总额的增加。因此，边际纯生产力曲线就是我们所要求的劳动需求曲线。

AGP 为每人平均总生产力曲线。

MGP 为边际总生产力曲线。

ANP 为每人平均纯生产力曲线。

MNP 为边际纯生产力曲线。

AC（*MGP* − *MNP*）是任何一定人数 *OQ* 的其他成本的边际增加额；BD（*AGP* − *ANP*）是每人其他要素的平均成本。

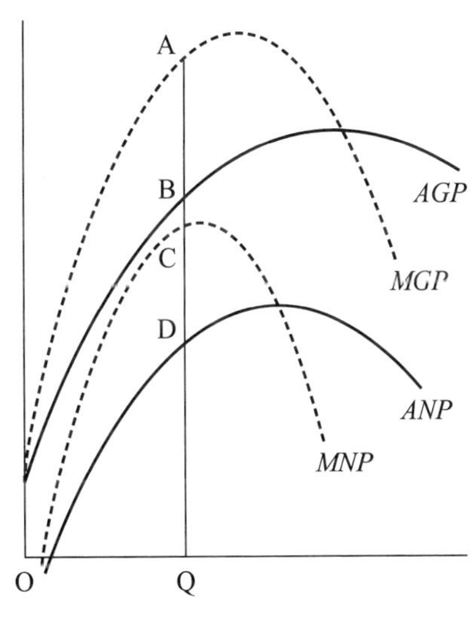

图　71

三

当我们为它作劳动需求曲线的那个管理单位，不是在完全竞争条件下销售商品和购买其他要素时，就不可能假定商品和要素的价格不以所雇人数为转移。商品产量随着企业所雇人数的增加而增加，从而商品的价格下落；其他生产要素的数量改变，它们的价格可以改变。但是，在不完全竞争时，作曲线所依据的原理和在完全竞争时一样；不论竞争完全不完全，边际纯生产力曲线是劳动需求曲线，虽然边际纯生产力曲线本身随着竞争的程度而将有所改变。不论劳动数量多少，资本的数量将决定得使它对管理单位的边际成本等于它的边际生产力，因此，每人的平均总生产力是由生产技术、资本供给曲线和商品需求曲线决定的。平均总生产力减每人其他要素的平均成本，就得到平均纯生产力。

如每人的物质生产力不变，则个别企业的总生产力曲线随商品价格的下降而下降，商品价格的下降是因人数的增加，从而因商品产量的增加而引起的。尽管物质生产力的提高（由于技术的经济）可以抵销这种结果，但无论如何，企业的个别需求曲线的弹性愈小，生产力曲线（即测量产值的曲线）就上升得愈慢并下降得愈快。此外，随着企业产量的增加和商品价格的下降，即使边际物质生产力可以不变，企业的每人一定资本数量的边际生产力也有下降的趋势。因此，如果劳动与资本的比例不是严格固定的话，则随着人数的增加，每人所用的资本数量比个别企业产品需求弹性完全时有上升较慢或下降较快的趋势，劳动的总生产力曲线也有上升较慢或下降较快的倾向。理由有二：一则因为价格下降，二则因为物质生产力由于减少每人所用的资本数量而下降。如果对个别企业的资本供给弹性不完全，则每人所用的资本数量会更进一步缩减，因为当使用更多资本时，资本成本上升，如果改变比例不可能，则总生产力曲线不会受资本成本上升的影响，但纯生产力曲线比对企业的资本供给弹性完全时下降得较快（或上升得较慢）。

四

任何管理单位（不论它是否销售于完全市场）的劳动需求曲线是由边际纯生产力曲线来表示的。当边际劳动成本等于边际纯生产力时，该单位就处于均衡状态（就所雇人数而言），但如所述单位是竞争工业（不论市场完全与否）的一部分，我们还必须考虑，如各企业可以自由加入该业，则什么条件将使工业处于均衡状态。工业均衡所需要的条件是，该业所属各企业必须获取正常利润，这就是说，企业家的所得既不应该多于也不应该少于他的正常报酬，这种报酬在作平均纯生产力曲线计算其他要素（除劳动外）的成本时是要加以扣除的。

这样，如果工资等于劳动的平均纯生产力，则企业家将获得他的正常报酬，总产值将等于产品的生产成本总额（包括企业家成本在内）。如果工资小于平均纯生产力，则总产值将大于生产成本总额。工资与劳动的平均纯生产力的差乘所雇人数就是超过正常企业家成本的剩余利润。同样地，如果工资大于平均纯生产力，则总产值将小于生产成本总额，企业家的所得将小于他的正常报酬。只有当工资等于平均纯生产力时，总产值才恰等于全部生产成本，不多也不少。

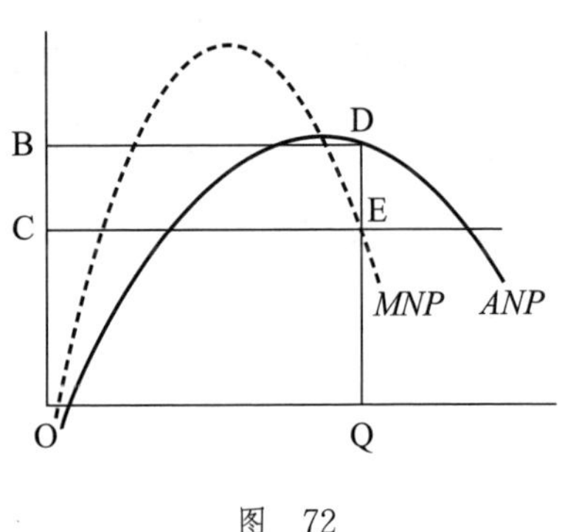

图　72

ANP 与 *MNP* 为企业的平均纯生产力曲线与边际纯生产力曲线。

如果在工资 OC 上劳动供给弹性完全，则雇用的人数将为 OQ，他们的边际纯生产力（QE）等于 OC。他们的平均纯生产力（QD）大于工资，从而，有一个超过正常利润而等于 ED（即边际纯生产力与平均纯生产力之差）乘 OQ（即所雇人数）的剩余利润（CEDB）。

因此，完全均衡所必要的条件是，边际劳动成本必须等于边际纯生产力，平均劳动成本（即工资）必须等于平均纯生产力。当对个别单位的劳动供给弹性完全时，边际劳动成本等于平均劳动成本，而只有当工资等于边际纯生产力曲线和平均纯生产力曲线的交点所决定的值，亦即平均纯生产力的最大值时，才能实现均衡所必要的二重的条件。

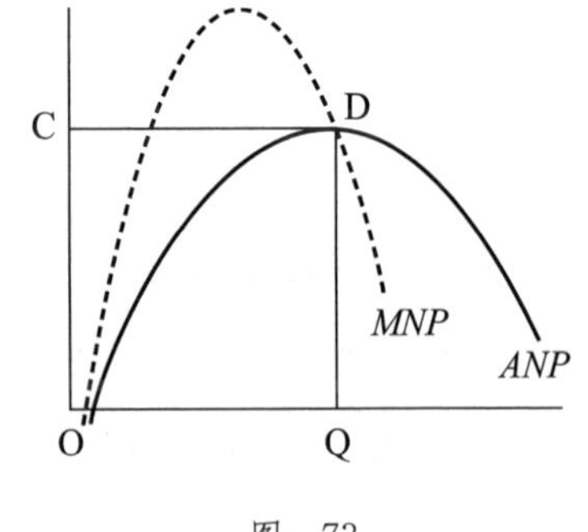

图　73

在工资 OC 上所雇人数为

OQ，工资等于边际纯生产力和平均纯生产力（QD）。

如对个别企业的劳动供给弹性不完全，[①] 而劳动供给曲线又是平均纯生产力曲线的切线，则可以实现具有正常利润的完全均衡的那两个条件。

对两平均曲线相切的人数来说，两边际曲线也势必相交。因此，该人数的工资等于平均纯生产力，边际劳动成本等于边际纯生产力，完全均衡出现。在均衡时，在工资QD上将雇用的人数为OQ。

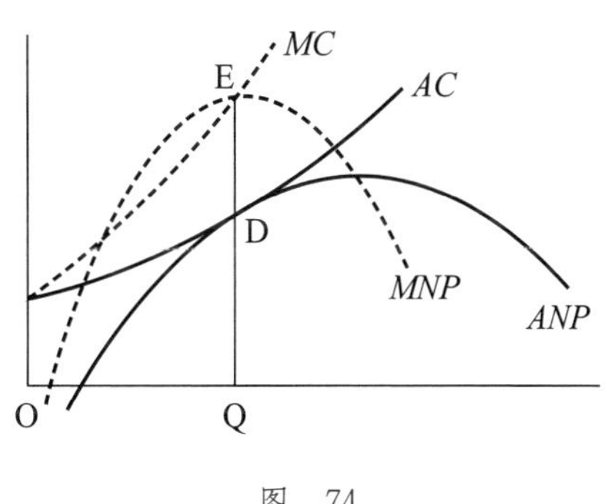

图　74

五

完全均衡借以实现的方法（在各企业可以自由加入的竞争工业里）前面已经讨论过了。同样的过程可以用个别企业的劳动需求曲线和劳动成本来描述。如果工资小于平均纯生产力，就获得剩余利润，新企业被吸引到工业中来。商品产量增加，个别企业的需求曲线降低。从而，平均纯生产力曲线降低，当平均纯生产力曲线和平均劳动成本曲线相切时，均衡出现。当对企业的劳动供给弹性完全时，此二曲线将切于纯生产力曲线的最高点；当劳

① 参阅第26章。

动供给弹性不完全时，切于最高点的左端。[①]各曲线随着新企业的加入而发生变动，变动的方式（从整个工业来看）也受大规模工业的经济或其他要素成本的上升的影响。这些都在下一章中讨论。除非对整个工业的劳动供给弹性完全，新企业加入的结果势必提高所有企业的劳动成本和降低每一个别企业的商品需求曲线；当均衡重新确立时，工资上升以适应企业的平均纯生产力曲线，同时平均生产力曲线下降以适应工资。

当一个完全竞争工业处于完全均衡时，每一企业的产量是每单位产量的平均生产成本最低的那一产量，而我们现在看出，每一企业所雇人数是每人平均纯生产力最高的那一人数。由此可知，一个具有最适度规模（亦即生产成本最低）的企业所雇的人数是每人平均纯生产力最高的那一人数。为保证正常利润，商品价格必须等于最低生产成本，工资必须等于最高平均纯生产力。因此，工资和价格必须调整得使在一定工资上最低生产成本等于价格，

① 当我们讨论商品的供给曲线时，我们假定所有生产要素的供给曲线是既定的。当我们讨论劳动需求曲线时，我们假定除劳动外其他要素的供给曲线和商品的需求曲线是既定的。二者十分相似。如果企业的商品需求的弹性完全，当价格等于企业的最低平均成本时，完全均衡出现。同样，当对企业的劳动供给弹性完全时，如果工资等于企业的最高劳动平均纯生产力，则均衡出现。如商品需求弹性不完全，当需求曲线和平均成本曲线相切时，则均衡出现；同样，如劳动供给弹性不完全，当劳动供给曲线和平均纯生产力曲线相切时，则出现均衡。

并在该价格上最高纯生产力又等于该工资。

当商品的市场不完全时，完全均衡下的各企业将小于最适度的规模，平均纯生产力最高的那一人数将是一个最适度规模的企业按照一定工资所雇的人数这一命题，不再适用。[①]

① 此一问题的正式证明如下：

在任何产量下：

平均总生产力（每人）= 平均纯生产力（每人）+ 其他要素的平均成本（每人）。

成本（每人）= 工资（每人）+ 其他要素的平均成本（每人）。

减：

成本（每人）− 平均总生产力（每人）= 工资（每人）− 平均纯生产力（每人）。

$$\therefore \frac{\text{成本（每人）}}{\text{平均总生产力（每人）}} = 1 + \frac{\text{工资（每人）} - \text{平均纯生产力（每人）}}{\text{平均总生产力（每人）}},$$

亦即，每单位货价收入成本

$$= 1 + \frac{\text{工资（每人）} - \text{平均纯生产力（每人）}}{\text{平均总生产力（每人）}}。$$

现在假定，在工资等于平均纯生产力最大值时，劳动供给弹性完全。从而，就平均纯生产力最高的那一产量来说，每单位货价收入的成本最低，此外，如果个别企业的商品需求弹性完全，每单位产量的成本（即平均生产成本）最低，并且企业具有最适度的规模。但如需求弹性不完全，则企业将具有小于最适度的规模。

第二十二章 一种工业的劳动需求曲线[①]

一

现在有可能来讨论利润正常的完全竞争工业的劳动需求曲线的性质了。如我们所知，对每一企业来说，工资必须等于平均纯生产力；平均纯生产力和边际纯生产力不同，工业和企业的平均纯生产力是一样的，所以工业的平均纯生产力曲线就是劳动需求曲线。

在各种人数下，将生产一定的产量，这一产量将按照一定的价格出售。在这种人数和价格下，有一个使工业达到完全均衡的一定工资水平。在这种工资下，企业将具有最适度的规模，企业数目将是按照在均衡条件下的一定价格和一定工资能提供相应产量的企业数目。工资将等于所雇人数的平均纯生产力。该工资代表该人数的需求价格。竞争下的劳动需求曲线和竞争下的商品供给曲线十分相似。劳动需求曲线表示平均纯生产力，正如商品供给曲线表示平均生产成本（包括租金和正常利润在内）一样。

① 本章第6节中的分析比较复杂，且和以下的论证无关。

在完全竞争工业的劳动需求曲线上的各点，各企业的劳动边际纯生产力等于平均纯生产力，同样，在竞争供给曲线上的各点，各企业单位产量的平均成本等于边际成本。从工业的观点来看，劳动的边际生产力不等于平均生产力，和成本下降条件下工业的边际成本不等于平均成本一样。因为随着工业所雇人数的增加，产量将增加，商品价格将下降；并且从企业的观点来看，因多雇一个人而增加的产值是边际物质产品乘商品的价格（价格是企业的边际收入），而从工业的观点来看，它是边际物质产品乘工业的边际收入。在均衡时，前者从个别企业观点看等于边际纯生产力与平均纯生产力二者，从工业观点看等于平均纯生产力。后者从工业观点看等于边际生产力。[①] 因此，在竞争条件下，工资有等于劳动边际纯生产力的趋势这一众所周知的命题，必须理解为工资从个别雇主（假定他是在完全市场上销售产品和购买劳动的）的观点看有等于边际物质产品的价值的趋势；还应该加以补充的是，如果企业可以自由加入该业，则个别雇主的劳动边际纯生产力有等于平均纯生产力的趋势，而个别雇主和工业的平均纯生产力是相同的。

二

工业的劳动需求曲线是平均纯生产力曲线。先作工业的劳动总生产力曲线，再从此曲线的各点减去每人所用其他要素的成本，

① 企业的边际生产力和边际纯生产力相等，但工业的边际生产力却不等于边际纯生产力。

就可以直接求出平均纯生产力曲线。我们已经知道，在各种人数下所使用的资本数量是使资本对个别企业的边际生产力等于它对该企业的边际成本数量。企业家人数将是使各企业获取正常利润的人数。我们假定其他生产要素（除劳动外）的供给情况和商品的需求情况是既定的。

让我们首先考察对工业的劳动供给弹性完全，且没有大规模工业的经济的场合。随着人数的增加，产量增加，商品价格下降；因此，每人有使用较少其他生产要素的趋势。所以，劳动总生产力曲线比产品需求曲线下降的斜度大些。但是，技术条件也可以使替代成为不可能；在任何人数下，每人所使用的其他要素数量可以不变。[①] 如果不可能改变每人所使用的要素数量（和如果没有大规模工业的经济或其他要素成本的上升），则一切人数的劳动总物质生产力相同，而平均总生产力曲线只不过是商品需求曲线的再版而已。把需求曲线降低，降低的程度等于每人所用其他要素的成本额，就可以得到平均纯生产力曲线。就任何一定人数来说，此二曲线的斜度将相同，但是，较低的曲线的弹性较小。可见，当替代不可能时，劳动的需求弹性小于产品的需求弹性。

这种结果来自连带需求原理。[②] 工资按一定比例的缩减将引起总成本按较小的比例减少，因此，工资按一定比例的缩减比商品价格按同一比例的下降使增雇的人数较小。同样，汽油比汽车计程仪的需求弹性小，砖比房子的需求弹性小。如替代不可能，则

① 这种情况未必可能，但为以下的研究提供了一条有用的基准线。

② 马歇尔:《经济学原理》，第 385 页。

劳动的需求弹性等于商品的需求弹性乘工资占总成本的比例。劳动成本对总成本的比例愈小，则商品需求弹性与劳动需求弹性的差就愈大。

三

在每人所用的资本数量不是由技术条件严格规定，且没有大规模工业的经济时，则随着人数的增加和产品价格的下降每人将有使用较少资本的趋势。劳动需求弹性比资本和劳动的比例不能改变时有较大的趋势，因为工资的减少将使商品产量增加，同时（因为每人的物质生产力由于每人所用资本数量的减少而下降）将增加生产一定产量所用的人数。

四

生产要素的比例将总是配合得使它们的边际物质生产力的比例等于它们价格的比例（在完全竞争条件下）。要素彼此替代的可能程度，可以用相对价格变动时要素比例的变动很好地测量出来。例如，假使资本价格不变，而劳动价格下降，则每人所用的资本数量将减少得使资本与劳动的边际物质生产力之比按照劳动价格减少的比例提高。和需求弹性或供给弹性相似，把所用要素数量比例的比例变化除以对它们应付价格的比例变化[①]叫作替代弹性，

① 替代弹性的这种解释只有在完全竞争条件下才适用。

这似乎是相宜的。替代弹性是由生产技术条件来决定的。如果要素的比例是严格固定的，不论工资下降多少，也不能改变劳动与资本的比例，替代弹性就等于零。如果工资有极小的降低（资本成本仍和以前相同），就会使全部产量由单独一个劳动要素来生产，那么，替代弹性就等于无限大。

因此，上节所得的结论可表述如下：替代弹性愈大，劳动的需求弹性也就愈大。

五

其次我们必须考察的场合是，对整个工业的资本供给弹性不完全，而技术条件又迫使每人必须使用固定数量的资本。很显然（在商品需求曲线一定的条件下），如资本成本随着所雇人数增加而上升，则劳动需求曲线的弹性将小于资本供给弹性完全时的弹性。总生产力曲线不会受资本成本变动的影响（因每人所用的物质资本数量固定），但作为资本成本从总生产力曲线中所减的数量，将随着人数的增加而增加，从而劳动需求曲线下降的斜度大于产品需求曲线。因此，它的弹性将较小，其理由有二：一则因为它是低位曲线，二则因为它的斜度较大。这就是说，劳动成本的一定下降表示商品成本较小比例的下降，不仅因为劳动不是全部成本，而且也因为每次所雇人数的增加，势必使它所必须使用的其他要素的平均成本增加。

六

由于马歇尔的连带需求分析，我们上面所得到的结果是大家所熟悉的。他在对泥匠劳动的需求那个有名的例证中，曾阐明了下述原理：商品的需求弹性愈小，一种生产要素的需求弹性也就愈小；在可能替代的时候比较不可能替代的时候，该要素的需求弹性将较大；该要素在总成本中所占的比例愈小，它的需求弹性也就愈小；其他要素的供给弹性愈小，该要素的需求弹性也就愈小。

如我们所知，如果替代不可能，最后二个命题才适用，但马歇尔似乎忽略了替代可能时所引起的复杂情况。①

为处理这些复杂情况，必须考虑工资变动对工业使用的资本总量的影响。如工资下降，则产量势必增加。但每单位产量所用的劳动量也势必增加。因此，对所使用的资本总量有二种相反的影响。就产量的增加来说，资本数量有增加的趋势；但就每单位产量所用劳动量的增加来说，资本数量却有减少的趋势。既然商品的需求弹性愈大，产量增加得就愈多，替代弹性愈大，每单位产量所用的劳动量增加得也愈多。那么，可以证明，如商品的需求弹性等于替代弹性，这两种相反的影响就彼此抵销，而所用的资本数量并不因工资的下降而变动。如果替代弹性大于商品的需求弹性，则所用的资本数量随着劳动量的增加（由于工资下降）

① 《经济学原理》，第353页。

而减少；如果替代弹性小于商品的需求弹性，则资本数量随着劳动量的增加而增加。[①] 这些命题用两个极端事例就可以说清楚了。如商品的需求弹性等于零，则产量不变，资本数量必然随着劳动

① 有必要考察工资微跌对所用资本数量的影响（假定劳动和资本是生产商品所用的仅有要素）。以下证明证实这样的事实：劳动价格下降将依 η（替代弹性）小于或大于 ε（商品需求弹性）而提高或降低一定资本数量的需求价格。证明一定数量的资本的需求价格将上升就等于证明所用的资本数量将增加，反之亦然。

设劳动价格在第一位置上为 l，在第二位置上为 $l-\Delta l$。当劳动价格下落时，一定资本数量将使用较多的劳动。设每单位资本所用的劳动量在第一位置上为 L，在第二位置上为 $L+\Delta L$。用较多的劳动，一定资本数量的总生产力将增加。设每单位资本的总生产力在第一位置上为 G，在第二位置上为 $G+\Delta G$。设一定资本数量中每单位资本的纯生产力（它等于资本的需求价格）在第一位置上为 N，在第二位置上为 $N+\Delta N$。需要证明：当替代弹性等于商品需求弹性时，则 ΔN 等于零。当总生产力的增加等于劳动成本的增加时，平均纯生产力不变（因此，ΔN 等于零）。但是：

$$N=G-Ll\text{（依定义）。}$$

$$N+\Delta N=(G+\Delta G)-(L+\Delta L)(l-\Delta l)\text{。}$$

$$\therefore\ \Delta N=\Delta G-(l\Delta L-L\Delta l-\Delta L\Delta l)\text{。}$$

因 Δl 是小的，所以 ΔL 也是小的，$\Delta L\Delta l$ 可以不计。

所以，如　$\Delta G=l\Delta L-L\Delta l$，

则　$\Delta N=0$。

而 ΔG（总生产力的变动）等于 ΔL（每单位资本所用劳动量的变动）乘工业的劳动边际生产力，l 等于企业的劳动边际生产力。根据没有大规模工业的经济这一假设（上文），企业的边际生产力按价格与边际收入的比例大于工业的边际生产力。

$\therefore\ \Delta G=l\Delta L\cdot\frac{M}{A}$（M 代表边际收入，A 代表商品的价格）。

如　$l\Delta L\cdot\frac{M}{A}=l\Delta L-L\Delta l$，

亦即如　$\frac{A-M}{A}=\frac{\Delta l}{l}\cdot\frac{L}{\Delta L}$，

则　$\Delta N=0$。（转下页）

量的增加而减少；如替代弹性等于零，则劳动与资本的比例不变，资本数量必然随着产量的增加而增加。这两种弹性的差愈大，资本数量的变动也就愈大（不论是增是减）。

既然劳动与资本比例的变动是由替代弹性和劳动与资本的价格的变动来决定的，那么，显而易见，如资本总量不变，则劳动的需求弹性等于替代弹性。如资本数量由于工资下降而增加（亦即如替代弹性小于商品的需求弹性），则劳动的需求弹性大于替代弹性，因为所用劳动量的比例增加势必大于要素比例的比例改变。如资本数量减少（亦即如替代弹性大于商品的需求弹性），则劳动的需求弹性将小于替代弹性。因工资下降而造成的资本数量的变动愈大，则劳动的需求弹性与替代弹性的差也愈大。

现在我们必须考察马歇尔的这个命题：劳动对资本（它代表所有其他要素）的比例愈小，劳动的需求弹性就愈小。为了抽出要素比例

（接上页）而$\frac{A-M}{A}=\frac{1}{e}$。如资本价格不变，根据替代弹性（$\eta$）的定义，则

$$\frac{\Delta l}{l}\cdot\frac{L}{\Delta L}=\frac{1}{\eta}。$$

因此，我们可以把上述命题归纳如下：

$$\Delta N=0\left(如\ \frac{1}{\varepsilon}=\frac{1}{\eta}\right)。$$

∴ $\Delta N=0$（如$\varepsilon=\eta$）。命题已经证明。

可以看出，ΔN将依η小于或大于ε而为正数或负数。

因此，由于工资微跌，所用的资本数量将依替代弹性小于或大于商品需求弹性而增加或减少。同样，资本价格下降将依替代弹性小于或大于商品需求弹性而增加或减少所用的劳动数量。资本价格上升则反是。

根据此证明可以推出一个附带结论：如η小于ε，则资本供给曲线的下降将提高劳动需求曲线；如η大于ε，则将降低劳动需求曲线。如资本供给曲线上升，则反是。

对劳动需求的影响，让我们考察以下这种场合：资本供给弹性完全，因此，它的价格并不因资本使用数量的变动而变动。劳动对资本的比例愈大，因工资下降而引起的资本总量的比例变动也愈大。在资本数量增加的条件下，劳动的比例愈大，它增加得愈多；而在资本数量减少的条件下，劳动的比例愈大，它减少得愈多。因此，当商品的需求弹性大于替代弹性（因此，资本数量增加）时，劳动的比例愈大，劳动的需求弹性也就愈大。当替代弹性大于商品的需求弹性（因此，资本数量减少）时，劳动的比例愈大，劳动的需求弹性就愈小。

因此，马歇尔的命题（劳动对资本的比例愈大，劳动的需求弹性就愈大），只适用于工资下降时资本总量增加，亦即替代弹性小于商品的需求弹性的场合。以上所说的要素比例不变（因此，替代弹性等于零）的场合是一种极端场合。在替代弹性等于商品需求弹性的场合下，马歇尔的命题是不正确的，因为那时劳动的需求弹性不取决于所使用的要素的比例（与替代弹性相等）。当替代弹性大于商品的需求弹性时，这个命题也是错误的，因为那时劳动对资本的比例愈大，劳动的需求弹性就愈小。①

其次我们必须考察马歇尔的另一个命题：资本的供给弹性愈小，劳动的需求弹性就愈小。为了分析这点，有必要考虑资本价格的变动对劳动需求的影响。我们已经知道，工资下降将依替代弹性小于或大于商品的需求弹性而增加或减少所用的资本数量。根据同一证明，我们可以知道，资本价格上升将依两弹性中那一

① 本节要归功于希克斯先生，因为在我看到他在他的《工资论》附录中分析这个问题时，我还没有考虑这个场合。

弹性较大而减少或增加所用的资本数量。

如果资本供给弹性不完全，增加所用的资本数量将提高它的价格。但如我们所知，只有商品需求弹性大于替代弹性，资本数量才会增加（由于工资的下降），当这个条件实现后，资本价格的上升将节制雇佣劳动量的增加。因此，在这种场合下，资本供给弹性愈小，则劳动的需求弹性也就愈小。反之，如资本数量减少，则资本的价格将下降。只有替代弹性大于商品的需求弹性，资本数量才会减少（由于工资的下降），当这个条件实现后，资本价格的下降将节制雇佣劳动量的增加。因此，又是资本供给弹性愈小，劳动的需求弹性愈小。这样看来，不论在哪种场合下，马歇尔的命题都是正确的。只有在商品的需求弹性等于替代弹性，从而资本数量不变时，这个命题才是不正确的。在这个场合下，劳动的需求弹性不取决于资本的供给弹性（并等于替代弹性），因为既然资本数量不变，无论资本供给弹性如何，它的价格不变。替代弹性与商品需求弹性的差愈大，资本供给弹性对劳动需求的影响愈大；如这两种弹性相等，就没有影响。①

① 我应该再一次地感谢希克斯先生，我根据他的结论把我的论点中的一个错误纠正了。但希克斯先生本人在分析这个场合时也似乎是有错误的。他指出，当商品需求弹性只稍大于替代弹性时，劳动需求弹性几不以要素的比例为转移。但他没有注意到，在那些条件下，劳动需求弹性几不以资本供给弹性为转移，也同样正确（《工资论》，第246页）。这种疏忽似乎是由于他没有注意到，当商品需求弹性等于替代弹性时，他的方程式（3）（同上书，第245页）中含有（$\eta-\delta$）的平方项等于零。

七

上面我们一直假定没有大规模工业的经济。如果有一种最简单的经济，比方说，如果工业所使用的某种机器随着该业的扩展而便宜（因为机器制造业在供给价格下降条件下生产），其影响如同资本成本随着工业规模的增大而下降一样。这个场合和资本成本随着资本的增加而上升的场合完全对称（从反面意义上说）；我们可以说，资本下降供给曲线的弹性愈小，劳动的需求弹性就愈大。

如大规模工业的经济是和生产技术改变相联系的一种较复杂的经济，把它纳入我们的体系就不是这样容易。但在论报酬递增和报酬递减的附录中，我们认为，用资本下降供给曲线来表示任何一种经济是可能的。这样，每种经济可以根据最简单的那种经济（某种机器随着工业的扩展而便宜）来处理。因此，大规模工业的经济有使劳动需求曲线的弹性较大的趋势，这一命题是普遍有效的。

我们在上面知道，如果要素的替代是不可能的，则劳动的需求弹性必然小于商品的需求弹性（除非只使用劳动一个要素）。但现在已经明确的是，如果有大规模工业的经济，即使没有替代，劳动的需求弹性也可能等于甚至大于商品的需求弹性。如果工资一定比例的下降引起其他成本同一比例的下降（因增加产量，从而导致大规模工业的经济），则劳动的需求弹性将等于商品的需求弹性。在有较多的大规模工业的经济条件下，劳动的需求弹性将大于商品的需求弹性，因此，如果商品的需求弹性大，劳动需求曲线也许就有可能有无限弹性，或甚至上升。大规模工业的经济大得足以保证劳动需求曲线上升，这未必常见，但在理论上不是不可能的。如果可能替代，则劳动需求比不可能替代时具有较大的弹性；而需求曲线上升的机会增加。

如果劳动需求曲线是上升的，除非劳动供给曲线也在上升，显然不可能实现均衡。如果大规模工业的经济大得使劳动需求曲线上升，且劳动供给弹性完全，这就意味着商品供给曲线比商品需求曲线下降得快，并且在产量到达一点，在该点需求曲线的弹性变得小于供给曲线以前，不可能出现均衡。但因商品需求曲线的弹性减小，劳动需求曲线的弹性也减小，在均衡点劳动需求曲线下降。

第八篇

垄断与竞争下的劳动需求之比较

第二十三章　垄断与竞争下的劳动需求之比较[①]

一

在以前的几章中，我们曾比较了一方面是完全竞争条件下工业的产量与另方面是单一垄断条件下工业的产量。同样也可以比较垄断和竞争下的劳动需求。

我们知道，对正确比较垄断产量和竞争产量所必要的假设是有各种非难的，[②]这些非难有许多可以同样适用于垄断和竞争下的劳动需求的比较。这种比较也必须看成是使用分析方法的练习，而不能看成是本身具有实际重要性的一种研究。

此外，我们知道，最后的非难并不是指比较是不可能的（假定其他非难已得到答复），而是指我们以往使用的分析方法过于简单。除有些场合外，垄断和竞争下生产一定产量所用的要素的比例将有所不同。当比例不同时，垄断者的平均成本将小于竞争工

① 本章和下章基本上可以看成是应用分析方法的一种练习。

② 见第14章。

业的平均成本；而我们根据垄断者的边际成本曲线和竞争工业的平均成本曲线（供给曲线）有一般的边际关系这一假设所得的结果是站不住脚的，除非垄断和竞争下，生产任何一定产量所用的生产要素的比例相同。如果生产要素的比例是可变的，在第十一章和第十二章中所作的比较就低估了垄断者的产量。为了进行正确的比较，有必要仔细考查商品的供给曲线，并分析生产要素的供给曲线。

二

在现在的比较中，我们将采取对垄断产量与竞争产量作比较时的步骤。首先，我们作一比较，它根据垄断与竞争下生产任何一定产量所用的生产要素的比例相同这一假设是正确的，[①]然后在下章中分析这个假设不能实现的那些场合。

如果在垄断与竞争下生产任何产量时生产要素的比例相同，那么，在任何一定的人数下，垄断者使用的资本量（资本代表所有其他要素）势必等于竞争下所使用的数量。每人所用的资本数量可以随着人数的改变而改变，但对于各种人数来说，它在垄断和竞争下都是一样的。因此，在任何一种场合下，工业的总生产力曲线相同，每人的资本成本相同（假定垄断者对稀有生产要素付租），边际纯生产力曲线和平均纯生产力曲线也相同。在竞争

① 我们在下章将会看到，这个假设对目前的比较来说好像比对以前的比较更不易实现。

下，工业的劳动需求曲线由平均纯生产力曲线表示；而在垄断下，因为工业是一个管理单位，需求曲线由工业的边际纯生产力曲线表示。可见，垄断者的劳动需求曲线边际于竞争的劳动需求曲线。

这一事实是个别买主使边际收益等于边际成本这个一般原理发生作用的结果。如果设想一个竞争工业将归垄断者所有（在其他条件不变的情况下），则斤斤计较个人利益的买主的身份立即改变，重心仿佛由企业转移到工业，劳动的需求将由整个工业的边际收益来规定，而不是由个别企业的边际收益来规定。整个工业的边际收益是因增雇一个单位的劳动而引起的价值纯增加额，在我们所述的场合，它等于竞争工业的劳动边际纯生产力，而企业的边际收益是因增雇一个单位的劳动而引起的产量增加额的价值，它等于劳动的平均纯生产力。

因为垄断者的需求曲线边际于竞争工业的需求曲线，垄断与竞争下的劳动需求的比较，可以用进行垄断产量与竞争产量比较时所用的几何工具来进行。[1] 如果需求曲线和供给曲线都是直线，则垄断者所雇的人数将等于竞争下所雇人数的一半。劳动需求曲线的凸度和劳动供给曲线的凹度，有提高垄断下所雇的人数对竞争下所雇的人数的比例的趋势，正如同商品需求曲线的凸度及其供给曲线的凹度有提高垄断产量对竞争产量的比例的趋势一样。

① 这些比较不再加以图解，因为第 11 章的图解足以说明它们。把包括租金在内的平均成本曲线和边际成本曲线 β 和 α，读作工业的平均成本和边际成本，把平均收入读作平均纯生产力，边际收入读作边际纯生产力。所求关系就可以由那些图说明。

不论在任何场合，垄断下所雇的人数将少于竞争下所雇的人数。[①]

即使竞争下的劳动需求曲线的弹性完全，或甚至上升，以上的命题同样适用。因为要取得均衡，劳动供给曲线一定要比需求曲线上升得快。和以前一样，垄断下所雇的人数对竞争下所雇的人数的比例，将由需求曲线和供给曲线的凹度来决定；但在这种场合下，需求曲线的凹度有增加这一比例的趋势，而它的凸度却有减少这一比例的趋势。

三

上面我们曾假定垄断者对劳动是付给租金的，但如对工业的劳动供给弹性不完全，他就可以按照歧视价格来购买劳动。[②]如果他能够实行完全价格歧视，他将按照劳动的转移工资雇用各单位的劳动，而不对劳动支付租金。这样，垄断者的边际劳动成本将等于竞争工业的平均劳动成本，垄断下所雇的人数将由竞争工业的平均劳动成本曲线，而不由它的边际劳动成本曲线来决定。在这种场合下，如供给曲线和需求曲线都是直线，则垄断者所雇的人数将多于二分之一的竞争下所雇的人数。竞争下的需求曲线的弹性愈大，垄断下所雇的相对人数就愈多。

ANP 是竞争下的劳动需求曲线。

MNP 是垄断下的劳动需求曲线。

---

① 除需求曲线或供给曲线上有一纽结的场合，在此场合下二者将相等。

② 这里我们假定一个稀有生产要素的各个单位的转移报酬不以所用该要素的数量为转移。

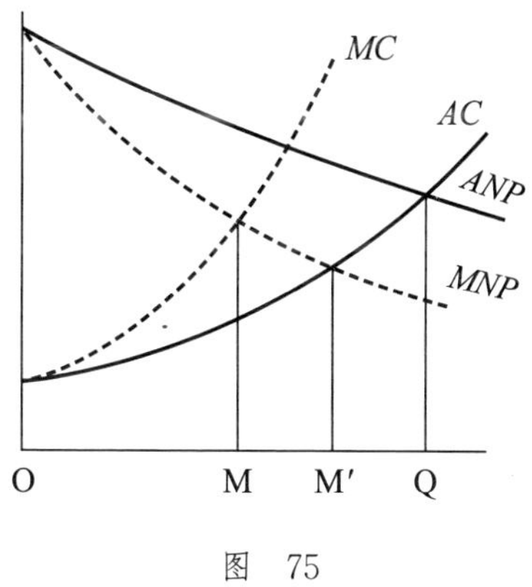

图　75

AC 是工业的劳动供给曲线。

MC 是工业的边际劳动成本曲线。

竞争下所雇的人数是 OQ；支付租金时，垄断下所雇的人数是 OM。

如垄断者不支付租金，亦即如他在购买劳动时能够实行完全价格歧视，则所雇的人数是 OM′。

如果竞争下的劳动需求是完全有弹性的，则垄断下所雇的人数等于竞争下所雇的人数，而如果竞争下的劳动需求曲线是上升的，则垄断下所雇的人数将多于竞争下所雇的人数。①

由此可见，如果垄断者不对劳动支付租金，如果大规模工业的经济大得足以保证竞争下的劳动需求曲线上升，则垄断下所雇的人数将多于竞争下所雇的人数。

四

上述比较是建立在垄断者对劳动以外所有生产要素都不付租金这一假设上面。如果资本是垄断者不付租金的稀有生产要素，则不论雇佣人数多寡，垄断下每人的资本的成本比竞争下每人的

---

①　这样，我们又用另一种方法知道，当大规模工业的经济是这样大，以致如果实际上是稀有的那种生产要素（在本场合是劳动）的供给弹性完全，不可能出现均衡时，垄断产量才能大于竞争产量（如要素的比例不变）。

资本成本小，小的程度等于平均租额。在这种场合下，如果资本对劳动的比例不能改变，则垄断下的总生产力等于竞争下的总生产力，但垄断下的平均纯生产力却较高，因为每人的资本成本较低。[①]因此，垄断者的边际纯生产力曲线（它表示他的劳动需求曲线）将位于边际于竞争下的需求曲线的那一曲线之上，而垄断下所雇的人数将多于上述比较中所说的人数。[②]

① 当要素比例可以改变时，垄断者对资本不付租金这一事实对他的劳动需求有双重影响。他生产较多的产量，但他生产一定产量所用的人数较少。如果把名词加以相应的改变，前文的附带结论可适用于这个场合。必须用边际收入曲线的弹性代替商品的需求弹性，同时替代弹性必须解释成所用要素数量的比例变动除以垄断者的要素边际成本比例的比例变动。根据同一证明可知：由于垄断者对资本不付租金，他的劳动需求曲线将依替代弹性大于或小于边际收入曲线的弹性而降低或提高。在上文所说的场合下，替代弹性等于零，资本成本的减少势必提高劳动需求曲线。

② 可以证明，如果没有大规模工业的经济，则垄断者的边际纯生产力曲线必然位于竞争平均纯生产力曲线之下，从而，垄断下所雇的人数不能超过竞争下所雇的人数。但如大规模工业的经济大得充分，垄断者的劳动边际纯生产力曲线位于竞争需求曲线之上，因此，如果劳动供给曲线的弹性充分，或如果垄断者不对劳动支付租金，则垄断下所雇的人数将多于竞争下所雇的人数。

第二十四章 对比较的修正[①]

以上的比较是建立在垄断和竞争下所用的生产要素的比例相同这一假设之上的。[②]如我们在第十四章所知，生产要素的比例不变，也就是说，生产任何一定产量只有一种方法的这种假设是站不住脚的。即使可以假设在长时期内，土地、劳动与资本的比例不变，企业家与产量的比例也绝不可能只由技术上的考虑来决定。但我们可以找出这样的一些场合：即使生产要素的比例在技术上可能变动，而垄断和竞争下生产任何一定产量所用的要素的比例实际上不变。如果所有要素的供给弹性完全，或所有要素的供给弹性相等，或垄断者不付租金，且没有大规模工业的经济，生产任何一定产量时，改变竞争下所用的要素比例都没有任何利益。

往往可以发生的是，所有要素对工业的供给弹性完全，且没有大规模工业的经济，因此，垄断和竞争下，生产任何一定产量所用的要素的比例相同。但我们目前的任务是在于考察垄断和竞争下一定人数的生产力。我们所必须分析的是，在这两种场合下，如果雇用某种人数，而不是如果生产某种产量会产生什么结果。

① 本章分析比较复杂，且和以下的论证关系不大。

② 对垄断和竞争的任何比较的一般缺点，必须作出和第14章中相同的假设来加以克服。

为了给生产某种产量提供比较的基础，我们假定所有要素的供给曲线不变，并假定商品需求曲线调节得可以生产出各种产量。在比较雇用某种人数时，我们假定商品需求曲线和除劳动外其他生产要素的供给曲线不变，并假定工资调整得使各种人数得到雇用。

如果一切生产要素（除劳动外）的供给弹性完全，且没有大规模工业的经济，则在垄断与竞争下一定劳动量所用的生产要素的比例将有所不同。垄断者的资本边际生产力（它决定他按一定人数所使用的资本数量）将低于个别企业的资本边际生产力（它决定竞争下按一定人数所使用的资本数量）。因为没有大规模工业的经济，因而两种场合下的边际物质生产力都一样，对垄断者的边际生产力等于边际物质生产力乘边际收入，而对竞争工业的边际生产力等于边际物质生产力乘商品的价格。因此，垄断者按一定人数使用的资本数量将小于竞争下所使用的资本数量。这样，垄断与竞争下一定产量中的生产要素相同的最普通的情况，不能说明一定人数所使用的要素相同这一情况。我们立刻就会知道，只有在很特殊的情况下，垄断与竞争下一定人数所使用的其他生产要素数量才会相同。

一定人数所使用的其他生产要素的相对数量由以决定的方式可以说明如下：假定除劳动外资本是唯一的生产要素，并假定资本是由效率单位测量的，因而，全部大规模工业的经济是由对工业的资本供给价格的下降来表示的。现在假定工业雇用任何一定人数，作一曲线（MP_F），表示资本对个别企业的边际生产力与工业在该人数下所使用的资本量的关系；并作一曲线（MP_1），表示资本对工业的边际生产力。企业的边际生产力等于资本的边际物质产品乘商品的价格，而工业的边际生产力等于边际物质产品乘边际收入。因为边际物质产品随着资本量的增加而下降，这两条曲线彼此不是边际与平均的关系，但就各种资本量来说，它们彼此间的比例和边际收入与价格的比例相同。其次再做工业的边际资本成本曲线与平均资本成本曲线（*MC*与*AC*）。如果资本是稀有生产要素，这些曲线将上升，如果有大规模工业的经济，它们将下降。假定垄断者在购买资本时不能实行价格歧视，所以他支付可能有的任何租金。因此，曲线*MC*表示垄断者的边际资本成本。

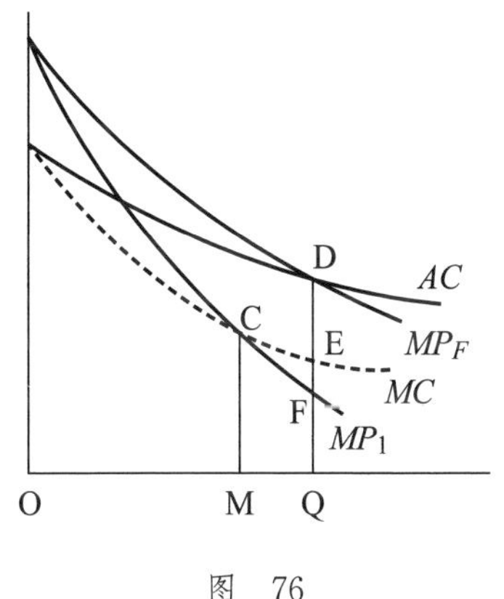

图　76

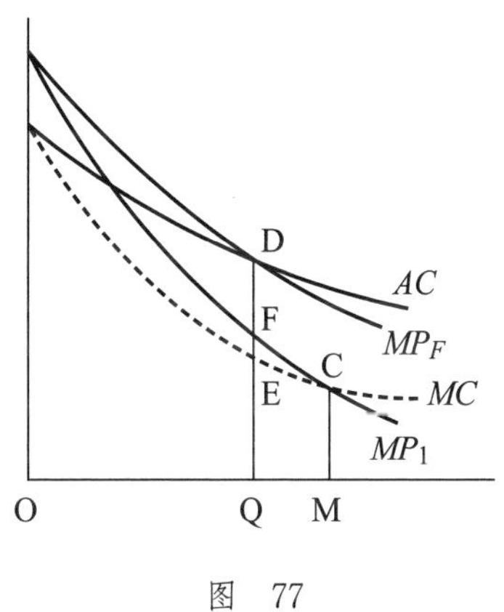

图　77

因此，在各图中，垄断者在雇用一定人数下所使用的资本量（*OM*）是由工业的边际成本曲线（*MC*）与边际生产力曲线（MP_1）的交点（C）决定的。在竞争下按同一人数所使用的资本量（*OQ*）是由企业的平均成本曲线（*AC*）和边际生产力曲线（MP_F）的交点（D）决定的。设DQ交MP_1于F，并交*MC*于E。如果*MC*交MP_1于F，也就是说，如果F，C与E相合，则在一定人数下所使用的两个资本量相等。

现在DQ与FQ的比例等于价格与边际收入的比例，所以，$\frac{DQ}{DF}$是商品的需求弹性；但$\frac{DQ}{DE}$是资本供给弹性。因此，如商品需求弹性在数值与正负号上等于资本供给弹性，则E与F相合，垄断与竞争下所使用的资本量相等。

这个条件只能偶然实现。它可以这样表述：在一定人数下使垄断者倾向于比在竞争下使用较少资本的那种价格与边际收入的差，恰好为使他倾向使用较多资本的大规模工业的经济（由资本的下降供给曲线所表示）所抵销。很显然，这个条件的实现只能是偶然的。

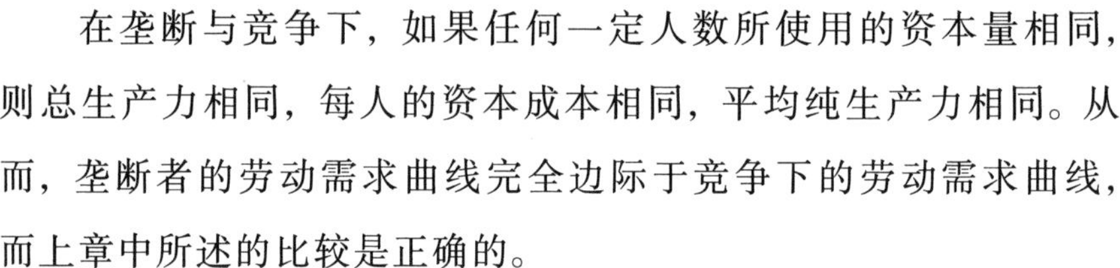

在垄断与竞争下，如果任何一定人数所使用的资本量相同，则总生产力相同，每人的资本成本相同，平均纯生产力相同。从而，垄断者的劳动需求曲线完全边际于竞争下的劳动需求曲线，而上章中所述的比较是正确的。

如果垄断下所使用的资本量较多，则垄断下任何一定人数的平均总生产力势必大于竞争下同样人数的平均总生产力，而如果所使用的资本量较少，则平均总生产力也较小。但可以证明的是，不论垄断者比在竞争下使用较多或较少的资本，垄断下的平均纯生产力总是大于竞争下的平均纯生产力。这可以证明如下：第76和第77图中的距离MQ表示垄断与竞争下按一定人数所使用的资本量的差额。面积MCFQ表示由于资本量的差而引起的总生产力的差，这一面积位于工业的边际资本生产力曲线之下。面积*MCEQ*表示资本成本之差，这一面积位于工业边际资本成本曲线之下。因此，MCFQ减MCEQ，亦即三角形CEF，表示纯生产力的差。这样，如垄断者所使用的资本少于竞争下所使用的资本（如第 76 图所示），则在竞争下由于追加资本而来的总生产力之超过额小于资本成本之超过额；如垄断者所使用的资本多于竞争下所使用的资本（如第 77 图所示），则总生产力的增加大于资本成本的增加。所以，不论在哪种场合，垄断下一定人数的纯生产力比竞争下大一个面积 CEF。这样看来，只要垄断下所使用的资本量和竞争下所使用的资本量有所不同，则垄断下的纯生产力将大于竞争下的纯生产力。替代弹性愈大，[①] 商品需求曲线与资本供给曲线的弹性差别愈大，[②] 则纯生产力的差额也就愈大，这就是说，技术条件使资本对劳动的比例的改变愈容易，而从改变比例所得的利益愈大，则垄断与竞争下的纯生产力的差额愈大。如果替代弹性等于零，就不可能（由于技术上的原因）改变比例；如果商品的需求弹性等于资本供给弹性，就没有动机来改变比例。它类似于这一事实：替代的可能性愈大，各种生产要素的供给弹性彼此背离的程度愈大，则垄断下一定产量的平均成本比竞争下一定产量的平均成本愈大。

因为垄断者的平均纯生产力曲线将位于竞争工业的平均纯生产力曲线（它是竞争下的劳动需求曲线）之上，所以，边际于他自己的平均纯生产力曲线的垄断者的劳动需求曲线势必位于边际于竞争下的需求曲线的那一曲线之上，正如他的边际成本曲线略位

① 较低的替代弹性可以用图中 MP_1 和 MP_F 的较大斜度表示。此二曲线的斜度愈大（在其他条件不变的情况下），距离 MQ 就愈小。

② 因为需求曲线必然是下降的，所以，上升的资本供给曲线的弹性可以看成是和需求曲线的弹性的正负号是相反的。

于边际于竞争下的供给曲线的那一曲线之下一样。因此，垄断下所雇的人数比劳动对资本的比例不能改变时，将占竞争下所雇人数的较大比例。[①]如果垄断者对各要素的比例改变得很大，他的劳动需求曲线实际上可以位于竞争下的需求曲线之上。从而，如果劳动供给是充分有弹性的，则垄断下所雇人数将多于竞争下所雇人数。但是，这种现象产生的条件不同于垄断产量大于竞争产量的条件。因为，如果垄断产量等于竞争产量；则垄断者所雇人数较多或较少，要看垄断者比竞争下所用的劳动与其他要素的比例较大或较小而定。

① 当要素的比例可以改变时，为了精确地比较垄断和竞争下的劳动需求，就必须考虑商品需求曲线和资本供给曲线的形状，而不是考虑竞争下的劳动需求曲线的形状。例如，假使资本供给曲线和商品需求曲线都是直线，则竞争下的劳动需求曲线势必是凹形，而粗略的比较会使我们认为，如果劳动供给曲线是一直线，垄断者所雇的人数小于二分之一的竞争下所雇的人数。事实上他所雇的人数比这个人数多一些，并且可以证明，他所雇的人数恰为竞争下所雇的人数的一半。

第九篇

剥　削

第二十五章 垄断对劳动的剥削[①]

一

比较垄断与完全竞争下的劳动需求本身并没有浓厚的实际趣味，而分析是为了使它们可能有用的。它可以阐明和对劳动“剥削”有关的一系列问题。

对劳动剥削的一般问题引起在第二十七章中将要讨论的许多问题。目前我们将考察的是一个工业的场合以及在单独一个工业中消除剥削的影响。因此，我们可能假定该工业中的雇佣人数可以增加或减少而不会对其他工业发生显著的影响，并假定一般物价水平不受影响，因而我们所考虑的那群工人的货币工资的变动使他们的实际工资发生相应的变动。

人们常说，剥削（劳动的报酬小于适当的工资）是由雇主和工人的议价能力不平等而来的，并说通过使工人和雇主平等议价的工会或国家的行动就能加以消除。我们将知道，议价能力在很多场合下是重要的，但产生剥削的根本原因是在于劳动供给或商

① 本章第 4 节和第 6 节包括一些和其他论证关系不大的复杂问题。

品需求缺乏完全弹性。

人们常说，如果一个生产要素是按小于它的边际纯生产力的价格雇用的，该生产要素就遭到剥削。既然对各种生产要素的量使用得使它对雇主的边际成本等于它对雇主的边际纯生产力将符合各个雇主的利益，那么，如果某生产要素的市场是完全的，因而它对个别雇主的边际成本等于它的价格，则各个雇主的私人利益（假定他们不受忠于本阶级的情感的影响）将保证该要素所得的报酬等于它对个别雇主的边际纯生产力。工人们从这一企业转到另一企业的完全自由会迫使雇主们对劳动竞相出价，直到工资等于所雇人数的边际纯生产力时为止，而且市场的自由会代替劳动组织来确保工人们得到他们的适当工资。如果劳动市场是完全的，因而增雇一人的边际成本等于他得的工资，那么，在竞争工业中工资就不可能小于劳动对企业的边际纯生产力，因如工资小于边际纯生产力，则多雇些人直到劳动的边际纯生产力降低到和工资相等时为止，这对雇主们是有利的。因此，根据这个定义，除非对个别企业的劳动供给不是完全有弹性的，以致工资小于对该企业的边际成本，则剥削是不可能的。这样，工会或最低工资法在消除剥削方面的作用并不在于它增进工人们的议价能力这一事实，而在于它用“公共规章”人为地再产生对各个雇主的劳动供给的完全弹性的条件这一事实。

所以，我们认为，剥削如只被理解为工资小于劳动对个别雇主的边际纯生产力，只要在购买劳动上有完全竞争存在，它是永不会发生的。但这个定义受到不必要的限制。实际所谓剥削通常是指工资小于劳动的边际物质产品按其售价所估计的价值。① 从这个观点来看，商品市场的不完全和劳动市场的不完全都可以产生剥削。当销售市场不完全时，劳动对个别企业的边际纯生产力等于劳动的边际物质产品乘该企业的边际收入，而边际收入却小于价格。可见，即使工资等于企业的边际纯生产力，剥削仍然存在。

这两个关于剥削的定义的矛盾纯粹是措辞问题。不论我们叫它剥削或不叫它剥削，一定的情况总是一样。就我们现在的目的来说，较广泛的定义是更加便利的。我们将说，如果一群工人的工资小于他们生产的边际物质产品按出售价格所估计的价值，他们就是被剥削着的。

消除剥削可以改变劳动的边际物质产品和商品的价格，并且我们将会发现，尽管看起来它是自相矛盾的，消除剥削并不总是对有关工人们有利。

二

剥削由以产生的场合可分为三类：首先，虽在对个别雇主的劳动供给是完全有弹性的时候也能出现的场合，这是由于对商品的垄断而造成的。其次，当劳动供给是不完全有弹性的时候（虽然商品是在完全竞争条件下来出售的）；第三，当劳动供给是不完全有弹性的时候，而且雇主在购买劳动时能实行价格歧视：这两类是由于对劳动的买方独占而引起的。我们将假定，头两类中个

① 参阅庇古:《福利经济学》，第549页。

人的效率都相同，并都得到相同的工资。第三类中个人的效率可以有所不同，或者他们的效率可以相同，但得到不同的工资。此外，如果各企业不能自由加入该业，即使在产品销售和劳动雇用方面存在着完全竞争，也会有一种类似于剥削的情况出现（虽然它不包括在我们的定义里）。在这种场合下假定个人的效率相同，也是方便的。

三

单独一个垄断的场合是剥削类型中最简单的场合，这种场合是在对个别企业的劳动供给具有完全弹性而商品销售却没有完全竞争的时候出现的。如我们所知，垄断下所雇人数是他们的边际物质产品乘垄断者的边际收入等于工资的那一人数。因此，工资小于边际物质产品乘商品的价格，就我们的定义来看，剥削是产生了。这种剥削是不能由提高工资来消除的。提高工资只会导致失业，且在较高的工资下剥削仍继续存在。消除剥削的唯一办法是把价格控制得能够从垄断者那里取得竞争产量。①

四

如果不是单独一个垄断者而是有许多企业销售于不完全市场，即使对各企业的劳动供给是完全有弹性的，也会产生剥削。假如

① 参阅第13章。竞争产量在这里指的是价格等于平均成本的那一产量。

企业可以自由加入该业，从而利润正常，则各企业的规模将小于最适度的规模。工资将等于劳动的平均纯产品（否则商品的平均成本小于价格，利润超过正常利润）和对个别企业的边际纯生产力；但是企业的边际纯生产力将小于劳动的边际物质产品按商品价格估计的价值（因为对企业的产品需求不是完全有弹性的）。这一类型的剥削是不能由提高工资来消除的，但是假如市场变得完全起来，它就会消失。这种剥削也许十分普通，从而，详细分析取消市场不完全性对劳动的影响是值得的。

当市场变得完全时，各企业将有所扩充，并在新的均衡下。当利润再一次正常时，各企业将具有最适度的规模，成本将较低，商品价格势必下降。

因此，消除市场的不完全性必然会使商品的价格下降。同时也很可能改变该业以往所雇人数的边际物质生产力，因为工人们现在被组织到最适度规模的企业中，而不是被组织到次于最适度规模的企业中。在旧局面下他们的所得小于他们边际物质产品当时的价值，而在新局面下他们将取得他们边际物质产品的价值，但这并不等于说，他们现在的情况比从前有所改善，因为边际物质产品的价值也许已经减少了：边际物质产品可能已经减少，而商品的价格必然是下降了的。

为了阐明这个问题，考虑企业规模的增长对劳动的平均物质生产力的影响是便利的。认为每人的平均物质生产力（以雇用人数除企业总物质产品）随着企业增长到最适度的规模而增加，这是很自然的。但是平均物质生产力由于企业的规模的增长而减少也是可以发生的。不过只有在企业所增雇的人数没有导致大规模工业的经济，或者有些大规模工业的经济，但是被使用某些固定因素（例如厂房设备或经理上的因素）超过其最适度能力而来的负经济所抵销的情况下，才会出现这种情况。所以，这未必是一种常有的场合。

每人所使用的其他生产要素的成本，随着企业增长到它最适度的规模可以增加，也可以减少。

直到现在我们是在下述假设的基础上进行分析的，即工业所雇人数不变，以及工资由于剥削的消除而有相应的改变。假定工资不变，而雇佣人数有相应的改变，也是可能的。就我们现在的目的说来，第二种方法将更加便利。用两种方法所得的结果必然相同；因如在旧工资下所雇人数增加，那么提高工资而不减少所雇人数是可能的，所以雇用一定人数所用的工资可以因剥削的消除而提高；如果在旧工资下所雇人数减少，则剥削的消除将导致一定人数所得工资的减少。

为简单起见，让我们假定所有企业在不完全市场的成本曲线和需求曲线都一样，所以各企业都生产相等的产量，并按照同一的价格出售。[①] 当市场变得完全时，假定工资不变，生产成本将下降，产量将增加。但这种产量的增加不一定使按一定工资所雇的人数增加。在企业达到它们最适度的规模时如果每人的物质生产力（总产品除以所雇人数）降低，则所雇人数必然增加。但我们刚才已经知道，每人物质生产力的增加是极其可能的。因而将会有

① 下述分析所根据的假设是，所有要素对工业的供给弹性完全，且没有大规模工业的经济。当这两个假设未实现时，用不着改变论证的任何基本结构，就可以把必要的复杂情况纳入我们的论证。

二重影响。由于导致产量增加，成本下降有增加所雇人数的趋势，但每人物质生产力的增加必然意味着生产一定产量所需要的人数减少。所以，究竟哪种影响占优势，尚待加以讨论。

在每单位产量的成本完全由于每人物质生产力的增加而下降的范围内，如果该工业生产的商品总需求的弹性大于一，才有增加所雇人数的趋势。这是显而易见的。在这种场合下，每人所使用的其他生产要素的成本在各企业具有最适度的规模时和在小于最适度的规模时都一样。因为工资不变，所以每人的总成本也不变。因此，每单位产量的成本（它等于每人的总成本除以每人的物质生产力）的下降和物质生产力的增加成同一比例，从而商品价格的下降也成同一比例。这样看来，如果商品的需求弹性等于一，产量增加的比例和每人物质生产力增加的比例相同，所雇人数将不变。所雇人数的增加或减少依需求弹性大于或小于一而定。

另一方面，在商品成本的下降伴随着每人所使用的其他要素的成本下降，而物质生产力没有任何变动的范围内，除非商品的需求是完全没有弹性的，必然导致所雇人数的增加（在一定工资下）。如果既有每人物质生产力的增加，又有每人成本的下降，那么，如果商品的需求弹性等于一，则所雇人数势必增加；而只有商品需求弹性小于一，所雇人数才会减少。每人所使用的其他生产要素的成本下降是在下述情况下产生的，即如果生产设备中有需要某种固定报酬的固定因素（例如，企业家本人，或某种巨大的不可分割的设备单位，如一条铁路）存在，所以每人使用它的成本随着人数的增加而减少。另一方面，在大多数生产部门中，机械化程度随着企业增长到它的最适度规模而提高，这也是很可能的。因此，一般说来，每人所使用的其他生产要素的成本会有所增加。这时，商品价格下降的比例小于每人物质生产力增加的比例，而如果商品需求弹性等于一，则所雇人数减少。在这种场合下，只有需求弹性大于一，所雇人数才会增加。

因此，在各个场合下，工业产品的总需求具有使所雇人数不变的某种临界弹性。假如在最适度规模的企业中和次于最适度规模的企业中，每人所使用的其他要素的成本都一样，则临界弹性等于一；假如弹性小于一，则劳动者将因消除市场的不完全性而受害。假如最适度规模的企业中，每人的成本比次于最适度规模的企业大，则临界弹性大于一。如果最适度规模的企业中每人的成本较小，则临界弹性小于一。用这个公式我们就能够发现，在各个场合下，市场不完全性的消除对劳动者是有利还是有害。

消除剥削对劳动者不利，这似乎是奇怪的。不过有两种事实可以说明它。首先，在商品需求没有弹性时，凡能提高商品成本者就能增加工业的总收入。因此，如果商品的需求是没有弹性的，则每人物质产量的增加可能对劳动者无利，而劳动者以牺牲消费者的利益为代价，可以从各企业具有次于最适度的规模这一事实得利。其次，当市场不完全时，个别企业从事某种程度的在市场完全时有利可图的机械化可以是没利的。因此，劳动者以牺牲资本的利益为代价，可以从企业具有次于最适度的规模这一事实得利。

在任何场合下，无论市场的不完全性有利于劳动者或不利于劳动者，它势必使商品价格高于完全竞争下的价格。所以，在劳动者以牺牲消费者的利益为代价，从市场的不完全性中取得利益的范围内，那只是一种局部的利益。而对商品消费者（他们必须支付较高的价格）和整个社会（因所生产的实际财富较少），却有一种损失。这并不能得出结论说，因为工业劳动者由于市场的不完全性而得到好处，从而消除市场的不完全性是不应该的。而且，如果所有的工业都处于这种情况，劳动者就不会从市场的不完全性中取得利益，因为他们作为消费者的所失，超过他们作为工资领取者的所得。

但是即使当剥削普遍存在，因而所有工业中的企业都具有小于最适度的规模的时候，如果小于最适度规模的企业中每人所使用的资本比最适度规模的企业有较少的趋势，则市场的不完全性可以靠牺牲资本而有利于劳动。如果所有市场变成完全的，则资本有靠牺牲劳动而得利的趋势。相权之下，劳动者由于剥削的消除而遭受损失，这虽不一定，但是可能的。

五

上面我们是就长时期均衡说的。考虑准长时期也是必要的，在准长时期内，企业的数目并不因利润的上升而增加。这时各企业可以具有任何规模。如果市场变成完全的，各企业的产量就会增加，商品的价格就会下降。如果各企业已经是如此之大，以致产量的增加不能带来大规模工业的经济，则劳动的物质生产力随着各企业规模的增长而势必下降。因此，消除市场的不完全性必然对劳动有利，不管商品总需求的弹性如何。

六

尚待加以考虑的是新企业并不因额外利润而加入的那种完全竞争工业。这里我们将发现一种类似剥削的情况。但它与我们对剥削所下的定义不相符合；因如商品市场与劳动市场都是完全的，则各企业所雇人数将使其对企业的边际纯生产力等于工资，而对企业的边际纯生产力将等于劳动的边际物质产品的价值。因此，根据我们的定义，是不会有剥削的。但如果没有新企业加入该业，则现有的企业可以具有大于最适度的规模，并且可以获取超过正常利润的利润。[①] 于是工资将小于劳动的平均纯生产力，而平均纯生产力在处于完全均衡中的完全竞争工业里等于工资。因此，这种情形和剥削相似，并且可以用我们在分析剥削中所发展了的工具来分析。

这种准剥削当新企业加入该业从而树立起长期的完全均衡时就会消失。新企业加入该业的结果是降低商品的价格。现有各企业缩小到和正常利润水平相适应的最适度的规模，同时商品产量有所增加（除非商品需求是绝对没有弹性的）。

和以前一样，我们将假定工资不变，并用同以前一样的方法分析完全均衡时按一定工资所雇人数是增加还是减少。如果每人的物质生产力当各企业缩小到最适度的规模时下降，则所雇人数必然增加。虽然劳动的物质生产力由于各企业缩小到它们最适度

① 第36图说明了这种场合下的个别企业的情况。

的规模而可能增加。但大于最适度规模的企业所得的额外利润必须加在每人所使用的其他生产要素的成本之中，而这种成本（包括利润在内）当企业具有最适度的规模和利润缩减到正常利润时差不多一定是比较小的。现在我们发现了，如果既有物质生产力的上升又有每人所使用的其他生产要素成本的下降，则在一定工资下使所雇人数不变的需求临界弹性小于一。因为其他成本（包括利润在内）的下降势必很大，一般说来，我们可以说，除非需求弹性很小，则完全均衡和正常利润的恢复势必增加工业的雇用人数。

七

我们知道，垄断对劳动的剥削是不能用提高工资的办法来消除的。但是我们刚刚讨论过的准剥削，就特定工业来说，如果工资提高到额外利润消失从而创造了完全均衡的条件，是会消除的。

在这种场合下，实际上工资的变动似乎可能比企业加入该业的速度要快。如果劳动者是有组织的，则工会可以发觉利润是不正常的，从而提出增加工资的要求。如果他们成功了，且工资上升得适足以使利润缩减到正常利润的水平，则没有新企业加入该业，现有各企业的规模缩小，而雇用人数减少。这样的工资上升就会消除额外利润，并且如仅仅考察这个工业而不比较该业所付的工资和别处的工资，就很难说有什么差错。

但是这样来消除准剥削未必是一个上策。如果正常利润的恢复是由工资上升，而不是由工业的扩展实现的，商品的价格就较高，该业的雇用人数就较少。结果可以发生失业或其他工业部门中削减工资的现象。此外，引起额外利润的那种对商品的高度需求最初将不会导致该商品供给的增加。在经济学教科书中所假定的完全放任的条件下，资源在各种不同加工工业部门中的分配是由利润围绕着正常利润的上下波动来实现的。如果利润高于正常利润，工业就会扩展，而如果利润降到正常利润以下，工业就会收缩。消费者不断变化的需求就是用这种方法来满足的。如果利润由工资的变动保持在正常水平（这也许是比教科书中的假设现实得多的一个假设），则推动资源从一种用途转向另一种用途的机构就失去作用了。对那些想用在特定工业部门中推行利润分配制的办法来补救我们现时经济制度缺陷的人，和那些正在遭受损失而埋怨某特定行业中工资过高的人来说，这里有一个伦理问题。教科书中的体系也许是永不存在的，即使存在，那也不是十全十美的。但它具有某些优点。工资比利润具有更大灵活性的自由私人企业制度必然引起资源的错误分配和潜在财富的大规模浪费。

第二十六章　买方独占对劳动的剥削①

一

现在我们必须分析那种因对管理单位的劳动供给弹性不完全而产生的剥削现象。对某一工业的劳动供给，由于第八章中所述的任何理由可以不是完全有弹性的。劳动供给的局限性的性质和我们的研究无关，因为我们的分析可以适用于任何局限性。但是为了简单起见，我们首先只讨论那样一种场合，在这种场合下被雇用的工人在有关工业中的效率都一样，并且为了吸收新的劳动供给，必须支付所有工人以越来越多的工资。因为诱引工人离开报酬较好的职业，补偿远距离的迁移费用，或者克服对其他职业的偏好，支付越来越高的工资是必要的。

不完全有弹性的劳动供给这一概念引起某些困难，因为供给弹性依所述时期的不同而有很大的不同。所述的时期愈长，它的弹性很可能就愈大。劳动供给一旦因工资的上涨而被吸引到某一

① 本章第3节和第4节的论证和上章第4节和第6节的论证相似，且具有同样的复杂性。

区域或某一工业之中，在工资回落到他们以前的水平时不会立刻（或从来没有）化为乌有。但就我们形式分析的目的来说，只需假定劳动供给曲线在一个时期内是上升的，而这个时期长得足以确立一种正常均衡。在这个问题中，像在本书所企图处理的一切问题中一样，很大程度的人为的简单化是形式分析所必要的。这种分析最多只是给我们指出处理实际问题时必须考虑的一些事情。

二

在对任何雇佣单位的劳动供给是不完全有弹性的时候，所雇人数将是边际成本等于边际纯生产力的那种人数；工资将等于所雇人数的供给价格。雇佣单位的劳动需求曲线可以有各种形式。如果雇佣单位是单一的垄断组织，则劳动需求曲线就一定要根据第二十一章所述的原则来作。但是如果雇佣单位是由许多独立企业组成的一个工业，则虽然这些企业在销售产品方面彼此竞争，但在工资规定方面却可以采取一致行动。实际上规定工资的协定通常是在简便易行的方式下作出的，但值得考虑一下怎样对那种按照某一定原则所作的协定进行精确的分析。绘制劳动需求曲线所依据的两个原则是可能加以区别的。首先，如果只有一种不以抬高工资来破坏市场的“君子协定”，则构成该工业的各企业除雇佣劳动外在各方面可以被认为是完全竞争的。因此，按一定人数所使用的资本数量，将是资本对企业的边际生产力等于它的价格的那种数量，这就是说，按任何一定人数所使用的资本数量将是竞争下的资本数量。各企业将不顾产量的增加对商品价格的影响，愿意雇佣对企业的边际生产力等于对所有企业的边际劳动成本的那种人数。因此，不论人数多少，工业的劳动需求曲线将由劳动的边际物质产品的价值来表示。其次，如果按各种人数使用竞争下的资本数量，但有组织的各企业考虑到由于产量增加而引起的商品价格的下降，从而雇佣对所有企业的边际纯生产力等于边际成本的那种人数，那么，各企业之间就会有一种尚未达到完全垄断的影响深远的协定。在任何实际场合下，这两个原则都不可能是被完全遵循的，但这个事实和我们的分析无关，因为无论劳动需求曲线怎样作出，一旦劳动需求曲线已知，就可以进行同样的分析了。

不论需求曲线根据什么原则作出的，都必须假定企业数不变，也就是说，假定由于买方独占而得到的利润不会招致新企业加入该业；因为买方独占利润量取决于劳动供给条件，不能用需求曲线表示。如果认为买方独占利润的存在或不存在会使工业的企业数改变，就一定要为各种企业数作一新的买方独占需求曲线。①

买方独占组织所雇人数将局限于那种人数，在这种人数下所有企业的边际劳动成本等于各特定组织的劳动需求价格。工资将等于劳动的供给价格，而这在各个场合将小于劳动的边际物质产品的价值。因此剥削产生。

这种买方独占的剥削是可以用规定最低工资的办法来消

① 这点是当时正在准备经济学优等考试的弗莱斯特尔先生首次给我指出的。

除的。

设D为根据任一原则所作的买方独占的组织的劳动需求曲线。

则MC（劳动的边际成本曲线）与需求曲线D的交点将决定所雇人数（ON）。

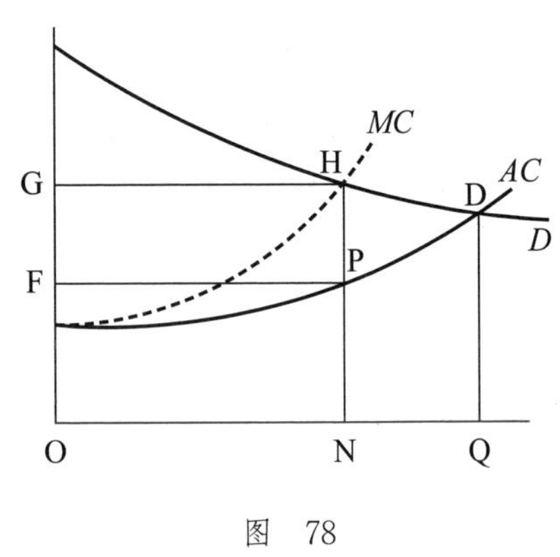

图　78

假定工会或劳动局规定了工业的最低工资；则对工业的劳动供给在规定的工资下就变成完全有弹性的，直到他们对工业的供给价格无论如何都等于该工资的那一人数为止。超过这一人数，新的劳动供给曲线必与旧的劳动供给曲线相一致。如果规定最低工资的主管机关有足够的权力来自由选择规定何种工资，则摆在它面前的有几种选择。如果在下限把现有的工资（NP）规定为最低工资，则一切照旧。如果把工资（NH）规定为最低工资，而它等于在剥削条件下所雇人数的需求价格，则雇用人数不变，而工资将有所提高。如果工资高于NH任何数量，则雇用人数都会减少，如工资介于NP与NH之间，则雇用人数将增加。在旧的劳动供给曲线与买方独占组织的需求曲线的交点所决定的工资（QD）下，雇用人数增加得最多。[①] 因此，减轻剥削并转移部分或全部买方独占利润于劳动者身上的那种工资上升，实际上将导致雇用人数的增加。

① 这种分析应归功于肖甫先生，但我的表述和他的表述多少有些不同。

甚至把工资QD或更高一些的工资规定为最低工资的时候，除开买方独占组织的劳动需求曲线*D*代表劳动边际物质产品的价值那一场合，剥削也不会完全消失。[①]垄断的剥削因素的排除不能只靠消除劳动供给曲线无弹性的状态。

三

在各企业的行动不一致，但对各企业的劳动供给不是完全有弹性的地方，也能够产生买方独占的剥削，正像在商品的销售市场是不完全的地方产生垄断剥削一样。我们已经知道，对一个工业的某种生产要素的供给在什么情况下不是完全有弹性的。对个别企业的劳动供给由于同样的原因可以受到限制。例如，可能有一定数量的工人住在附近，而从远方招收工人就必须支付等于他们在家乡所能赚得的工资加往返的路费；或者可能有些工人由于偏好或习惯而依附于该企业，要想招收别的工人就须支付较高的工资；或者消息不灵通阻止工人因各企业所出工资的不同而从一个企业转向另一个企业。

如果对各个别企业的劳动供给不是完全有弹性的，并且如果利润是正常的，即使销售市场是完全的话，各企业也将具有小于最适度的规模。[②]如果工资等于平均纯生产力，而各企业所雇人数

① 这将是那样一种场合，在这种场合下，许多独立的企业都采取一致行动来规定工资，并依前文所述的原则安排它们所雇的人数。

② 在各企业所处的情况下，它的平均成本当然最低。“最适度规模的企业”一词是指对各企业的劳动供给弹性完全时的那种情况。

又是它对企业的边际纯生产力等于企业的边际劳动成本的那一人数，则利润将是正常利润，工业将达到完全均衡。[①]这种分析是我们已经知道了的。

AC 与 *MC* 为劳动的平均成本曲线与边际成本曲线。

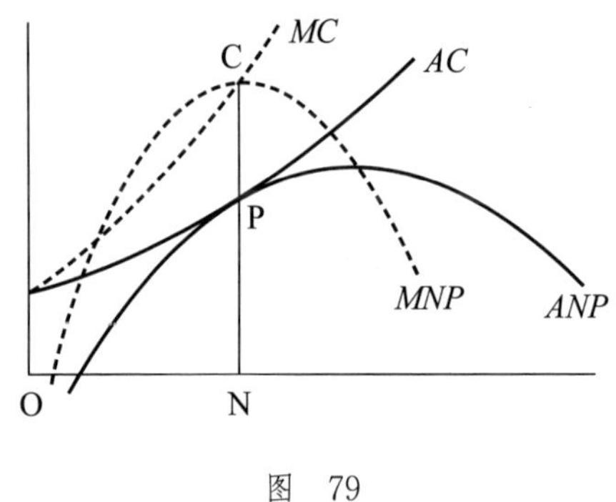

图　79

ANP 与 *MNP* 为劳动的平均纯生产力曲线与边际纯生产力曲线。

当工业处于均衡时，各企业按工资 PN 所雇人数将为 ON。

CN 为人数 ON 对个别企业的边际成本与边际生产力。

假如劳动市场变成完全的，这种剥削就会消失。

在研究由于商品市场的不完全而产生的剥削时，我们假定工资不变，并考虑了使市场完全后对雇用人数的影响。但在这个场合下，运用另一种方法，并研究假如所雇人数和剥削存在时所雇人数相等，工资会发生什么变动，这是更加便利的。如我们所知，这两种比较方法必然产生相同的结果，但是当我们讨论劳动市场的不完全，而不是讨论商品市场的不完全的时候，使用第二种方法就比较方便。[②]

---

① 在这种场合下，不可能根据当劳动市场完全时所用的原则作出工业的劳动需求曲线，因为企业数将受买方独占利润的影响，而这种利润取决于劳动供给情况。

② 我们还须假定没有大规模工业的经济和生产要素（除劳动外）对工业的供给弹性完全。当这些假设不能实现时，必要的修改很容易纳入我们的分析。

假定劳动市场已经完全（例如，由于消除导致市场不完全的无知，或由于提供较廉价的运输），假定带有正常利润的新的均衡已经达到以及所雇人数和以前一样，则各企业将具有最适度的规模，工资必然由个别企业的劳动平均纯生产力曲线上的最高点来决定。

当各企业具有最适度规模时，如果每人的物质生产力较低，则在新情况下一定人数的总产量较少，商品的价格势必上涨。因此个别企业的平均纯生产力曲线将提高，工资必然上升。这和下述场合相类似，即如果每人的平均物质生产力随着各企业具有最适度的规模而下降，则消除垄断剥削必然导致按照一定工资所雇人数的增加（即使商品需求是完全没有弹性的）。

但如我们所知，每人的物质生产力随着各企业增长到最适度的规模而可能增加。从而一定人数的产量将增加，而商品的价格势必下落。平均纯生产力曲线将下降，于是由新曲线上的最大值所定的新工资可以低于各企业小于最适度的规模时所得的工资（第79图的PN）。和垄断剥削的场合相类似，这个结果将取决于商品的需求弹性。如果在新情况和旧情况下每人所使用的其他生产要素的成本都一样，那么（因为我们在研究一定人数的命运），其他成本的总额和以前也一样。工资总额将等于总收入减其他成本总额。因此，如果商品的需求弹性小于一（从而总收入因价格的下降而减少），则工资总额（和每人的工资率）在新情况下比在旧情况下要少。如果商品需求是有弹性的，则工资较高。如果商品的需求弹性等于一，则工资不变。这是以每人的其他要素成本不变这一假设为基础的。如果各企业具有最适度规模时每人的其他要素成本较大，则使工资不变的临界弹性大于一。如果每人的其他要素成本较少，则临界弹性小于一。

四

用规定最低工资，而不用使劳动市场完全的方法可能消除由于劳动市场不完全而产生的剥削。但这种方法很难导致有利于劳动的结果。如果最低工资规定得比不完全的劳动市场上通行的工资水平高，则各企业的劳动平均成本曲线（第79图的AC）将提高。因此，如果正常利润占优势，则个别企业的劳动平均纯生产力曲线也必然提高，从而两条曲线彼此相切。这就是说，商品价格势必上升而商品产量势必缩减（因工资提高时有些无法生存的企业被消灭）。由此可以得出结论，除非劳动物质生产力有很大的降低，较高工资下的雇用人数将少于较低工资下的雇用人数。只有在物质生产力降低的程度足以补偿产量缩减这一不常见的场合下，才可能规定最低工资而不造成失业，而消除市场的不完全，如我们所知，将提高工资，且在很多场合下不致引起失业。

在这个场合和在单独一个垄断组织的场合（如第二节所述）因规定最低工资而产生不同的结果，是由于在这个场合假定利润是正常利润；这就是说，买方独占利润的存在曾导致企业数和商品产量的增加直到那一点，在该点企业家的报酬（利润中的买方独占因素也包括在内）削减到正常水平；所以借剥夺各企业一部分利润的工资上升在长期内必然使企业数和工业产量减少。

五

现在我们必须分析购买劳动时有可能实行价格歧视的那些场合。在以下的分析中，我们只讨论单独一个垄断组织的场合，但是价格歧视的可能性仿佛可以加于因劳动供给不完全而产生剥削的任何场合之上。

为了简单起见，我们以上都假定所有工人在雇用他们的工业中的效率相同。现在有必要考虑不能实现这一假设的那些场合。那时即使每人都付以相同的工资，也会有一种价格歧视出现。假定所有工人的转移工资都相同，但就工业来看各个工人的效率有所不同；那么，虽然工人的供给是完全有弹性的，但对买方独占组织用效率单位测量的劳动供给却是不完全有弹性的。所雇人数将调节得使效率最低的人的边际纯生产力等于一致的工资。那时将会出现完全的价格歧视，因为个人所得的是他的转移工资，而劳动的全部租金为买方独占者据为己有。不同的人代表不同的效率量，虽然个人都得到相同的工资，但劳动的不同效率单位却得到不同的工资率。例如，用效率最低者的效率代表一个单位并假定工资是十先令。那么，具有二倍效率的工人所提供的两个效率单位每效率单位是五先令；具有三倍效率的工人所提供的三个效率单位每效率单位是三先令四便士，以此类推。这种价格歧视是不能用提高工资的办法来根除的，因为这只会使劳动的效率单位的整个供给表提高，并导致效率最低者的解雇。在新情况下，所雇的效率最低的工人所得的工资再一次等于一个效率单位的劳

动的边际纯生产力，而效率较高的那些工人每效率单位却仍付以各种较低的工资率。如果各级劳动都付以和它的效率成比例的工资，因而不同效率的工人每日取得不同的工资，但每单位的劳动付以相等的工资率，那么，这种价格歧视才会被消除。①

当效率相同的工人按不同的工资率取酬时，就会产生一种不同类型的价格歧视。如果和各个工人或和各不同的工人集团分别议价，并且如果各个工人或各不同集团所愿意接受的最低工资有所不同，就会出现这种价格歧视。

让我们再一次假定，所有工人的效率都相同，并假定对买方独占者的劳动供给是不完全有弹性的，因为为了吸收某些工人到工业中来对他们比对其他工人支付较高的工资是必要的。如果完全的价格歧视成功了，以致各个工人所得的工资等于他最低的转移报酬，则雇主的劳动边际成本曲线与劳动供给曲线相一致。从而所雇人数是最贵工人的工资等于该集团边际纯生产力的那一人数，但劳动的全部租金为雇主据为己有。如果由于共同章程的采用而全体工人的工资提高得等于最贵工人的工资，边际劳动成本与平均劳动成本都等于这种工资，则所雇人数不变（假定买方独

① 这个分析可以说明马歇尔和韦伯夫妇之间关于工资的“边际生产力论”的争论（参阅《经济学原理》，第705页）。争论的引起似乎是由于韦伯夫妇没有觉察到完全竞争假设中的含意，而马歇尔似乎没有认识到那些假设是极其不现实的。

占利润是超过维持雇主从事生产所必要的正常利润的剩余利润)，租金从雇主转移到工人身上。但如果只规定必须有一种共同章程，而不实行最低工资，则结果只是消除价格歧视，而所雇人数减少。那时边际劳动成本是由边际于买方独占者的劳动供给曲线的曲线来表示的，这个场合就成为我们已经考虑过的那种简单剥削的场合了。

如果因为个人的效率和他们所愿接受的最低工资的不同而对个别雇主的劳动供给是不完全有弹性的，则所雇人数将是一个劳动效率单位的边际成本等于它对买方独占者的边际纯生产力的那一人数。在这种场合下，如果要完全消除剥削，就必须按工人的效率划分他们的等级，并给各级效率规定一个最低工资。

七

购买劳动时完全的价格歧视也许是稀有的，但不完全的价格歧视却是常见的。例如，可以有两类工人(例如，男工与女工，成年工人与童工)，他们的效率相等，[①]但他们的供给情况却有所不同。在每类工人中支付相同的工资也许是必要的，但两类工人(例如男工和女工)的工资可以有所区别。所雇人数将是这样的人数，以致总人数的边际成本等于它的需求价格，并等于各类工人

① 此假设纯为简单起见而作。如果一类工人的效率和他们的工资比起来略低于另一类工人的效率，则和各类工人的效率相同时一样都可以存在歧视价格。

的边际成本；而各类工人的工资将等于所雇人数的供给价格。[①]

D 为劳动需求曲线。

S_m 为男工劳动供给曲线。

M_m 为男工劳动边际成本曲线。

S_w 为女工劳动供给曲线。

M_w 为女工劳动边际成本曲线。

M_t 为由 M_m+M_w 的横加额所得的总劳动供给的边际成本曲线。

OT（即所雇总人数）= OM（所雇男工人数）+ OW（所雇女工人数）。

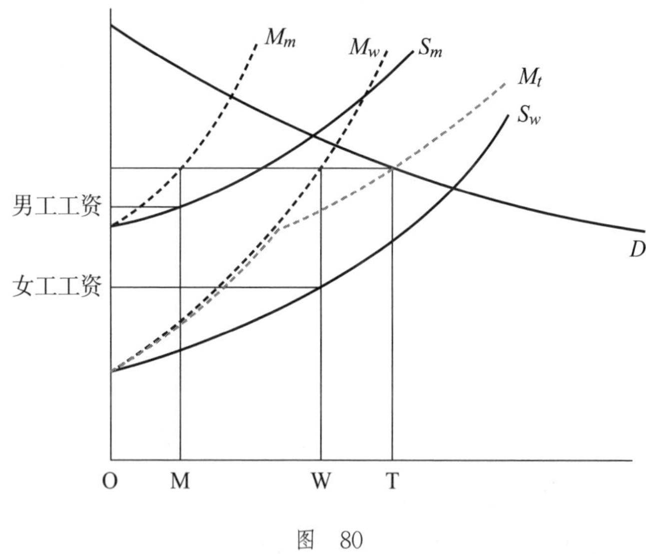

图　80

① 这个和下述场合的分析相同于第 15 章中所述的垄断价格歧视分析。不同的问题，例如，在男工和女工中间规定一种共同章程对总雇用量的影响，就可以用那里所述的方法加以解决。

一种价格歧视的特殊场合的出现是由于男工有工会组织并且实行最低工资，而女工则不然。这时男工的供给是完全有弹性的，而女工的供给却不是完全有弹性的。所雇人数将是劳动需求价格等于男工工资的那一人数。两类工人的劳动边际成本必然相等（见第 81 图）。

因此，所雇女工人数（OW）将是她们的边际成本等于男工最低工资的那一人数；而男工人数（WT）是所雇总人数（OT）与所雇女工人数之差。劳动需求曲线的任何上升或下降是由所雇男工人数的变动抵偿的；所雇女工人数不变（即 OW），直到劳动需求曲线下降得这样低，以致完全不雇男工时为止。

对剥削的这种分析是极其简单化的，但略看一下现有条件，似乎表明它对现实场合可以有某种关系。为了分析任何现实场合，许多细节和复杂情况必须引入我们的简单分析之中，这种分析最多只能表示一种初步的近似情况，它对研究劳动市场实际情况的复杂现象虽不是完善的但是有用的一种指导。

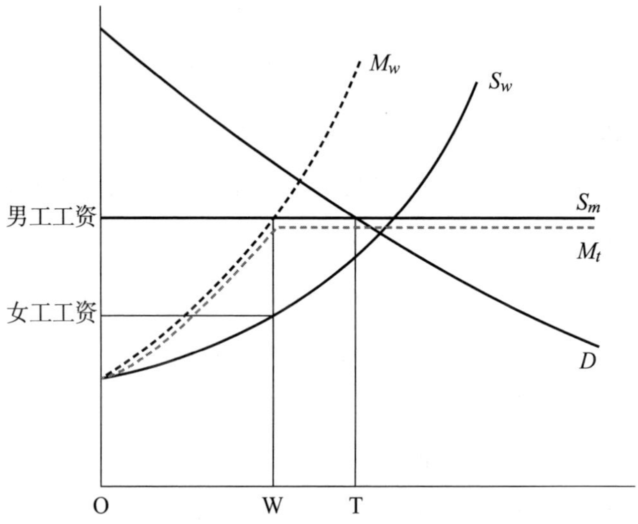

M_w
S_w
男工工资
S_m
M_t
女工工资
D
O
W
T

图　81

D 为劳动需求曲线。

S_m 为男工劳动的供给曲线与边际成本曲线。

S_w 为女工劳动的供给曲线。

M_w 为女工劳动的边际成本曲线。

M_t 为总劳动供给的边际成本曲线。

OT ＝所雇总人数。

OW＝所雇女工人数。

WT＝所雇男工人数。

第十篇

垄断世界

第二十七章　垄断世界[①]

一

阐述经济学原理时通常总是首先分析完全竞争世界，而把垄断当作一个特殊事例。上述论证的目的在于表明，这种程序可加以适当地颠倒，先分析垄断，而把完全竞争当作一个特殊事例，这是更加合适的。但是，我们只就单独一个工业的价格和产量的问题进行了讨论，必须承认，对那些和资源在不同用途之间的分配以及工业收入在各生产要素之间的分配相联系的问题来说，竞争这一假设就成为一个更有用的出发点。例如，我们已经知道，为了寻求剥削的标准，就不得不求助于完全竞争。但如果我们的价值论是建立在垄断概念的基础上，那么，说明以垄断为基础的分配论，显然是必要的。因此，有必要来分析这样一个世界，在这个世界中各种商品是在垄断下生产的。此外，在当代，这个问题显然具有某种现实意义。我们知道，以限制方案、限额制度、合理

① 本章涉及《福利经济学》的领域。但是没有读过庇古教授的著作的读者，虽不完全理解论证的结构，也可以懂得它的要点。

化计划和大公司的成长为名的垄断化趋势到处皆是。

如果论述精确、阐明情况的假设清楚，我们的问题才能够得到确切的回答；但当我们用最抽象的术语回答这个问题以后，就可以从其中得出一些适用于实际情况的教益。

二

为了在其最简单形态上解决这个理论问题，就必须作一些假设；待我们分析这个问题的各个方面时再取消这些假设。

在最初阶段上，最便利的一些假设是：

（一）有 n 个工业生产着 n 种商品，其中每种商品的需求和供给的情况完全相同。各商品在某种程度上将是其他各商品的代用品，但是没有一种商品可以充作完全的代用品。因此，如果一定的收入额消耗在各商品上，以致所有商品加起来的需求弹性等于一，则单独一个商品的需求弹性将大于一。

（二）各生产要素的总量不变。这就意味着，具有一定效率的工人人数不变，这些工人在整个过程中工作的时数相等，勤劳程度相等；并且在整个过程中没有资本的纯增加额。现有的资本由于更新而完整无缺，但如有利可图，可以改变资本的形态。[①]

（三）对单独一个工业的各要素的供给是完全有弹性的，并

① 如果我们所讨论的是一个工业，测量资本量的问题不会有什么困难，因为我们可以用货币价值来测量它（假定一般利息率不变），但如我们所必须讨论的是总资本量，问题就有困难，而这种困难在这里不拟加以解决。

且没有大规模工业的经济存在。这样，n 商品中每种商品是在收益不变的条件下生产的，所使用的各生产要素的比例并不因产量的改变而改变。单独一种商品的供给是完全有弹性的，而全部商品的供给是完全没有弹性的。

（四）我们假定一个处处是完全竞争的世界，作为我们比较的基础。

（五）我们所考虑的社会是一个闭关自守的制度。

（六）我们只讨论完全均衡状态，在这种状态下，现存事态没有自发变动的趋势。

（七）我们所述的垄断者除管理产量外没有其他职能。每个垄断者由一个管理机构构成，这个机构的经营成本小得可以不计，它有提供无限大产量的能力。当这种机构掌握了某种工业的时候，虽然各企业的构成及其产量可以改变（如果这样做有利的话），但在各个分立企业中的 般工业结构不变。厂长仍留作经理，并付以可以成为他到竞争工业的转移利润的薪给。垄断利润提取后可以按照我们所想象的任何方式分割。管理（从企业经理的意义上说）必须与其他生产要素同样对待，但他和以前竞争下的企业家可以是同一个人，而分享垄断者的利益。在整个论证中关于垄断者的性质的假设将不加以取消。

（八）垄断者之间没有勾结。各个垄断者力图获得最大限度利润而不顾其他垄断者的利益。

三

我们现在在从完全竞争状态出发，假定其他条件不变，n 商品中每种商品都为一个垄断者所掌握。乍看起来，我们也许趋于认为各个垄断者会缩减商品的产量；例如，认为假使一切需求曲线都是直线，则每种商品将生产原来产量的一半。但这种看法显然是荒谬的。这样各生产要素的供给的二分之一将得不到使用，均衡将不会出现——生产要素的报酬将有减少的趋势。但是，另外还有一个理由，说明所有产量遭到限制这一假设是荒谬的。当我们考察单独一个工业的时候，我们可以用现有需求曲线求出垄断产量，但如各种工业的产量遭到限制，则所有的需求曲线将有所改变。适用于单独一个工业的方法不能适用于全部工业。

讨论如何达到均衡，这不是我们现在的目的。甚至在竞争条件下，也没有保持充分就业的自然趋势，而这种就业取决于储蓄与投资的水平。在这里我们只就均衡中的经济制度加以讨论，并且必须假定，在竞争和垄断条件下，具备充分就业的必要的条件。[①]

① 我们曾假定资本量不增加（假设 2）。因此，均衡所必要的是，储蓄总额应当适足以补偿现有资本量的耗损。如果假定均衡时投资和净储蓄额都等于零，为了了解均衡如何实现，只须假定生产要素所有者在要素不被使用时也继续花钱（因此储蓄净额是负数）。总产品的总货币成本等于所用要素的报酬总额加垄断者的收入。但用于总产品的货币支出总额是所用要素的报酬加垄断者的收入加未被使用的任何要素的支出。因此，如果产生失业现象，则价格和产量有上升的趋势，直到失业现象消失和均衡恢复为止。如果净储蓄额不等于零，则投资水平必需假定被调节得使均衡得到保证。那么，如果在竞争下的均衡条件下有充分就业，则在垄断下也有充分就业。

假如垄断下所有生产要素都被充分使用，那么，从我们的假设中可以得出结论，国民收入将和以前一样，因为各生产要素的数量和所有商品的供求情况都不变。此外，因为我们已经假定，对各种工业的各个生产要素的供给是完全有弹性的，从而所使用的各要素的比例和以前相同，所以，它们的相对报酬不变。但是国民收入的分配势必发生变动，而生产要素也将遭到剥削。

我们把剥削界说为一个生产要素的工资小于它的边际物质产品的价值那样一种事态；并且我们曾区别了两种剥削：一种是当商品需求曲线弹性不完全时产生的垄断剥削，另一种是当对个别雇主的生产要素的供给曲线弹性不完全时产生的买方独占剥削。目前我们假定对各个工业，也就是说对各个垄断者的生产要素的供给曲线是完全有弹性的；因此，现在和我们有关的只是垄断剥削。

在完全竞争下，生产要素的所得等于它们的边际物质产品乘它们所生产的商品的价格。从而，如果我们把每个工业的商品价格作为所有价格的指数，则各生产要素以实际工资形式取得它们的边际物质产品。在垄断制度下，它们的货币工资等于它们的边际物质产品乘边际收入。这样，它们的实际工资可以用各工业中的边际产品乘$\frac{\text{边际收入}}{\text{价格}}$来表示。在我们目前所假设的条件下，边际物质生产力并不因垄断者的出现而有所变动。因此，各生产要素的所得已按边际收入对价格的比例减少。例如，假定当垄断成立以后，所有生产要素的货币工资不变。那么，一切商品的成本将不变，并且为了保证它们的充分使用，一切商品的价格必须上升到每种商品的新边际收入等于它的旧价格，[①]因而垄断下各种商品的产量（在该产量下边际收入等于成本）等于它们在竞争下的原有产量（在该产量下价格等于成本）。在新情况下，价格水平将按价格对边际收入的比例上升，而各生产要素的实际所得以同一比例下降，因为它们的货币所得不变。

各生产要素被剥削的程度将取决于各商品的需求弹性。边际收入与价格的比例等于$\frac{\varepsilon-1}{\varepsilon}$，这里$\varepsilon$是需求弹性。由此可以得出结论，各个商品的需求弹性愈小，则剥削的程度将愈大。因此，如果需求弹性假定是20，则各生产要素取得它们边际物质产品的$\frac{19}{20}$作为实际工资，但如果需求弹性等于2，则它们只得到它们边际物质产品的二分之一。

四

从这种极其抽象的事例中，我们已经可以为现实世界引出一种教益了。首先，值得注意的是，在刚才所述的情况下，各个垄断者会获得正常利润，因为各工业中的正常利润是别处可以得到的

① 我们必须假定货币数量可以任意增加，以便适应新的价格水平。在均衡时国民收入（它的实物数量不变）的货币价值总额将比以前增加，增加额等于垄断者的收入总额。

那种利润，而任一工业中的企业收入并不高于另一个工业中的企业收入。就一切工业中实行同工同酬的意义上来说，劳动工资是公平的。[①] 如果我们把各种工业分别地加以考察，我们将知道，各生产要素的工资既等于平均纯生产力，又等于边际纯生产力，因为我们在计算平均纯生产力时，必须从总产品中减去企业家的正常利润，而这种利润现在到处都被垄断收益所增大。在单独一个行业中，工资的任意上涨会导致失业。从而这种工资是“高得不经济的”，重新降低这种工资一般认为是合理的。没有一个普通标准能够告诉我们这有什么差错。但一切生产要素都遭到剥削，而垄断者却坐收其利。

其次，我们的抽象事例已经表明，使用生产要素的管理单位愈大，各生产要素被剥削的可能也就愈大。如我们所知，商品的需求弹性愈小，则剥削的程度愈大。而工业中的管理单位愈大，则需求弹性就可能愈小。如果管理单位是一个和其他企业竞销的企业，即使市场不是如此完全，以致需求弹性等于无限大，它的特定产品的需求弹性也可能是很大的。在同一企业部门中，每个企业的产品将是其他各企业产品的接近的代用品，其中每种产品的需求弹性很大。但如果管理单位是由生产某种限界分明的商品的各企业的联合机构构成，而该商品的代用品又是各种不同的商品，而不是不同商标的同种商品，那么，需求弹性势必大大地减小。此外，生产任何一种商品的企业数愈少，其中任何一个企业

① 《福利经济学》，第549页。庇古教授的公平工资的定义还包括没有剥削在内，因为他所设想的是一个完全竞争的世界。

的产品的需求弹性也就愈小。[①]

因此，我们的抽象分析必然使我们考虑这样一个事实，即现实世界中的不完全竞争的盛行造成一种剥削趋势，而这种趋势随着兼并了许多从前互相竞争的企业的大垄断联合的形成而势必大大地加强起来。如我们已经知道的，由于不完全竞争而产生的剥削程度可以是很大的。即使需求弹性大到二，生产要素也只得到完全竞争下的实际工资的二分之一。

五

现在我们必须分析保留没有大规模工业的经济这一假设，而取消第三个假设，即取消对各个工业的生产要素的供给是完全有弹性的这一假设之后的影响。

我们在第十四章中知道，如对某特定工业的各种不同生产要素的供给弹性都不相同，则垄断者将改变生产要素在竞争下的比例，并按照较低的平均成本来生产一定的产量。因此，初看起来似乎是，即使我们从完全竞争状态出发，如果工业是在成本上升条件下经营的，则我们的垄断者也能够改善竞争下的生产方法，并且国民收入会得到增加。但这是一个错误的推论。我们不能用

① 此外，一切工业中的总企业数愈少，对任何一个企业的产品的需求弹性可能愈小。如果一个管理单位很大，因而总企业数很少，那么，任何一个企业的提高价格将会引起其他各企业所要价格的显著上升。如果一个企业所生产的商品的价格上升引起竞争商品价格的上升，则价格被提高的商品的需求弹性比在其他商品价格不变时要小些。

简单的乘法从适用于单独一个工业的结果中求出适用于全部工业的结果来。

让我们假定，各个工业都相同，但对每个工业来说有些生产要素的供给弹性较小，而有些却较大。这样，从一个工业的观点来看问题，我们就知道，垄断者将限制他对供给弹性较小的那些生产要素的使用。结果势必降低这些要素的价格，并使其中一部分得不到使用。但是，这会降低这些要素对其他工业的转移成本，而它们在各工业中的报酬也将降低，直到它们被使用时为止。在各个工业里，生产要素的比例将和以前一样，所创造的国民收入也将和以前相等。唯一的影响是，各生产要素的相对报酬将有所变动。供给弹性较小的那些生产要素的情况比供给弹性较大的那些生产要素要坏。总之，由于假定对一个工业的生产要素的供给是不完全有弹性的，我们已经承认有买方独占剥削的可能了。

各要素的边际成本将等于它的边际物质生产力乘边际收入。因为比例不变，边际物质生产力和以前一样，实际工资首先按边际收入对价格的比例降低（到竞争工资以下），其次按该要素对各工业的平均成本与边际成本的比例降低。现在该要素的平均成本（货币工资）可用$M\frac{E}{E+1}$表示，这里M代表边际成本，E代表供给弹性的数值。[①] 因此，在垄断下各要素的实际工资将等于竞争工资乘$\left(\frac{\varepsilon-1}{\varepsilon}\right)\left(\frac{E}{E+1}\right)$，这里$\varepsilon$代表需求弹性，E代表该要素的供给弹性的数值。这样，供给弹性相对小的那些生产要素将遭到最厉害的

① 因上升曲线的弹性当作负数，所以修改公式。

剥削。[①]

此外，如果对某特定工业的一种生产要素的供给不是完全有弹性的，则垄断者在购买它时可能实行价格歧视，因而各生产要素可以失去它们在竞争下所得的租金。

因此，在我们从抽象的分析中所吸取的教益上可以增加这一条：即完全竞争不仅在商品销售上而且在购买生产要素上是对生产要素有利的，管理单位规模的任何增长（由于减少对使用机构的要素的供给弹性）将提高剥削程度。

六

上面我们曾讨论了垄断对国民收入的分配的影响。为了单独讨论这个问题，我们曾假定所有的工业都是一样。现在我们必须分析垄断对资源在各种不同用途之间的分配的影响；要这样做，我们就必须取消我们的简单化假设。这可以最便利地分为三个步骤来进行。首先，我们将保留一切需求弹性相等的这一假设，并分析一种没有大规模工业经济，但各种生产要素的供给弹性因工业的不同而不同的场合。其次，假定没有稀有生产要素（从个别工业的观点来看），我们将分析大规模经济的影响。最后，我们将取消一切需求弹性相等的假设。

首先，假定任何一个生产要素对某些工业的供给弹性比对

① 大规模工业经济的存在和要素供给弹性的增加有相同的影响，都减少剥削程度。

其他工业的供给弹性大。那么（假定垄断者对该要素支付某种租金）在它的供给弹性最小的那些工业里，它的使用将受到限制。因此，它的报酬将下降，而在它的供给弹性较大的那些工业里，它的使用将有所增加。从而，国民收入的构成也将有所改变。各要素将从它们的供给弹性相对小的用途中移向供给弹性相对大的用途上。那么，可以证明，在完全竞争条件下资源在各种工业之间是得到最适度的分配的，[①]因为在完全竞争下，如果没有大规模工业的经济存在，在一切用途上资源的边际物质产品的价值都相等。所以（如果我们保留没有大规模经济这一假设的话），垄断所造成的分配将不同于最适度的分配，并且国民收入也将有所减少。

但如果有大规模工业的经济，则在竞争条件下，资源是不能得到最适度的分配的，因为有大规模经济的那些工业中的资源的边际物质产品的价值（在竞争下）大于没有大规模经济的那些工业中的价值。[②]假定没有稀有生产要素，并且假定不同的工业在不同程度上有大规模工业的经济，那么，在垄断下，大规模经济最多的那些商品的产量将有所增加；而大规模经济较少的那些商品

① 《福利经济学》的论点是上述分析的基础。但是显然有必要排开庇古教授所提到的那种“原型的工业”（archetypal industry）（同上书，第215页），这种工业事实上未必存在，并且有必要把他的分析解释成只适用于一切工业都在完全竞争条件下经营的那个世界。如果个别雇主的边际成本等于社会的边际成本，资源就得到最适度的分配（同上书，第802页），而一般说来，在完全竞争下，这点将会实现（如没有大规模工业的经济）。在雇主不负担成本（如烟害或职业病）的场合下是例外（即使没有大规模的经济），见下页。

② 庇古:《福利经济学》。

的产量将有所缩减，直到资源的边际生产力到处相同时为止，[①] 从而，资源的最适度的分配将由垄断者来实现。由此可知，在成本上升方面垄断者给人们带来灾害，而在成本下降方面他们却给人们带来利益。当二者同时出现的时候，垄断化的纯影响可以改善竞争下的资源分配，也可以使它恶化，相权之下，国民收入可以增加，也可以减少。

七

直到现在我们始终保留所有需求弹性都相等这一假设。取消这个假设后的影响是可以通过回到下述假设隔离开来的，即一切商品都是在成本不变条件下生产的。现在我们可以假定，虽然各个商品的需求弹性在垄断者出现的前后都一样，[②] 但不同商品的需求弹性却有所不同。

既然在一个绝对完全竞争的、没有大规模工业的经济的世界

① 这个结论所必要的假设是，一切需求弹性都相等，因为只有这样，边际生产力的相等才意味着边际物质生产力价值的相等。

② 垄断者的出现使收入的分配改变，从而，势必改变许多商品的需求弹性。而这就会产生另外的反响。如果垄断者所消费的东西主要是在成本递增条件下生产的，而被剥削要素所消费的东西是在成本递减的条件下生产的，则要素的情况将更加恶化。如果垄断者所消费的东西是在成本递减条件下生产的，他们将得到更多的利益，但对被剥削的要素将没有什么补偿。我们假定垄断者所消费的一切商品和社会其他成员所消费的商品保持相同的比例，或假定对垄断者征收垄断者利润税并把它当作补助金分配给社会其他成员，就可以消除上述影响。

里，每种商品对社会的边际成本等于它的价格[①]，而各商品的价格又等于它对个别买主的边际效用。那么我们可以断言（越过那个我们即刻就要窥视的危险缺口），在完全竞争条件下，每种商品的边际效用等于它对社会的边际成本。资源分配得使一单位的资源在各方面都提供相等的边际效用，并从一定的资源供给中得到最大限度的满足。但在垄断条件下，等于边际成本的不是价格而是边际收入。垄断者将把资源分配得使利用一单位的资源所得的边际收入在各处都相等，而边际收入不等于边际效用。假使各种商品的需求弹性不都相等，则不同工业里的边际效用（用价格测量的）与边际收入的比例将有所不同，而边际效用（因资源的增加而来的）将不是到处相等。需求曲线的弹性相对大的那些商品的产量将有所增加；还有一个理由来期待国民收入的构成行将改变。如果在完全竞争的第一种局面下，国民收入从一定的资源中提供最大限度的满足，那么，在垄断下国民收入所提供的将小于最大限度的满足。

但是，在竞争下资源的这种理想分配的情景是真正证明无误的吗？在我们假定它是证明无误的时候，我们实际上越过了论证中的一个疑难步骤。对那具有严密逻辑的心灵来说，关于对一个人以上的效用的任何讨论都是可厌的。谈论全体居民的最大限度满足是毫无道理的。但常识宣告，如果我们把所有的人都当作是完全相同的，那么，就可以把他们的满足加起来，而且人类在经济需要方面的相似足以使总满足的讨论饶有兴味。在这个基础上，

① 《福利经济学》，第802页。

我们可以说，如果两个人有相同的实际收入，他们从这种收入中就取得相同的满足。我们还可以说，如果一个人的实际收入比另一个人的大，则该收入对他的边际效用较小。在完全竞争的世界里，在各种商品成本不变的条件下，所有边际成本都等于价格，而价格都等于用货币计量的边际效用。如果收入的分配是完全平等的，则它对个人的边际效用相等。所以，那时资源的分配使得满足达到最大限度。这样，要把竞争世界表现为一种理想的境界，我们就必须插入一个极其不现实的假设，即财富的分配是平等的。如果财富的分配不平等，就没有理由来设想在完全竞争世界中从一定的资源得到最大限度的满足。

因此，我们的垄断世界毕竟没有这样一个很高的标准来与它抗衡。但即使当我们抽去垄断者所造成的财富分配的变动时，就一般而论，似乎有理由认为，垄断下的国民收入的构成比竞争下的构成甚至是与理想境界相去更远，因为二者都因财富不均而使资源的分配不当，而垄断下的国民收入又因边际收入与价格的种种背离，而使资源的分配更加不当了。

如果事实是这样的，即较富的消费者阶级所消费的商品的需求弹性一般地小于较贫阶级所消费的商品的需求弹性，那么，垄断者就可以不受上述责难，而且甚至会改善竞争下的资源分配。那时较贫的生产要素所有者所消费的货物的生产将有所扩大，它们的价格，和较富的生产要素所有者所消费的货物的价格比较起来，将有所降低。可以有某种理由来假定事实就是这样。但是，如果市场由许多不同收入组别的人构成，则需求弹性很可能有较大的趋势；而如果市场完全由富人或完全由穷人构成，则需求弹性有较小的趋势。如果有两个同样均一的市场存在，则较穷市场的需求弹性很可能较大，但如果较穷市场是更加均一的，则穷人消费品的需求弹性可以小于富人消费品的需求弹性。因此，垄断者所造成的国民收入构成的改变会加剧而不会缓和财富分配的不均。

还有一点尚待加以考虑。我们已经知道，有些生产要素比其他生产要素遭到更大的剥削。有些人所提供的生产要素对个别工业的供给弹性是相对小的，从而也是最受剥削的，他们可能比那些提供被剥削较少的要素的人富些。这就有缓和财富分配不均的趋势。例如，假使土地比劳动遭受更大的剥削，假使地主比工人富些，那么，就会有这种趋势。如果劳工有坚强的工会组织，而对某特定工业的土地供给又总是不完全有弹性的，那么，很可能土地比劳动是更易被剥削的。但是，最穷而同时又最易受剥削的生产要素是没有组织的非熟练工人。因此，垄断者把财富在各生产要素之间的有益的再分配归功于自己，这是不大可能的。

八

在比较垄断世界与完全竞争世界时，我们知道，垄断对资源在不同用途之间的分配可以有不利的影响，而对财富在个人之间的分配却必然有不利的影响。但是，在我们比较垄断与不完全竞争以前，我们就不能断言，垄断联合在现实世界中的推广一定有害，因为现实世界中的竞争是不完全的。让我们再一次假定，n 商品中每种商品的需求曲线和成本曲线都相同，但让我们假定，在垄断者出现以前，n 工业中各个工业的市场是不完全的。

这时有n组企业；每个企业的个别需求曲线的弹性将大于商品需求曲线的弹性，但不是完全有弹性的；如果各组的利润是正常利润，则各企业都具有小于最适度的规模。当许多企业为某垄断者所掌握的时候，他就能够更有效地组织工业。如我们已经假定的，假使每个生产要素对工业的供给是完全有弹性的，则垄断者所用的生产方法恰恰是完全市场所能达到的生产方法，效率将有所提高，生产成本将下降。①

工业的改组可以通过横的和纵的分工实现企业的专业化，效率可以有很大的提高。但即使没有这种改组的可能性，效率也可以增加。如果不完全竞争世界里每个企业都用单一的过程（因此没有纵的分工的可能性）生产一种同质的商品（因此没有横的分工的可能性），那么，仍然可以有一些经济以供垄断者利用。因为，在不完全竞争世界里，各企业具有小于最适度的规模。如果从企业的规模的增长可以得到技术上的经济，则垄断者会把工业改组成少数而较大的生产单位，生产要素的平均物质生产力就会增加。②

但即使要素的平均物质生产力提高，它们的边际物质生产力也未必一定提高，因为边际物质生产力必然在平均物质生产力之

① 完全竞争如何保证工业的最大效率在附录中也有进一步的讨论。

② 由于企业的规模增长而节约的成本可以分成两项：由于大规模生产而得到的经济，和由于把固定的企业家成本分配在较大产量上而得到的经济。因此，即使不完全竞争世界中的企业的规模，使它们不能从规模的增长中获得大规模生产的经济，它们仍然具有小于最适度的规模。垄断者就有增加生产单位规模的趋势，以便用使较大产量负担企业家（他是服务于垄断者的一个经理）报酬的办法来降低成本。但我们曾假定，对整个工业的企业家供给是完全没有弹性的，因此，垄断者增加企业的规模和解雇某些企业家的企图会被（转下页）

前开始下降（随着企业产量的增加）。[①]只有在不完全竞争下各企业是这样的小，以致边际物质生产力上升的情况下，生产要素从企业的规模的增长中才有得益的可能性。[②]

这样看来，如果在不完全竞争下各企业很小，而用纵的和横的分工来改组工业很可能使它们增大，那么，企业规模的增长就可以提高边际物质生产力。这样，对额外剥削可以有某种抵销，而相权之下，各生产要素甚至可以由于垄断者的出现而得利。在两种局面下，生产要素所取得的实际工资等于它们的边际物质产品乘$\frac{\text{边际收入}}{\text{价格}}$。在新局面下，边际收入与价格的比例比以前小，因为商品需求曲线的弹性小于个别企业的产品需求曲线的弹性，但边际物质生产力行将增加（因为效率的增加）的程度可能抵销这种损失，或超过这种损失而绰绰有余。因此，各生产要素的绝对实际收入可以增加，它们倒有理由来感激垄断者了。

但是也有一种很强的理由认为，各生产要素不会得利。只在垄断者改组工业以前竞争是很不完全的，而且企业是很小的情况下，边际物质生产力才会因企业的规模的增加而增加。虽然企业的分工可能提高边际物质生产力，只有当边际物质生产力提高的

（接上页）企业家报酬的减少所打消。这就缩小了企业的最适度的规模，如果所有的企业家都为垄断者所雇用，则他们的报酬将缩减到一点，在该点企业的新的最适度规模等于它们以前的实际规模。这样，企业的规模将不变。

但如从企业的规模的增长可以得到大规模生产的经济，则垄断者将不会雇用全体企业家，即使他们的报酬缩减到零。那时企业的规模将较大，而有些企业家却会永远失业或被迫寻找其他职业，如当非熟练工人。

① 参阅第 71 图。

② 要素的相对位置可以因企业的规模的增长而改变。

程度大于价格与边际收入的比例增加的程度时，各生产要素才能因垄断者的出现而得利。

由于取消在第一种情况下各商品拥有完全市场的这一假设，我们已经使垄断者握有新的权力了。如果造成市场不完全的那些条件继续存在，则垄断者在销售各种商品时能够实行一种在我们以完全竞争为比较的基础的第一种场合下是不可能的价格歧视，因为造成市场不完全的那些同样原因使价格歧视成为可能的了。

如果各垄断者能够实行价格歧视，他们的利润将较大，并且他们将靠牺牲生产要素的利益而得利，这不仅表现在付给它们以较低的工资上，而且也表现在给予它们以较少的消费者的剩余上。[①] 同时，虽然整个看来消费者的情况恶化，但社会某些成员的情况却比单纯垄断制下有所改善。把必须支付较高价格的那些人的损失和支付较低价格的那些人的利益相比较，这是不可能的。但是，因为有理由认为，被索取较高价格的那些人一般来说比其余的人要富些，垄断者在扮演罗宾汉[②]的角色时，可以再一次被认为有某些可取之处的。

① 当我们单独考察一个垄断时，我们知道，销售时实行价格歧视有时导致较大的产量，有时导致较小的产量，而有时导致和在垄断者只能收取一个售价时相同的产量（见第 15 章第 5 节）。如果我们垄断世界中的 n 工业和一个工业有增加产量的趋势的那些场合的条件相符，则垄断者的边际收入和价格的差比在单纯垄断下要小。因此，剥削程度也较小，但它小得不足以抵销消费者的剩余的损失，因为垄断利润在价格歧视下无论如何总比在单纯垄断下要大。

② 英国中古传说中的绿林好汉。——译者

九

如果我们取消我们的第二个假设，即没有资本积累的假设，那么，其他生产要素将享有更多的利益以抵销垄断者给它们带来的损失。可以假定分享垄断收益的那个阶级的人比生产要素所有者的人数少，并且因为他们的收入将有所增加，而增加的部分都是其他生产要素被迫放弃的，所以，财富的分配比以前就变得更加不平均了。如果把资本积累纳入我们的研究计划，虽然较低的利率会减少竞争制下提供新资本的那些人的储蓄额，但一般说来，它很可能将比以前进行得更快。较低的资本收益将不利于以前的资本所有者，但是资本数量的增加将增加国民收入，并且随着时间的推移它有使劳动的实际工资节节上升的趋势。财富分配的不平等促进储蓄这一事实，当然不是这种不平等存在的借口（如果储蓄能用其他办法来取得），但它是不平等的一个优点，就这一点来说，我们的垄断者是有功的。

十

从我们所作的极其抽象的分析中得出适用于现实世界的任何结论，这似乎是轻率的。但是它似乎产生了一个一般的结果。在比较垄断工业世界和不完全竞争世界时，我们知道，如果工业管理单位的规模增大，生产技术就可以得到很大的改进。但我们知道，管理单位的规模增大将导致财富分配不平等的加深。因此，垄断世界的问题已成为我们所熟悉的那个效率与正义的矛盾问题。为了对目前的垄断运动有所判断，我们必须决定，是否值得使大公司掌权以求它们所许诺的生产力的增加。这是任何抽象分析不能帮助我们解决的问题。它归结为两个问题。首先是事实问题。垄断化的经济究竟有多大？我们从扩大管理单位所能期待的工业组织的改善有多大？在我们能够决定是否值得冒那垄断化所包含的可能危险以前，估计从它可以期待的利益的大小显然是极其重要的。其次是判断问题。生产效率方面多大的利益才足以使我们认为垄断化是合意的？

第一个问题不在理论探讨的范围之内。在对从垄断化中可能得到的经济能够作出任何估计以前，必须有关于许多工业中的实际技术情况的渊博知识。但是，即使对理论家来说，指出不同类型的垄断有很不同的技术改造的希望，这也是应该的。如果一种方案采取单纯营救机器的形式，如国家造船业保安有限公司所作的那样，或采取以定额分配制限制产量的形式，而没有任何集中，如1930年煤矿法案所规定的那样，那么，似乎很难有理由来期待效率的任何提高。但是对很多生产康采恩实行全面管理的组织就有改进技术的很大可能性。

第二个问题涉及个人的判断问题，而判断是仁者见仁、智者见智的。但是重要的是要记住确实产生了一个问题，即权衡可能有的垄断效率和财富分配更加不平等的危险二者孰轻孰重的问题。要说明垄断化是好的，只指出它将提高效率，那是不够的。

十一

最抽象的事例所必要的假设中，有三个尚待加以讨论的假设。

首先，还有这样一个假设存在，即垄断世界是由一个闭关自守的制度构成，其中各种生产要素作为一个整体的供给是完全没有弹性的。如果取消这一假设，那么，垄断者的出现可能会减少国民收入。例如，假使劳工有坚强的工会组织，而工会又坚持一定的实际工资，那么，垄断者的出现由于减少实际工资将造成失业现象。假使资本可以投向国外，那里它能够获得较高的报酬，则垄断工业可以利用的资本数量将有所减少（在长时期内）。在任一场合，如所述生产要素的实际报酬因垄断的出现而有所降低，则国民收入势必减少。

其次，我们尚未讨论在生产要素的充分使用下保持完全均衡这一假设。分析这个问题就会使我们越出本书讨论的范围之外。但对垄断世界的研究是没有完结的，除非我们知道：首先，垄断的推行本身是否很可能破坏均衡；其次，一旦垄断建立之后，在垄断制下，是否至少像现实世界中一样有保持均衡的机会。或者是，限制方案的雷厉风行将导致长期的，也许是永久性的失业。或者是，在竞争条件下借以重新确立充分就业的那个不完全的机构在垄断制下是更加不灵了。不论在哪一种情况下，一个很重要的项目必须加在垄断的缺点表里，这些缺点是必须与它可以带来的各种可能的技术改进相对照的。

最后，还有我们最后的一个假设，即垄断者之间没有勾结的假设。如果他们勾结起来，则生产要素的工资差不多可以降低到任何水平，因为各生产要素作为一个整体的供给是极其没有弹性的。这时垄断者的权力将是这样的大，以致它们的使用只是由于害怕激起生产要素所有者的革命才被加以限制的，至于产生什么结果是不可能有精确的分析的。

结　论

本书的目的是在于给分析经济学家准备一箱工具。这些工具的运用领域是十分狭隘的。在它们适于处理的那些问题的前面和后面，还有许多未解决的问题。摆在后面的是一些基本问题，全部供求曲线分析的有效与否是取决于这些问题的解决的。对于这些一般问题，这些工具当然不能有所贡献。但即使在它们自己的领域中，除非给予一些加工材料，工具是不会提供什么东西的。为表现分析工具的作用而作出的需求曲线和成本曲线的形状与运动的想象例子，可以用来表明，如果工具被给予某种得以施展它们技巧的现实材料，它们就能产生那种结果。摆在面前的是许多或许需要新的工具的问题，但是这些问题是可以和本书讨论的问题用同一抽象水平来解决的。此外还有一些问题，这些问题需要更加复杂的工具，例如在较低的抽象水平上能够存在的工具。

本书所保持的抽象水平是高得可悲的。只有在用极其简单化的假设所稀化了的空气中，工具才能存在。对可以立刻应用在现实世界中的那些结果发生兴趣的读者，他有一切权利来埋怨说，这些工具对他毫无用处，刀是骨刀，槌是木槌，只能用来裁纸和在纸板上钉针。但是，在这个工具箱里，那些准备逐步走向作出可以解决现实世界问题的分析的更远大理想的分析经济学家，也许可以找到对他有用的一些工具。

附录　报酬递增和报酬递减

一

在以上的分析中，我们使用了特定商品的供给曲线和特定工业的生产要素供给曲线。但这些概念中，有一些我们还没有讨论过的基本问题。不论对这些基本问题持有什么见解，使用本书所述的大部分分析工具是可能的，以下只是提出对这些基本问题的一个尝试性的解决。

二

有时把商品的上升成本曲线叫作报酬递减，把下降的成本曲线叫作报酬递增。这就引起混乱。[①] 报酬递增和报酬递减更有用地被看成是由对单独一个要素的影响所引起的一般原理。商品的成本包括用来制造它的生产单位的成本。成本的上升或下降（随着

① 庇古教授建议使用“供给价格递增”和“供给价格递减”这两个名词，理由是，“成本”一词的意义含混，因为有时平均成本下降，而边际成本却上升，或有时平均成本上升，而边际成本却下降（《福利经济学》，第 217 页）。但“供给价格”也有更大的漏洞，它对一个企业是没有意义的。我们不可能说一个垄断者的供给价格。最好的办法似乎就是说成本的递增或成本的递减，并且有必要时指出所述的是什么成本曲线。在上节中，指的是平均长期成本。

产量的增加）只能来自单位产品的某些成本（劳动、土地、资本或企业家）的增加或减少。随着产量的增加，有些要素实现了报酬递增原理发生作用的条件，有些要素实现了报酬递减原理发生作用的条件。实际的结果可能是这样一种情况，在其中，第十章中所划分的一切成本曲线都上升，或都下降，或有些曲线上升，有些曲线下降。

本附录的一个目的就在于论证，一个工业的报酬递增和报酬递减可以用根据适当选择的效率单位所作的生产要素的供给曲线来完全对称地表示出来；它们在本书中就是这样处理的。但是，报酬递增和递减的性质却不是对称的，我们现在必须分析产生这种现象的原因。

三

如通常表述的那样，报酬递减规律是，在任何一个生产要素数量不变的条件下，[①] 不断增加其他要素数量，超过一定点以后，就会使产品增加额递减。从生产成本的观点看这一问题，如果一个要素的数量不变，增加和它共同使用的其他要素的数量，并且如果由于所用数量的增加而没有提高这些其他要素效率或降低其价格，则超过一定点以后单位产量的生产成本将上升。

---

① 土地报酬递减规律和土地这个要素相联系的事实只是由于，从全社会的观点来看，根据定义它的面积不变。当我们研究一种商品的供给曲线时，没有理由认为只有土地是稀有要素，而任何其他要素都不是稀有要素。这个规律所告诉我们的就是，哪里有稀有要素，哪里就有报酬递减，而劳动、资本与企业和土地一样都受它的支配。

乍看起来，这个规律似乎是明白得用不着详细解释的，但是用另一种方式重新加以表述，可能更会说明它的真正意义。稍加考虑，我们就会知道，报酬递减规律实际上指的是，一个要素能被其他要素替代的程度有限，或换句话说，各要素之间彼此的替代弹性不是无限大的。[①]否则，当一个生产要素的数量不变而其余生产要素的供给弹性完全时，就可能借助于数量不变的要素来生产一部分产量，然后，当该要素和其他要素达到最适度的比例时，就可能用其他要素代替该要素而在成本不变的情况下增加产量。

可见，报酬递减规律意味着，用于生产任何商品的各种原素应当分成几组（每组是一个生产要素），且分得一个要素和其他要素之间的替代弹性小于无限大。从而，根据对一个生产要素的定义，就得出报酬递减规律，无须另加证明。

当这样定义的生产要素中有一个要素对生产某特定商品的工业的供给弹性不完全时，该商品的成本就将递增。在极限场合下，一个要素的供给可以是完全没有弹性的。

稀有要素的供给弹性一定，则商品成本随着产量增加而上升的程度将取决于替代弹性。如果在极端场合下，替代弹性等于零，因而生产商品需用的要素比例不变，则商品成本曲线上升的斜度等于稀有要素供给曲线上升的斜度。如果稀有要素的数量固定不变，则商品的供给将完全没有弹性，商品产量将不可能增加。

① 对我们目前讨论更加方便的是采用一个相同而更基本的定义：各要素数量比例变化除以它们边际物质生产力的比例变化。

在较普通的场合下，某种程度的替代是可能的，要素的比例也将有所变动。这时，商品成本曲线上升的斜度小于稀有要素供给曲线上升的斜度，即使稀有要素的数量固定不变，增加一些产量也是可能的。替代弹性愈大，商品成本随着产量增加而上升得愈少。

举一个例子就可以说明以上的命题。假定有一块适于建造一幢房屋的地基。如果资本和劳动完全可以替代土地，在这块地基上按着不变成本就可以建起一座无限高的摩天楼，从而没有什么报酬递减规律。在另一个极端，如果替代不可能，则这块地基只能建造一幢平房，不论房屋的需求有多大的增加，它不会引起房屋的增建。在任何普通的场合下，要素的比例可以改变，但不是没有限度；在一定地基上建造房屋是按递增成本来进行的。

当生产要素中的一个要素是稀有要素时，因为通常可以改变要素的比例（随着产量的增加），报酬递减规律是和要素比例的改变相联结的。但是，很显然，报酬递减基本上并不是由于要素比例的改变，而是由于比例可以改变的程度有限。

四

我们现在必须考虑对一个工业的一个生产要素的供给曲线。我们暂时假定没有大规模工业的经济。

如果我们所述的要素在这个工业中的效率是完全同质的，那么，就不难作出那一要素的供给曲线。从这个工业的观点来看，要素的各个单位（如一英亩，或一个人）都彼此相同，要素的这部分和那部分之间的替代弹性无限大。但这个要素对工业的供给可以不是完全有弹性的，而它对工业的成本随着对它使用的增加可以上升。[①]这也没有什么困难。

但是，一个要素对工业的供给弹性不完全的最普通的原因之一，是因为从这个工业的观点来看，它的效率不是同质的。因此，就有必要按它的效率单位，而不按它的自然单位（如英亩、人或货币资本）来作要素的供给曲线。做法如下：假定一个工业所用的一个要素（例如土地）的数量一定，取该要素的任何一个自然单位，例如一英亩，在其他条件不变的情况下，设想用要素的其他部分来代替它。如果另外的一块土地使用和这一标准英亩相同数量的其他要素，生产出相同的产量，则它的效率和标准亩的效率相同。这样，原来任意选择的那一英亩将用作标准单位，土地的其他面积可以换算成标准单位，因而工业所使用的全部土地供给可以用这种标准效率单位来表示。把这个单位叫作修正的自然单位是方便的。它代表修正了要素特质的自然单位。[②]用修正单位测量的替代弹性在该要素的这部分和那部分之间是完全的。这就是说，如果代表一修正单位的某块土地或某一定人数偶然要求的价格高于其他单位，则不是被工业不用就是被迫接受和其他单位

① 产生这种结果的条件，见第8章。

② 这种修正的方法并不是完全令人满意的方法。不同自然单位的相对效率可以随着所用其他要素数量的改变而改变。在工资低而一定面积的土地所用的劳动比例高时，比在工资较高而一亩土地雇用的人较少时，一亩好地和一亩坏地的相对效率的差别可以减少。不可能预先断言这种差别的方向何在，而只能根据各个场合下所述工业的技术条件和其他要素成本加以修正。这种困难在有些场合下似乎是不可克服的，但就我们需要一个工业的一个要素的供给曲线这一概念的大多数用途来说，它是可以克服的。

相同的价格。

如果要素的效率是同质的，则修正的单位和自然单位（如人、英亩或一定量的货币资本）相同，就没有必要加以修正。但是，即使各要素不是同质的，只要没有大规模工业的经济，用修正的自然单位表示的各个要素比方说增加百分之十，则物质产量也将增加百分之十。这就是说，物质报酬不变。当然，如果其中一个要素（用修正的自然单位表示）的价格上升，当其他要素增加百分之十时，它事实上不会增加百分之十；实际上把它增加得少于百分之十，把其他要素增加得多于百分之十，就会增加产量百分之十。但如各个要素按相同的比例增加，则产量也会按这一比例增加。因此，用修正单位测量的一个要素的每个数量，当和其他要素（也用修正的单位测量）按不变比例结合时，其边际物质生产力相同，且取决于要素的比例。

假定没有大规模工业的经济，因而物质报酬不变，作一用修正的自然单位测量的供给曲线。如果要素的效率是异质的，但一个自然单位和另一个自然单位的效率上的差别在这个工业和许多别的工业中相同，则各个不同单位的转移成本的比例和它们的效率的比例相同，用修正的自然单位测量的该要素供给曲线将是完全有弹性的。如果从该业的观点来看这个要素是稀有要素，则它的每个修正的自然单位的价格随着对它使用的增加而增加，该要素将有使商品成本递增的趋势。

五

现在我们必须考虑大规模工业的经济，并分析报酬递增规律。

报酬递增规律和报酬递减规律的不同就在于，它不能归结为一个同义异语。当把生产要素按一定的方式加以定义时，报酬递减规律只是一种逻辑上必然的问题。而报酬递增规律却是一种经验事实的问题。它可以表述如下：当从事于一定用途的任何生产要素的数量增加时，往往可以改善组织，使该要素的自然单位（人、亩或货币资本）的效率增加，因此，产量的增加不需要该要素实物数量的比例增加。这个规律，更正确地说，这个趋势，和报酬递减规律相同，对于一切生产要素都可以同样适用；但它和报酬递减规律不同，并不能适用于每个场合。有时要素的增加会导致效率的提高，而有时却不然。

尚待探索的是效率究竟怎样增加的？效率的增加是由于在我们所知道的世界中，生产要素是由不可分割的单位所构成，其中各个单位并不都同样适合完成生产中的一切任务。如果一切生产要素可以分割得像沙一样的细，那么，很可能用大规模工业的一切优点来生产任何商品的最小产量了。但实际上生产要素包括人（提供劳动和企业家工作）；货币资本，它可以像沙一样加以细分，但必须变成生产工具，各个工具由于技术上的原因必须有一定的大小；以及普通可以分割，但有时由于技术上的原因不能无限制地加以分割的土地。因此，一个工业不可能把自己装备得只生产一个单位的商品而不同时提供生产一个单位以上的生产能力。

这个事实如何说明生产成本随着产量增加而下降的现象呢？这点可以说明如下：假定有某一个不可分割的生产要素单位，并假定其他要素可以按照不变价格一点一点增加。这样，如果不计固定要素的成本，则直到某一点每单位产品的成本将不变。最初只使用一部分不可分割的要素的不变量，随着产量的增加，这个要素使用得越来越多。一旦稀有要素的全部都被使用，报酬开始递减，而产量中其他要素的成本将上升。但同时如果这个不可分割的要素不论使用得充分与否都必须有一定的成本，则每单位产品所负担的这一固定成本的平均额势必下降。因此，最初总平均成本将下降到一定点为止，在该点，每单位产量其他要素成本的增加超过每单位不可分割的要素的成本的减少。

代表每单位产量不可分割的要素的平均成本的曲线是一直角双曲线，它对面的矩形面积等于要素的成本，这一曲线随着产量的增加而下降。其他要素的平均成本直到产量OS（在这里报酬开始递减）为止保持不变，继而上升。作为此二曲线之和的总平均成本曲线下降到产量OT为止，开始上升。边际成本曲线直到OS为止保持不变，随后上升，并与总平均成本曲线交于它的最低点（对于产量OT）。当成本上升已经到达一定点以

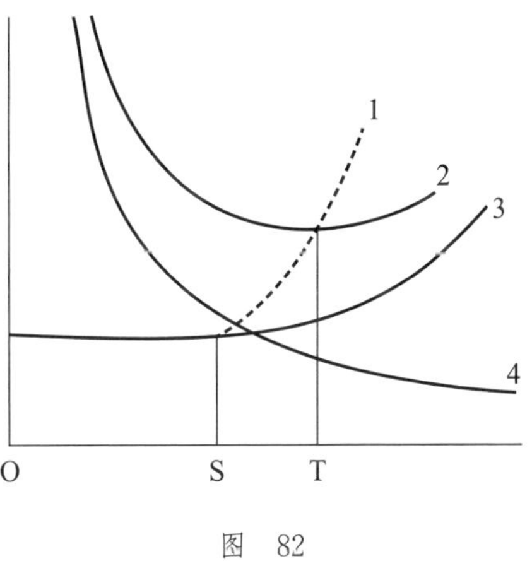

图　82

（在上图中，曲线1代表边际成本，曲线2代表总平均成本，曲线3代表可变要素的平均成本，曲线4代表不可分割的要素的平均成本。）

后，使用第二个不可分割的要素单位开始有利，全部过程又重新开始。

这种结果是我们已经熟悉了的，因为在分析个别企业的成本时我们曾经使用过它。在那里不可分割的单位是企业家，其他要素是可变的。但是，只要有一个不管产量多少都需要一定的价格的不可分割的要素单位（如要一定工资的一个人或有一定成本的一架机器），同样的过程就在进行着；正是这种事实，它说明一个企业在增加产量时所能得到的、超过由较大产量负担固定企业家成本的经济以上的技术经济。

报酬递增的可能性由于使要素的各种不同单位适合于完成不同的工作任务这一事实而增加。人们的天赋不同，在他们专门从事一个工作时，他们就熟能生巧。[①] 土地的自然肥力也不同；机器可以设计得专供特殊工作之用。对任何一种生产来说，将有各种可能技术方法的阶梯，每一级所用的要素单位比前一级更加专门；当生产过程中各自的生产活动都由一个特别适合于（由于本性、实践或人的智慧）该项工作的要素单位来完成时，生产的进行就是最有效率的。但因要素的单位不可分割，最专门化的生产方法势必引起最大的支出，而用极其专门的要素的全部设备来生产很少的产量是不利的。随着产量的增加，可以采用专门化阶梯上较高一级的方法，因此，成本随着商品产量的增加而下降。

要素单位的专门化往往是不完全的，当产量少时，一个不可

① 导源于“熟能生巧”这一事实的效率的增加本身就是要素单位的不可分割性的一个结果。如果劳动能够像沙一样地加以细分，则劳动就可以经常从事一件工作并取得最大的熟练程度了。

分割的要素单位，例如一个人，可以完成很多不同的工作。报酬递增规律往往是和下述事实相联系的，即由不可分割的要素单位所完成的工作数量随着产量的增加而减少。例如，亚当·斯密论到“由于节省从一个工作转向另一个工作通常所损失的时间而得到的利益”；[①]马歇尔也提到当产量少得不足以占用一个熟练工人时，却使用一个熟练工人来作非熟练工人同样胜任的工作所带来的浪费。[②]但大规模生产的经济根本上不是导源于要素单位的多面适应性，而是导源于它们适应性的不完全。

如果要素的各个单位完全专门化，并且只能完成一件工作，就有最大的成本递减率出现。如果在亚当·斯密的别针工厂中每个工人由于严格的等级制度只完成一种工作，那么，甚至只生产一个别针也需要全体工人——一个工人拔丝，另一个使直，第三个切线等等。在这种条件下，如果每个人的工资不以他的产量为转移，[③]则一组工人最大产量的总成本将等于一个别针的成本，从而，就有最大可能的成本递减率出现。当一组工人达到最大产量时，就必须使用另一组工人，进一步专门化的可能是不存在的。

在普通场合下，要素的单位能完成不同的工作任务。较少产量的成本低于一开始就实行最大可能的专门化程度时的成本。每次增加产量需要增加所用要素的数量，但产量增加的比例大于要

① 《国民财富的性质和原因的研究》，第1篇，第1章。

② 《经济学原理》，第264—265页。

③ 对一个要素的一个单位按它的产量支付工资的方法，仿佛和该单位可以完全分割时所产生的结果相同。如果亚当·斯密的别针工人在个人单独工作和在协作时每个别针付以相同的工资，则别针的成本不会因产量的增加而变动。

素数量增加的比例，因为随着产量的增加，可以使用更多的比较专门化的不可分割的要素单位。

六

我们已经知道，报酬递增是由于要素特定单位的不可分割性而来的。因此，为了说明某特定商品的成本下降，有必要在生产过程的某一点找出某一生产要素的一个不可分割的单位。只要有许多相同的单位从事于任何生产过程，我们知道，对于现有产量来说，报酬递增的可能性就没有了。可以有某种较高程度的专门化存在，可是除非产量增加，推行它是不利的。产生报酬递增现象的一个单位仿佛仍然不见，但在各种场合下，只要有报酬递增的存在，在生产过程中必然有一点，在该点使用着某一要素一个单位。[①]

因此，如果只有一个企业从事于某特定商品的生产，就很容易说明生产成本的下降。这个企业的规模可以小于平均成本最低时的规模，因为它的某些生产设备，如一套机器，一个雇员或企业家本人，能有助于产量的增加而不增加企业的那部分设备的成本。如竞争不完全，则当各企业具有小于最适度的规模时（如果利润是正常利润），它们就处于均衡状态；一个企业的产量增加将导致平均成本的下降。

在完全竞争工业中，成本是否下降，这是一个比较复杂的问题。为抽出报酬递增的影响，让我们假定，用修正单位测量的一

① 参阅罗宾逊:《竞争工业的结构》，第25页。

切生产要素对所述工业的供给弹性完全。[①]均衡时工业将由许多企业组成，各个企业都具有最适度的规模。但一个单位的企业家的能力是有限的；也可能，当企业具有最适度的规模时，在某些生产部门中由于进一步利用不可分割的要素单位或使要素具有较高程度的专门化而仍然可以得到技术上的经济，而这些以前未得到实现，是因为它们为大规模经营的负经济所超过了。[②]

我们倾向于这样的结论，这时企业的专业化可以实现报酬递增。各个企业由于把某些生产过程让给别的企业而可以摆脱管理上的重担，从而可以利用以前未被充分使用的那些不可分割的要素单位来进行自己的大规模生产。这样，就可以实现更多的技术经济，同时很可能有一种附带的利益，即专门从事于较少部分的生产过程的各个企业家可以得到专业知识，增加熟练程度。但是，在我们满足于企业的专业化在完全竞争条件下能使成本降低这一结论以前，我们还必须对这个问题加以仔细地分析。

企业的专业化有两种形式：横的专业分工[③]和纵的专业分工。

① 如果我们说，要素对某工业的供给弹性完全，我们指的是，当更多的劳动、资本、土地或企业从事于一个工业时，它所得到的报酬和以前一样，但一旦它加入工业，它的效率可以因专业化而有所增加，因此，这一工业要素的效率价格的下降并不是由于它普遍跌价，而是由于总量使用得较多时它的一定部分可以得到更好地利用。当我们所研究的不是一个工业中的报酬递增问题，而是一般工业中的报酬递增问题时，不可能假定要素的一般价格，这种研究也就变得极端神秘困难。如果我们所研究的是单独一个工业，则它可以认为是从所述要素的总源中抽取的，而要素自然单位的成本可以用货币价格来测量。

② 参阅罗宾逊:《竞争工业的结构》，第7章。

③ 说水平专业分工（horizontal disintegration）比较自然，但普通用水平统合（horizontal integration）来指制造同种物品的一些企业的联合，“水平专业分工”最好是用来指相反的过程。

横的专业分工是这样一个过程，它使以前生产许多不同商品或同种商品不同品种的企业，逐渐地专门生产越来越少的产品，直到（最后）每个企业只生产一种商品的同一品种为止。庇古教授认为这个过程足以说明供给价格的下降，并以英国和德国的棉纺业为例。英国棉纺业比德国棉纺业的规模大且分工也细。“德国标准工厂所担任的工作范围远比英国标准工厂的工作范围广。因此，德国工人的熟练程度自然是低得多的，浪费的时间较多，工厂的组织也较不完善”。[①] 横的专业分工原理在现实世界中是极其重要的，但是它可以用来解释完全竞争条件下的成本下降吗？如果一个工业最初就是在完全市场上成长起来的，我们可以期待它一开始就发展了最大可能的专业化程度。如果专门生产几种支数的棉纱可以得到利益，那么，在纺织业的规模相对地小，它拥有许多企业，而每个企业生产不同支数的时候，我们就期待它是一个完全竞争的工业了。总之，它拥有许多工业，每个工业为一个垄断者所有。最初，随着工业的成长，成本可以有某种程度的下降，因为随着每种支数市场的扩大，各企业可以专门生产较少的支数；但一旦市场大得足以维持几个企业同时生产同样的支数时，成本的下降势必终止，因为专业化不可能进一步提供大规模生产的经济。对庇古教授论点的这种批评足以表明完全市场这一假设中的一个错误。一宗棉纱交易由于各企业之间极端的专业化而节约的成本，未必大得足以抵销买主因向各个不同生产者购买各种支数而引起的不便和费用。如果一个制造商同时需要不同支数的棉纱，他宁

① 庇古教授征引悉尼·查普曼爵士的话，见《福利经济学》，第221页。

肯从同一企业购买它们，除非可以供应他全部棉纱的那个企业所要的价格大大高于专门从事于生产一种或两种支数的企业所要的价格。但是，我们现在所讨论的是在完全市场上销售的一个完全竞争工业。在完全市场上，不论价格的差别多小，也不论索取较高价格的企业所提供的便利多大，顾客必须被假定只购买向他收取最廉价格的那个企业的货物。这样，在一个完全市场上，企业之间的最大程度的专业化在开始时就会实现，而我们所能期待的唯一的成本下降是在由一个企业组成的工业中，当这个企业小于最适度的规模时出现的。

根据我们对一个工业所下的定义，横的专业分工就是把一个工业分成许多的平行工业。纵的专业分工[①]就是把一个工业分成一系列的生产过程，各个过程由各个不同企业处理。棉纺业就是一个例子。英国的棉纺业分成由一些企业组成的几个部门，每个企业只从事于一个生产过程，如纺、织、漂白和染色等等。经理原棉和向国外推销业务也已经专业化，并操在和生产企业分立的经纪人和商人的手中。而在日本，各企业却进行着从原棉购买到布匹销售的全部过程。在棉纺业中，最大可能的纵的专业分工迅速实现了。当纺纱和织布分开以后，没有一个过程可再加以细分，但在像汽车这样一个复杂物的场合，专业分工的可能性几乎是无穷的。如果一个汽车制造厂随着它的规模的增长而开始感到企业家报酬递减的压力时，它可以把车的某些部分如冷却器或车身的制造交给一个专门企业，并且无须增加它的人员而继续增加汽车产

① 参阅罗宾逊:《竞争工业的结构》，第110页。

量。同时那个专门企业随着产量的增加将得到汽车生产企业所不能得到的技术上的经济，因为各企业各自生产这种特定部分生产得太少，不能使它们有充分发展的机会。①

在纵的专业分工和在横的专业分工方面一样，专业化程度取决于市场的大小，在完全竞争下，我们也可以期待在工业发展的各个阶段会有最高的专业化程度。一旦两个或三个企业都从事于一个生产过程，我们就会发现成本进一步下降的可能性已不存在。②

因此，我们认为，如严格遵守完全竞争这一假设所蕴含的各个方面，则期待因企业的专业化而使成本下降的理由实在是不足的，只有当在生产过程的某一点有一个不可分割的要素单位（在这个场合下是一个专门企业）在活动时，成本才会下降。

如因各企业在增长到最适度规模以前，大规模生产的经济已经枯竭，或因技术上的原因纵的专业分工不可能，或因专业分工的一切经济已经实现，进一步专业化不可能，而没有专业分工的经济时，则增加工业产量的唯一办法，是增加彼此相同的最适度规模的企业，或进行全部生产过程的企业群。

---

① 英国汽车工业中的纵的专业分工是与日俱增的，以前旨在控制全部制造过程（从种植橡胶以供制造车胎）的福特先生，现在已开始承认这种分工的优点了；见《前进》，第153—154页。

② 但我们可以期待，随着产量的增加，纵的专业分工会比横的专业分工进行得较快。有些成本是协调各种专业分工了的过程的，而这些成本将是商品成本的一部分。如果一种商品是由许多过程制造的，而每个过程又由一个不同的企业担任，则势必产生因收集成品不同部分而引起的运输成本，也包括定货和登记账单的成本在内。这些成本可以随着产量的增加而减少，因为大规模经理货物是经济的。因此，一定程度的专业分工可能对于大的产量有利，而它对于较小的产量是无利的，即使当产品很小时已经得到了某些技术上的经济。

即使在那种条件下成本下降也是可能的，因为可以有**外部经济**。当一个新企业加入工业时，它可以使所有的企业能进行低廉的生产，因此，当各企业按最低平均成本生产时，最低成本下降。最简单的外部经济的例子是，当工业给机器制造业提供了较大的市场时，可以按较低的价格买到机器。[①]但这应当被看成是纵的专业分工的一个例子。机器制造业代表已经从主要工业分离出来的一个生产过程，它是在成本下降条件下生产的。那么，我们就必须要问为什么机器制造业会有成本下降的现象，从而，我们又会重新开始全部研究，并发觉成本的下降是由于一个小于最适度规模的企业的存在，[②]或由于因企业的不断专业化而来的报酬递增，或由于外部经济。如果成本下降是由于外部经济，那我们又必须彻底追查其原因。

但是，有另外一种不是来自附属工业规模的外部经济。如果有一支劳动大军向来从事于某种行业，很可能传统技巧已得到发展，各个工人比他在较小工业中时更有能力。不过，这种经济多

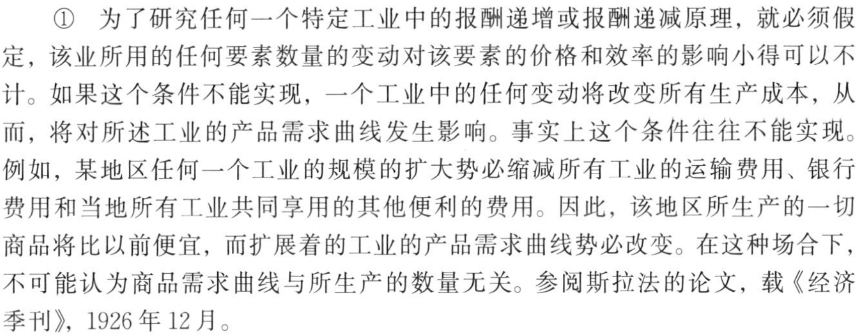

① 为了研究任何一个特定工业中的报酬递增或报酬递减原理，就必须假定，该业所用的任何要素数量的变动对该要素的价格和效率的影响小得可以不计。如果这个条件不能实现，一个工业中的任何变动将改变所有生产成本，从而，将对所述工业的产品需求曲线发生影响。事实上这个条件往往不能实现。例如，某地区任何一个工业的规模的扩大势必缩减所有工业的运输费用、银行费用和当地所有工业共同享用的其他便利的费用。因此，该地区所生产的一切商品将比以前便宜，而扩展着的工业的产品需求曲线势必改变。在这种场合下，不可能认为商品需求曲线与所生产的数量无关。参阅斯拉法的论文，载《经济季刊》，1926年12月。

② 小于最适度规模的企业必然是一种垄断这一事实就使问题复杂化了。虽然需求的每次增加将导致较低的平均成本，但不是每次增加将导致较低的价格。

取决于我们正在研究其供给曲线的工业的规模，而不取决于工业的一般发展，除非工业正从很小的原始规模成长，这种经济似不常见，且不重要。

七

外部经济和企业的专业化经济可以列为一类，叫作大规模工业的经济，以别于个别扩展的经济或内部经济，后者是取决于企业的规模的。大规模工业的经济很可能改变企业的最适度的规模，而企业的改组（为适应新的最适度规模），可以导致另外的经济。罗伯逊教授把这种经济叫作内部的外部经济（internal-external economies）。[①] 它们是内部经济，因为它们取决于企业的规模，它们是外部经济，因为它们取决于工业的规模。推求最适度企业的规模由于外部经济而变小的原因比推求它变大容易。[②] 例如，机器便宜将使大企业所具有的对于小企业的优势减少。如果一架专供特殊用途的机器变得比较便宜，则由于未能充分使用其全部生产能量而遭受的损失减少，并且倾向于使企业具有大的最适度技术规模的一种影响变得不那么重要了。反之，有缩减其他要素成本（相对于企业家成本来说）趋势的任何影响将增加企业的最适度的

① 《论丛》，见《经济季刊》，1930年3月，第86页。

② 专业化对企业的规模的影响很难加以讨论，因为很难给规模下一个定义。我们一般地应该用企业的产量来测量它的规模，但当产品的性质由于专业化而改变时，这就成为不可能的了。用所雇的人数来测量未免太简单，而用所雇的人数加生产设备来测量又过于复杂，不便使用。因为这点和目前的讨论关系不大，探求测量企业规模的一种指标，似乎是不值得的。参阅肖甫的论文，《经济季刊》，1930年3月，第115页。

规模。庇古教授追随马歇尔断言，[①]一般说来，企业有随着工业的发展而扩大规模的趋势，但现实世界中产生这种现象的原因是在于，在一个不完全市场上，企业的均衡规模势必随着工业的扩展而增大。[②]在现实世界中，没有理由来期待各企业具有最适度的规模，而企业的扩大这一事实并不能证明它们最适度的规模也扩大。此外，在现实世界中，还必须估计到各种发明的作用，历史上企业的发展动向可能是由于适用于大规模生产的新生产方法的应用。尽管如此，内部的外部经济和产生它的大规模工业的经济比较起来似乎是无足轻重的。

我们可以把以上分析的结果总结如下：小于最适度规模的企业的产量的成本可以下降；对于完全竞争工业来说，当个别企业的最适度规模没有大到足以使各种过程中的大规模生产的经济得到充分的发展，因而企业的专业化产生报酬递增时，成本可以下降；而且即使专业化的一切可能性已经枯竭，由于外部经济也可以使成本下降。

八

在各个场合下，报酬递增源于生产技术的改进。随着产量的增加，要素的效率因更充分地使用不可分割的要素单位或采用更专门的生产方法而增加。因此，报酬递增根本不同于报酬递减，后者不是由于要素效率的改变，而是由于要素价格的变动造成的。

---

① 《福利经济学》，第221页；《经济学原理》，第318页。

② 马歇尔在他的《原理》的行文中从来没有严格地遵守他图解中所蕴含的完全竞争假设，在他的思想中也许存在这种影响。

但是，很可能用一种方法使大规模工业的经济可以用要素的价格来表示，因此，从工业的观点来看，报酬递增和报酬递减可加以同样的对待。

首先我们必须考察一种最简单的大规模工业的经济。假定当工业扩展，机器比较便宜时，大家使用的是一样的机器。如果我们，比方说，增加百分之十的其他生产要素（用修正的自然单位表示）和百分之十的机器数，我们就会增加百分之十的产量。这样，机器可以看成是资本的一个效率单位，而这种简单的报酬递增可以看成是多使用资本时它的效率单位的价格下降的结果。

较复杂的报酬递增可以用同样的方法处理，但是，当生产技术随着产量的增加而改变时，就不可能立即断定哪个是效率单位。不过，一个效率单位可以测定如下：首先除一个要素外，用修正的自然单位测量的各个要素都增加百分之十；然后增加那个要素，比方说资本，直到产量增加百分之十为止。如果没有大规模工业的经济，就需要增加百分之十的货币资本单位；[①] 如果有大规模工业的经济，就需要增加少于百分之十的货币资本单位。那时我们将断言，我们已经增加了百分之十的资本的效率单位。这样，我们就有了用来作一个工业的资本供给曲线的资本的效率单位了。如果增加百分之十的产量需要增加少于百分之十的货币资本（当其他要素增加百分之十时），如果货币资本供给弹性完全，则资本成本的增加将少于百分之十，而用效率单位测量的资本供给价格

① 因为我们对长期问题是用货币单位来测量资本的，所以，在这个场合不需要对非同质性加以修正，修正的自然单位和自然单位一样。

将下降。[①]可见，大规模工业的经济可以用工业的一个要素的下降的供给曲线（用效率单位测量的）来表示。同样地，当我们考察机

① 当生产技术随着产量的增加而改变时，就产生相似于上文所述的困难。由于增加一定数量的资本修正单位（即货币）而产生的效率变动，不仅取决于最初位置下所使用的资本数量，而且取决于最初位置下所使用的其他要素的数量。其他要素的数量将取决于它们的成本；可见，用效率单位测量的资本供给曲线并不是与其他要素的供给曲线无关。在最简单可能的场合下，当要素的性质齐一，但供给价格下降，像机器因使用的较多而跌价时那样，就不会产生这种困难；但为了使用这种方法来处理较复杂的场合，就必须有一由以出发的基线——各要素的结合为已知的某一点。这种方法对超过该点的产量增加完全适用，但如基线改变，要素所有不同的供给曲线势必重作。

在我们曾经使用过这种方法的某些场合下，实际上可以没有基线。例如，当我们比较垄断和竞争时，垄断下的要素比例（生产一定的产量或一定人数所用的）在各点都可以不同于竞争下的要素比例。我们曾用要素的不同供给曲线来处理下述事实：垄断和竞争下的商品平均成本曲线和劳动的平均纯生产力曲线并不总是相同。现在我们知道，即使不同的供给曲线在垄断和竞争下也不总是相同。因此，在以上几章中，当我们讨论大规模工业的经济（由资本的下降供给曲线所表示）时，我们曾举过机器因工业使用较多而跌价但其形式不变的例子，因为在这个场合下，要素的供给曲线不以使用机器的比例为转移。发觉即使垄断和竞争的修正的比较也往往不准确，这倒不必费什么事。有许多常识上的理由来反对这种比较（见第 14 章），所以当我们发觉不应该比较得更加充分的分析上的理由时，我们也没有多么大的损失。

在我们曾用过这种方法的其他场合下，它是靠得住的。当我们讨论竞争下的劳动需求曲线时，我们把商品需求曲线和其他要素的供给曲线（用自然单位测量的）当作已知条件。我们可以从其他要素（用自然单位测量的）和一定人数的比例的任何一点出发，然后以此为基线，作出以效率单位测量的其他要素的供给曲线（不论数量是多是少）。当我们讨论竞争下的供给曲线的构成时，我们就必须以用自然单位测量的所有要素的供给曲线为已知条件。然后，我们从商品的任何产量和生产它用的要素比例出发，就能作出用效率单位测量的各个不同要素的供给曲线（不论产量是大是小）。

可见，只有在垄断和竞争的比较上，然后只有在某些场合下，对我们的分析方法的上述非难才有损它的正确性。

器跌价而其形式不变的简单场合时，机器就是效率单位；并且因为资本的修正单位是一定的货币额，这个单位使用得多时，它的效率就增加，因为它随着机器的跌价而可以买到更多的机器，而用效率单位测量的供给价格下降。在较复杂的大规模工业的经济中，要确定大规模工业的经济归功于哪个要素就不是那么容易了，但是，借助于这种方法，它们可以用任意选定的任何一个生产要素的供给曲线来表示。

如要素的数量是用效率单位测量的，则物质报酬将不变。这就是说，如用效率单位测量的各个要素的数量按相同的比例增加，则产量也将按同一比例增加，各个要素（用效率单位测量的）的边际物质生产力将和以前一样。因此，借助于这种方法，就确定了物质报酬不变的条件，任何变动都可以归因于要素效率单位的价格。作要素供给曲线的这种方法对报酬递增和报酬递减的性质并没有新的解释，而且也不能告诉我们任何我们还不知道的关于商品成本曲线的事情。它只不过是一个分析工具罢了，这个工具使我们有可能用相应于最可能简单的事例（即由完全相同的人、亩或机器组成的一个同质的生产要素，对工业有一个上升或下降的供给价格的事例）来处理各种报酬递增和报酬递减。

九

在以上几章中的论证过程中，我们曾使用了这种方法。当我们作一个竞争工业的劳动需求曲线时，我们曾用自然单位（人）计算劳动，并用其他要素（资本）的下降供给曲线（用效率单位测量的）表示大规模工业的经济。如果我们想作资本需求曲线，就必须把这个程序颠倒过来，而用货币单位来计算资本，用效率单位计算劳动，因此，如果有大规模工业的经济，它们就会表现在下降的劳动供给曲线中。

当我们讨论个别企业的劳动需求时，我们认为没有必要使用这种方法。我们曾用实物单位（人和货币资本）计算劳动和资本，并把企业的大规模工业的经济单纯地表现在劳动和资本的物质生产力的增加上，而这种增加是随着企业增加使用数量而来的。

在比较垄断和竞争下的劳动需求时，我们必须考虑一个要素对企业的边际生产力和它对工业的边际物质生产力的关系。一个是要素对企业的边际物质生产力乘商品价格；另一个是对工业的边际物质生产力乘边际收入。尚待证明的是，我们有理由来把对企业的边际物质生产力和对工业的边际物质生产力等同起来，从而一个要素对企业和对工业的边际生产力的比例等于价格和边际收入的比例。如果我们计算任何要素所用的单位不是效率单位，而是自然单位，上述命题就不适用。让我们再一次用那个最简单的事例说明吧：资本由某种机器构成，当对它的使用增加时，它的价格下跌（其他情况不变）。那时如果我们用货币（它是修正的自然单位）测量资本，当一个企业把它所使用的资本数量增加一个货币资本单位时，则机器对所有的企业都跌价；如果其他企业所用的货币资本数量不变，它们就可以使用较多的机器，生产较大的产量。因此，它对工业的边际物质生产力大于对企业的边际物质生产力。但是，如果我们用效率单位（在这种场合下是彼此都相同的机器）来测量资本，又如果唯一的大规模工业的经济在于机器跌价，那么，当一个企业把所用资本数量增加一个效率单

位即一架机器，而其他企业把用效率单位计算的资本数量（机器数量）保持不变时，则它们的产量不增加，而它们所得到的全部利益表现在机器的跌价上。因此，用效率单位测量的资本的边际物质生产力对企业和对工业一样。

比较复杂的场合也可以如法炮制。如果其他企业所用的资本的效率单位数量不变，而一个企业所用的资本数量增加，那么（根据一个效率单位的定义），它们的产量不变，对企业和对工业的边际物质生产力相同。工业由于增加资本而得到的利益完全表现在资本效率单位的跌价上，这就是说，表示在工业的资本供给曲线上，而不是表示在资本的物质生产力上。可见，当大规模工业的经济完全由要素（它的边际生产力是我们要测量的）的供给曲线表示时，则该要素对企业和对工业的边际物质生产力相同。如果大规模工业的经济表现在其他要素的供给曲线上，则情况就不是这样。如果它表现在资本的供给曲线上，则劳动对工业的边际物质生产力将大于对企业的边际物质生产力。

我们知道，用工业的要素供给曲线既可表示报酬递增，也能表示报酬递减，并且从一个工业的观点来看，它们也是对称的。当一个要素的使用量多时，如果效率成本上升，就产生报酬递减，而当一个要素的使用量多时，如果效率成本下降，就产生报酬递增。

但就它们的性质来说，如我们所知，报酬递增和报酬递减并不是对称的。当增加使用一个要素对已在使用的单位的效率有好的反应时，就出现报酬递增，当增加使用一个要素对已在使用的单位的价格有不良的影响时，就出现报酬递减。

如果一个要素因被使用得较多而跌价（要素的效率不变），就会产生和报酬递减相对称的报酬递增。但实际上未必可能发生这种现象。[①] 如果一个要素的效率因被使用得较多而下降（要素的价格不变），就会产生和报酬递增相对称的报酬递减。而这种现象却有时发生。我们知道，工业的报酬递增来自三种情况。第一，它可以来自企业的专业化。找出和它相对称的报酬递减是不可能的。第二，它可以来自不以任何附属工业的规模为转移的外部经济，例如，来自由于一个工业雇用工人较多而造成的工人的天赋才能的增进。如果因很多工人都从事一个工业而劳动退化，因而当雇用人数较多时每个工人的效率下降，那么，我们就会有和这种外部经济相对称的外部负经济。第三，当一种附属工业的效率随着它的规模的扩大而增加时，就可以产生外部经济。和这种外部经济相对称的外部负经济产生的可能性较大。如果机器制造业是在成本上升的条件下生产的，机器的供给价格势必上升，而按相同利息率供给的同一资本数量只能买到较少或较差的机器 从工业的观点来看，它所产生的影响和资本供给价格因资本使用得较多而上升是一样的。但我们绝不能就此罢手，除非我们已经清楚了机

① 计件工资的缩减有时可以导致劳动供给的增加，因为在每件付以较低的工资时个人可以生产较多的件数。但这不能充作一个真正的劳动供给曲线下降的例子，因为这里劳动价格的降低是供给增加的原因，而不是供给增加是劳动价格下降的原因。

器制造业中产生成本上升的原因；[①]成本的上升必然由于某处有一个稀有生产要素，要不然就是由于一种不大可能的原因，即按相同价格供给的要素实际上退化了，像我们所设想的工人的效率因被雇用的较多而下降的那种场合。因此，我们认为一般的报酬递增和报酬递减不是对称的，但也可能想象一些场合，在这些场合下，普通的报酬递减（由于一个稀有要素的存在）和少见的报酬递增（当一个要素因被使用得较多而跌价时）相对称，以及普通的报酬递增（由于要素效率的增进）和少见的报酬递减（当要素因被使用得较多而退化时）相对称。从一个工业的观点来看，不论在何种场合下，报酬递增和报酬递减是完全对称的。[②]

虽然从一个工业的观点来看，各种不同的报酬递增和报酬递减可以看成是对称的，但它们之间的区别对于整个社会却是极其重要的。效率的变动代表全社会的纯利益或纯损失，而价格的变动却不然。因此，由于稀见种类的报酬递减和普通种类的报酬递增而产生的成本变动（要素效率的改变），不论从工业的观点或从全社会的观点来看，都代表成本的上升或下降；而由于少见的报酬递增和普通的报酬递减而产生的成本变动（要素价格的改变），只从工业的观点看是成本的下降或上升，而从社会的观点看就不是。[③]

① 如果附属工业是在外国，研究可以到国境为止。庇古教授认为进口原料价格的上升（当本国工业扩展时）是对本国工业大规模负经济的一个例子，而不是一个稀有生产要素存在的结果。(《福利经济学》，第222页)

② 在本书所述的分析中，未曾计及因要素价格的变动而产生的成本下降，或因要素效率的变动而产生的成本上升（在各个场合下用修正的自然单位测量）。但分析很容易用来处理这些少见的成本下降或成本上升。

③ 参阅《福利经济学》，第219—227页。

图书在版编目(CIP)数据

不完全竞争经济学/(英)琼·罗宾逊著;陈良璧译.—北京:商务印书馆,2024
(汉译世界学术名著丛书:120年纪念版:珍藏本:增订本)
ISBN 978-7-100-23829-8

Ⅰ.①不… Ⅱ.①琼… ②陈… Ⅲ.①不完全竞争—垄断经济学—研究 Ⅳ.①F038.2

中国国家版本馆CIP数据核字(2024)第079300号

汉译世界学术名著丛书
(120年纪念版·珍藏本·增订本)
不完全竞争经济学
〔英〕琼·罗宾逊 著
陈良璧 译

商 务 印 书 馆 出 版
(北京王府井大街36号 邮政编码100710)
商 务 印 书 馆 发 行
北京新华印刷有限公司印刷
ISBN 978-7-100-23829-8

2024年5月第1版　　开本710×1000 1/16
2024年5月北京第1次印刷　　印张24½
定价:135.00元